TRAINING FRANZÖSISCH

Hendrik Heizmann

Französisch im 4. Lernjahr

Aufgaben mit Lösungen

STARK

Umschlagbild: © David Woods/Dreamstime.com

ISBN 978-3-86668-036-4

www.stark-verlag.de
1. Auflage 2008

Inhalt

Fortsetzung siehe nächste Seite

Autor und Illustrator: Hendrik Heizmann

Vorwort

Liebe Schülerin, lieber Schüler,

mithilfe dieses Buches kannst du selbstständig den wichtigsten Stoff des vierten Lernjahres in Französisch wiederholen und trainieren.

- In den einzelnen Kapiteln wird die **Grammatik** des vierten Lernjahres verständlich erklärt und durch **Beispielsätze** verdeutlicht. Da diese Kapitel unabhängig voneinander sind, musst du sie nicht der Reihenfolge nach bearbeiten. Du kannst dir aussuchen, welchen Stoff du gerade wiederholen möchtest, zum Beispiel, um dich für eine Klassenarbeit vorzubereiten.
- Anhand der vielen abwechslungsreichen **Aufgaben** kannst du nicht nur deine Grammatik trainieren, sondern auch deinen französischen **Wortschatz** wiederholen und erweitern sowie deine **Lese- und Schreibkompetenz** ausbauen. Die etwas komplizierteren Aufgaben sind übrigens mit einem Sternchen * gekennzeichnet.
- Am Ende des Buches findest du zu jeder Aufgabe eine vollständige **Lösung**. **Hinweise** helfen, schwierige Lösungen zu erklären oder geben zusätzliche Informationen. Am sinnvollsten ist es, erst dann in den Lösungen nachzusehen, wenn du die jeweilige Aufgabe vollständig gelöst hast oder wenn du auch nach längerem Nachdenken nicht mehr weiterweißt. Falls dir Fehler unterlaufen sind, dann überlege dir genau, worin der Grund dafür lag, damit du diese Fehler nicht noch einmal machst. So lernst du schnell und effizient!

Viel Spaß und Erfolg mit diesem Buch!

Hendrik Heizmann

Hendrik Heizmann

Vorwort

… rund ums Nomen

1 Objekt- und Adverbialpronomen

Objekt- und Adverbialpronomen haben im französischen Satz ihre festen Positionen.

1.1 Stellung im Frage- und Aussagesatz

Wo stehen Objekt- und Adverbialpronomen?
Im Frage- und Aussagesatz stehen Objekt- und Adverbialpronomen:

- normalerweise **vor dem konjugierten Verb,**

  Beispiel: Tous les jours, j'achète un journal et je le lis dans le bus.

- im verneinten Satz **innerhalb der Verneinungsklammer,**

  Beispiel: Tu aimes bien aller à la piscine ? – Non, je n'y vais jamais.

- in einem Satz mit Infinitivkonstruktion **vor dem Infinitiv.**

  Beispiel: J'aimerais lui rendre visite.

Beachte: Bei **Verben der Sinneswahrnehmung** *(voir, regarder, entendre, écouter, sentir)* + Infinitiv sowie bei *laisser/faire* + Infinitiv steht das **Objektpronomen vor dem konjugierten Verb.**

Beispiele: Mon voisin se lève très tôt. Tous les jours, je le vois partir à six heures.
Où est Nina ? – Sa mère ne la laisse pas sortir ce soir.

Aufgabe 1 **Les blagues** *(Witze)* **des élèves.** Le professeur a une collection de blagues qu'il a trouvées dans la salle de classe. Malheureusement, il y manque les pronoms. Complète les blagues françaises en mettant les pronoms à la bonne place.

a) – Dis Maman, c'est vrai que j'ai des grands pieds ?
– Mais non… Au fait, n'oublie pas de sortir tes chaussures du garage ; sinon, papa ne ______ pourra ______ pas __y__ ranger la voiture (y) !

b) Le père de David s'étonne de ne pas avoir encore reçu le bulletin scolaire[1] de son fils et lui en demande la raison :

- Et ton bulletin, il n'est pas encore arrivé ?
- Si, si, mais je _____ ai _____ prêté à Paul pour qu'il fasse peur à son père (le) !

1 das Zeugnis

c) A l'opéra :

- Papa, qui est le monsieur qui fait peur à la dame en faisant de grands gestes ?
- Il ne _______ veut _______ pas _______ faire peur (lui), c'est le chef d'orchestre.
- Alors, pourquoi est-ce que la dame crie ?

d) - Maman, papa a dit que nous descendions[1] tous du singe. C'est vrai ?
- Je _____ n(e) _____ sais rien (en), ton père a toujours refusé de me parler de sa famille.

1 hier: abstammen

d) Une dame donne 10 euros à Arthur qui _______ vient de _______ aider à porter quelques provisions du supermarché (la). Voyant qu'il ne répond rien, elle lui demande :

- Alors, qu'est-ce qu'on dit ?
- Euh... C'est tout ?

Aufgabe 2 **Mon oncle Jules.** Le texte suivant n'est pas encore bien écrit. Rends le texte plus élégant en remplaçant les objets soulignés par un pronom et en mettant les pronoms personnels entre parenthèses *(in Klammern)* à la bonne place.

Un vieux clochard[1] a demandé de l'argent (nous). Mon ami Joseph a donné quelques centimes au clochard. Je regarde le clochard. Mon ami dit : « Je vais expliquer (te) pourquoi je donne de l'argent au clochard. » Mon ami raconte (me) :

« Ma famille habitait au Havre[2]. Mon père travaillait au Havre, mais ne gagnait pas beaucoup d'argent. Il y a un port au Havre. Nous allions au port chaque dimanche pour regarder les bateaux. Papa disait invariablement : « Si Jules était là-dedans, quelle surprise ! »

Jules était le frère de mon père. J'avais entendu parler de lui depuis mon enfance. Jules était la bête noire[3] de la famille et on avait envoyé Jules en Amérique. Il a écrit deux lettres (nous), disant qu'il avait gagné de l'argent et qu'il reviendrait bientôt au Havre. Mon père disait : « On va avoir de l'argent ! » Papa pensait toujours à l'argent. On ne parlait pas d'argent, mais mon père lisait les lettres régulièrement et il montrait les lettres à tout le monde. Mais, pendant dix ans, aucune lettre de Jules.

Puis ma sœur s'est mariée. Le jeune homme n'était pas riche. Je suis sûr qu'on avait montré les lettres de Jules au jeune homme. Enfin, toute la famille a fait un voyage à Jersey. Nous rêvions de ce voyage depuis longtemps et on parlait de ce voyage depuis des mois.

Sur le bateau, mon père a montré (nous) un vieux matelot[4] qui vendait des huîtres. Mon père a regardé ma mère et ma sœur. Puis, il s'est approché d'elles et il a demandé à ma mère et ma sœur : « Voulez-vous que je vous offre quelques huîtres ? » Mon père a cherché le vieux matelot et il s'est approché de lui. Papa est revenu tout pâle[5] et il a dit à ma mère : « Le matelot ressemble à Jules. Je crois que c'est lui. Quelle catastrophe ! Je vais demander au capitaine. » Le capitaine a raconté à mon père que le vieux matelot était un vagabond français qui s'appelait Jules. Il avait trouvé le vagabond en Amérique. Mon père a donné (me) de l'argent. Il avait peur d'être reconnu par Jules. J'ai donné l'argent à Jules. Je regardais Jules en me disant : « C'est mon oncle, le frère de papa. »

Après avoir raconté l'histoire, mon ami dit : « Maintenant tu sais pourquoi je donne de l'argent aux clochards. »

(d'après Guy de Maupassant, Mon oncle Jules)

1 Stadtstreicher
2 Hafenstadt in der Normandie
3 schwarzes Schaf
4 Matrose
5 blass

Un vieux clochard nous a demandé de l'argent.

Was muss beachtet werden, wenn vor dem *passé composé* ein direktes Objekt steht?
Steht vor dem *passé composé* ein **direktes Objekt/Objektpronomen** (*le pronom personnel complément*), so muss das ***participe passé*** in Genus und Numerus daran angeglichen werden (siehe auch Kapitel 2 „Relativpronomen" und Kapitel 3 „Zeiten").

Beispiele: Pierre t'a appelée, Julie ? – Non, il ne m'a pas appelée.
Tu nous a vus quand ? – Je vous ai vus vendredi.

Beachte: *Me, te, nous* und *vous* können sowohl direkte als auch **indirekte Objektpronomen** sein. Haben sie die Funktion eines indirekten Objekts, wird das Partizip **nicht** verändert.

Beispiel: Carla, est-ce que Marcel t'a téléphoné ? – Oui, il m'a téléphoné lundi.

Aufgabe 3 **La recherche d'un cadeau pour Lili.** Sandrine t'appelle au téléphone. Réponds-lui et utilise des pronoms personnels compléments.

Sandrine :	**Toi :**
a) Salut, c'est Sandrine. Tu as reçu mon e-mail ?	Ich habe sie gestern abend erhalten. *Oui, je l'ai reçu hier soir.*
b) Lili fête son anniversaire. Tu es invité(e) aussi ?	Lili hat mich auch eingeladen. ______ ______
c) Et Mélanie ? Elle viendra aussi ?	Ich habe sie noch nicht gefragt. ______ ______
d) Tu as déjà un cadeau pour Lili ?	Ich habe ihr Ohrringe *(des boucles d'oreille)* gekauft. ______ ______
e) Lili aime les DVD. Elle connaît le film « 8 femmes » ?	Lili hat ihn im Kino gesehen. ______ ______

f)	Et un livre de Marcel Pagnol ? C'est marrant *(amusant)*.	Sie hat sie (die Bücher) alle gelesen.
g)	Mince alors. Je n'ai aucune idée.	Ich werde dir morgen helfen, etwas zu finden.
h)	Demain, j'ai rendez-vous avec Dooley et Malika.	Dooley und Malika? Heute morgen habe ich sie im Supermarkt getroffen.
i)	Est-ce qu'ils ont une idée ?	Ich habe ihnen gesagt, dass Lili Couscous mag.
j)	Le couscous* de Malika est excellent. *maghrebinisches Gericht aus Weizengrieß mit Fleisch/Fisch/Gemüse	Malika wird ihr (Lili) Couscous machen.

Wie lautet die Reihenfolge bei mehreren Objekt- und Adverbialpronomen?
Wenn in einem Aussage- oder Fragesatz mehrere Objekt- und Adverbialpronomen verwendet werden, dann müssen diese in einer bestimmten Reihenfolge stehen.

- Die indirekten Objektpronomen ***me, te, se, nous*** und ***vous*** stehen **vor** den direkten Objektpronomen ***le, la*** und ***les***.

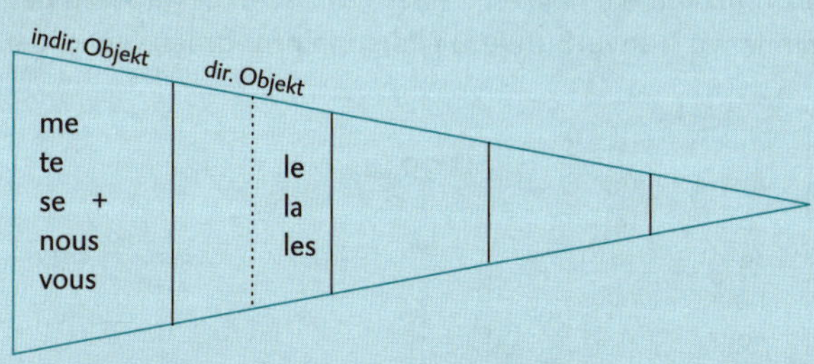

Beispiel: Est-ce que tu me (= *mir*) présentes Zoé ? – Oui, je te la présente.

Aufgabe 4 **Une fête.** Hier, Marie est allée à la fête d'une copine. Aujourd'hui, sa petite sœur veut tout savoir sur cette fête. Complète les phrases en utilisant deux pronoms personnels compléments.

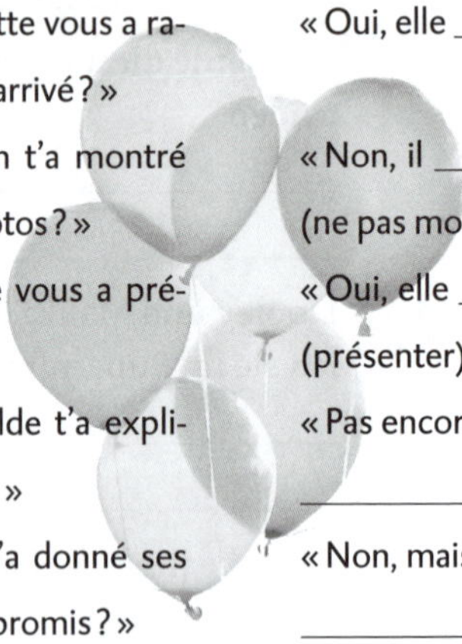

a) « Est-ce que Charlotte vous a raconté ce qui lui est arrivé ? » — « Oui, elle _nous l'a raconté_ (raconter). »

b) « Est-ce que Sylvain t'a montré sa collection de photos ? » — « Non, il ______________________ (ne pas montrer). »

c) « Est-ce que Louise vous a présenté son fiancé ? » — « Oui, elle ______________________ (présenter). »

d) « Est-ce que Mathilde t'a expliqué son problème ? » — « Pas encore. Mais elle ______________ ______________ (aller expliquer) demain. »

e) « Est-ce que Toni t'a donné ses livres, comme il l'a promis ? » — « Non, mais il ______________ ______________ (vouloir donner) ce soir. »

- Die direkten Objektpronomen ***le, la*** und ***les*** stehen **vor** den indirekten Objektpronomen ***lui*** und ***leur***.

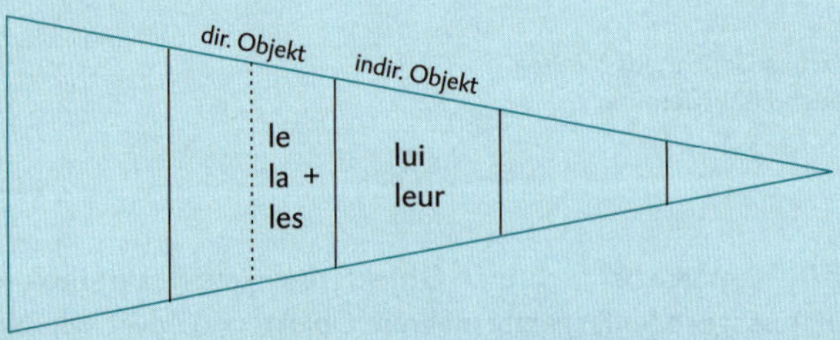

Beispiel: Tu as donné le cd à Nadine ? – Oui, je le lui ai donné.

Beachte: Die direkten Objektpronomen *me, te, se, nous, vous* können nicht mit indirekten Objektpronomen kombiniert werden. In diesem Fall wird statt des indirekten Objektpronomens ***à* + unverbundenes Personalpronomen** verwendet.

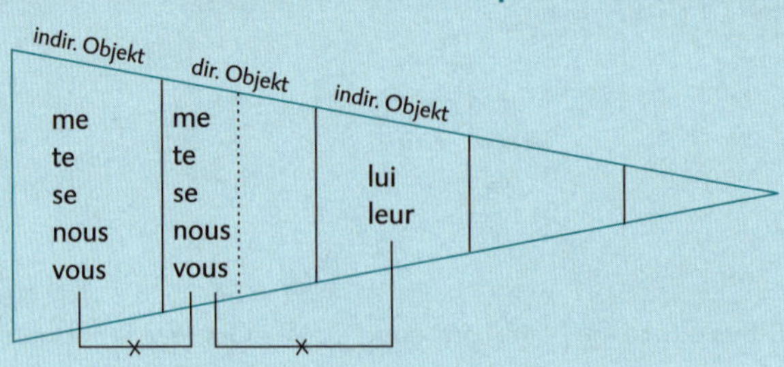

Beispiel: Est-ce que tu me (= *mich*) présentes à Zoé ? – Oui, je te présente à elle.

Aufgabe 5 **Réponds.** Utilise deux pronoms personnels compléments.

~~la lui~~ le lui
~~le leur~~
~~le lui~~ ~~les lui~~

a) Quand est-ce que tu racontes ton histoire à Muriel ? – Je la lui raconte maintenant.

b) Tu dis à Claire que je ne viendrai pas ? – Oui, je le lui dis tout de suite.

c) Est-ce que Maxime écrit à Mme Bonneau qu'il est malade ? – Bien sûr, il ________ écrit.

d) Est-ce que tu as envoyé les photos à Kevin ? – Oui, je les lui ai envoyées hier.

e) Est-ce que tu as dit à Amélie et Florence ce qu'elles doivent faire ? – Oui, je ________ ai dit plusieurs fois.

Aufgabe 6 **Exercice combiné :** Ton copain Michel t'a présenté Julie, une fille qu'il aime bien. Malheureusement, elle est tombée amoureuse de toi. Maintenant, Michel est fâché *(sauer)* et tu réfléchis à la situation. Traduis.

Als er mich ihr vorgestellt hat, hat er mir nicht gesagt, dass er in sie verliebt ist.

Ich wusste nicht, dass sie mich mag. Gestern hat sie es mir gesagt. Ich war sehr überrascht.

Ich werde Michel anrufen und es ihm erklären.

Meine Schwester interessiert sich für ihn. Vielleicht stelle ich sie ihm vor, damit er Julie vergisst.

- Die Adverbialpronomen **y** und ***en*** stehen gleich **nach** den direkten und indirekten Objektpronomen.

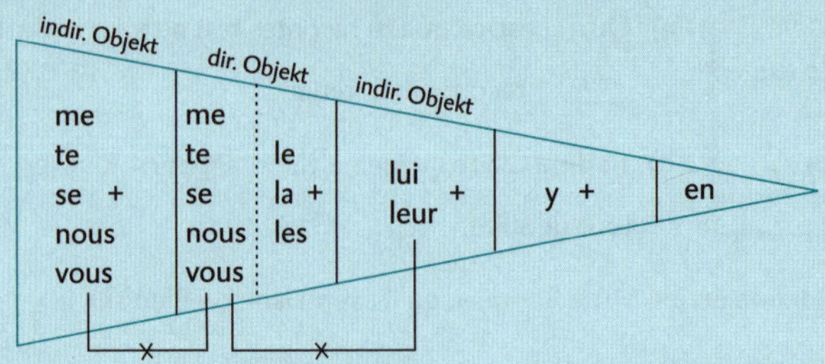

Beispiel: Elle t'a donné quelques CD de Bruel ? – Elle m'en a donné trois.

Aufgabe 7 Réponds en utilisant un pronom personnel complément et un pronom adverbial.

a) Est-ce qu'il t'a rencontré au café ?
Oui, il m'y a rencontré. **Non,** ________________.

b) Est-ce que tu m'attendras à la gare ?
Oui, ________________. **Non,** ________________.

c) Est-ce que tu lui as parlé du film ?
Oui, ________________. **Non,** ________________.

d) Est-ce qu'il l'a souvent vue au théâtre ?
Oui, ________________. **Non,** ________________.

Aufgabe 8 Trouve la question qui correspond à la réponse. Les informations indiquées vont t'aider.

a) **Louise/son accident**
– Est-ce que Louise t'a parlé de son accident ?
– Oui, elle **m'en** a parlé.

b) **Carlos et Marion/le cinéma**
– ________________?
– Oui, il **les y** a vus.

c) **Tu/le roman « Jean de Florette »**

– ____?

– Oui, je **m'en** souviens.

d) **Nathalie/la gare**

– ____?

– Oui, il peut **l'y** ramener.

Aufgabe 9* **Exercice combiné : Voyage en Normandie.** Tu poses des questions à ta correspondante française Laure au sujet de ton voyage à Caen. L'oncle de Laure veut te montrer la Normandie. Ecris en français ce que Laure dit et utilise des pronoms personnels compléments ou des pronoms adverbiaux (*en*, *y*).

TOI	LAURE
a) « Qu'est-ce qu'on va visiter en Normandie ? Moi, j'aimerais voir la tapisserie de la reine Mathilde à Bayeux. »	Sie sagt, dass ihr Onkel sie euch zeigen wird. Mon oncle va nous la montrer.

Die *tapisserie de la reine Mathilde* (oder *tapisserie de Bayeux*) ist ein 70 m langer Wandteppich, auf dem die Eroberung Englands durch Wilhelm den Eroberer (*Guillaume le Conquérant*) im Jahre 1066 dargestellt wird. Der Legende nach war es Königin Mathilde, die zusammen mit ihren Hofdamen diesen Teppich bestickte.

b) « J'aimerais visiter les plages du débarquement des Alliés *(die Strände, an denen die Alliierten am 6. Juni 1944 landeten)*. »

Sie sagt, dass ihr Onkel sie dir zeigen wird.

____

____

____

c) « Vous avez déjà vu la cathédrale de Lisieux *(französischer Wallfahrtsort)* ? »

Sie sagt, dass ihr Onkel sie ihnen letztes Jahr gezeigt hat.

____

____

____

d) « Jeanne d'Arc a trouvé la mort à Rouen. Mais je ne connais pas très bien l'histoire de la guerre de Cent Ans. »

Sie sagt, dass ihr Onkel dir gewiss davon erzählen wird *(parler de)*.

____

____

____

Jeanne d'Arc (1412 – 31) (Johanna von Orléans) erhielt während des Hundertjährigen Krieges (Erbfolgekrieg zwischen Frankreich und England) in einer Vision den Befehl, Frankreich von den Engländern zu befreien. Schließlich überzeugte sie den König von ihrer Mission und erhielt den Auftrag, französische Soldaten gegen die Engländer anzuführen. Durch Verrat wurde sie gefangengenommen und an die Engländer verkauft. Später klagte die Inquisition sie der Ketzerei an und ließ sie auf dem Scheiterhaufen verbrennen. Erst nach ihrem Tod wurde ihre Ehre in einem Gerichtsprozess wieder hergestellt.
Heute gilt Jeanne d'Arc als die Nationalheldin Frankreichs und wurde 1909 heilig gesprochen.

e) « J'aimerais visiter le petit village qui s'appelle Camembert. »

Sie sagt, dass ihr Onkel versprochen hat, es dir zu zeigen.

____

____

____

f) « J'aimerais goûter le cidre qu'on produit en Normandie. »

Sie sagt, dass ihr Onkel dir eine Schale davon *(un bol)* geben wird.

____

____

____

g) « Est-ce que tu as déjà visité la maison de Flaubert à Rouen ? »

Sie sagt, dass ihr Onkel es ihr im letzten Jahr gezeigt hat.

____

____

Gustave Flaubert (1821–1880) war ein französischer Schriftsteller, der zum Beispiel „Madame Bovary" und „L'Education Sentimentale" verfasst hat.
Das Haus in Rouen, in dem Flaubert geboren wurde, ist heute ein Museum.

h) « Tu as dit à ton oncle et ta tante que je n'aime pas les huîtres ? »

Sie sagt, dass sie es ihnen geschrieben hat.

____

____

____

1.2 Stellung im Imperativsatz

In Imperativsätzen hängt die Stellung der Objekt- und Adverbialpronomen davon ab, ob es sich um einen **bejahten** oder einen **verneinten Imperativ** handelt.

Wo stehen die Objekt- und Adverbialpronomen im verneinten Imperativsatz?
Im verneinten Imperativsatz *(l'impératif négatif)* gelten für die Stellung der Objekt- und Adverbialpronomen die gleichen Regeln wie im Aussagesatz.

Beispiel: Tu veux que je raconte l'histoire? – Non, ne la raconte pas.

Aufgabe 10 **Pauvre René.** Le petit René s'ennuie. Il propose beaucoup de choses à sa mère. Elle est stressée et dit toujours « non, pas maintenant ». Réponds aux questions de René en utilisant l'impératif négatif avec un pronom personnel (utilise le verbe *en italique* et remplace le complément d'objet souligné ou le pronom souligné).

RENÉ : « Maman, je peux te *montrer* mon dessin ? »

MAMAN : « Non, ne me montre pas ton dessin maintenant. »

RENÉ : « Maman, je peux *montrer* mon dessin à papa ? »

MAMAN : ______________________________

RENÉ : « Maman, la boîte avec les bonbons, je peux l'*ouvrir* ? »

MAMAN : ______________________________

RENÉ : « Maman, tu peux m'aider ? Je *cherche* les livres de Francine. »

MAMAN : ______________________________

RENÉ : « Maman, je peux *téléphoner* à Marcel ? »

MAMAN : ______________________________

RENÉ : « Maman, Luca a eu un accident. Tu veux savoir ce qui s'est passé ? Si tu veux, je te *parle* de son accident. »

MAMAN : ______________________________

RENÉ : « Maman, je vais me *laver* maintenant. »

MAMAN : ______________________________

René est frustré. Il *regarde* tristement sa mère.

MAMAN : « Mais René, ______________________ comme ça. D'accord, je vais te lire quelque chose. »

Wo stehen die Objekt- und Adverbialpronomen im bejahten Imperativsatz?
Im bejahten Imperativsatz (*l'impératif positif*) stehen die Objekt- und Adverbialpronomen **hinter dem Verb** und werden mit diesem durch einen **Bindestrich** verbunden.

Beispiele: Allez-y.
Parlez-en.

Beachte: Es werden folgende Pronomen verwendet:

- die unverbundenen Personalpronomen *moi, toi, nous* und *vous* (direktes und indirektes Objekt) für die **1.** und **2. Person**

  Beispiele: Ecoute-moi.
  Téléphone-nous.

- *le, la, les* (direktes Objekt) bzw. *lui* und *leur* (indirektes Objekt) für die **3. Person**

  Beispiele: Ton histoire, raconte-la.
  Répondez-leur.

Aufgabe 11 **Des conseils d'ami.** Emma trouve Sébastien très sympa. Mais comment le lui dire ? Elle te demande conseil. Dis à Emma ce qu'elle doit faire. Utilise l'impératif avec un pronom personnel.

a) EMMA : J'aimerais te poser une question.
TOI : Pose-la. ______.

b) EMMA : J'aimerais sortir avec Sébastien. Je pourrais l'appeler.
TOI : Oui, ______.

c) EMMA : Je n'ose pas l'appeler. Je pourrais lui écrire.
TOI : Très bien, ______.

d) EMMA : Je pourrais l'inviter.
TOI : Oui, ______.

e) EMMA : En ce moment, il y a de bons films. Peut-être qu'il aime le cinéma. Je pourrais lui demander.
TOI : Bien sûr, ______.

f) EMMA : Il veut organiser une grande fête au collège. Il cherche des élèves qui l'aident. Je pourrais l'aider.
TOI : Mais, ______.

g) EMMA : Il a fait une affiche et il veut qu'on lui réponde.
TOI : C'est parfait, ______.

h) EMMA : Tu as raison. Il faut que je me dépêche.
TOI : Il vaut mieux. ______.

Wie lautet die Reihenfolge bei mehreren Objekt- und Adverbialpronomen im bejahten Imperativsatz?

- Das direkte Objektpronomen steht vor dem indirekten Objektpronomen.

  Beispiele: Donne-le-lui.
  Montre-la-moi.

- Das Adverbialpronomen steht hinter dem Objektpronomen.

  Beispiel: Donne-lui-en.

Beachte: In Kombination mit *en* oder *y* wird *m'/t'* statt *moi/toi* verwendet.

Beispiele: Donnez-m'en un verre.
Va-t'en.

Aufgabe 12 **Juste ou faux ?** Si c'est faux, mets la phrase correcte.

		juste	faux
a) Raconte-le-leur !	______________________	☐	☐
b) Montre-moi-les !	______________________	☐	☐
c) Souviens-toi-en !	______________________	☐	☐
d) Explique-le-moi !	______________________	☐	☐
e) Ecris-le-lui !	______________________	☐	☐

Aufgabe 13 **Exercice combiné : La querelle.** Tu fais du baby-sitting chez les Calvaire. Mme et M. Calvaire sont sortis et les enfants, Claire et Vincent, se disputent. Il faut que tu parles aux enfants. Utilise l'impératif (avec un ou deux pronoms).

a) CLAIRE : Vincent a pris mon ours en peluche.
→ Vincent soll ihn ihr zurückgeben.
Vincent, rends-le-lui.

b) VINCENT : Claire ne me montre pas son dessin.
→ Claire soll sie ihm zeigen.
____

c) CLAIRE : Vincent a pris mes crayons.
→ Vincent soll sie ihr geben.
____

d) VINCENT : Claire ne me rend pas ma balle de tennis.
→ Claire soll ihn ihm zurückgeben.

____

e) CLAIRE : Mais Vincent ne m'écoute jamais.
→ Vincent soll ihr zuhören.

____

f) VINCENT : Claire ne m'aide pas à ranger la chambre.
→ Claire soll ihm helfen.

____

g) CLAIRE : D'abord, il faut que Vincent me rende mes CD.
→ Vincent soll sie ihr bringen.

____

Aufgabe 14 **Exercice combiné : La fin de la querelle.** Il faut que tu parles à Claire et Vincent. Dis-leur ce qu'ils doivent faire.

a) Du: Die Kinder sollen das Zimmer aufräumen und es dir zeigen.
Rangez la chambre et montrez-la-moi.

b) Du: Die Kinder sollen dir danach ein Buch bringen, und du wirst ihnen eine Geschichte vorlesen.

____

____

c) Claire: Du sollst ihnen die Geschichte bitte gleich vorlesen.

____

d) Du: Die Kinder sollen sich waschen und ins Bett gehen und auf dich warten.

____

Aufgabe 15* **Exercice combiné :** Regarde l'image. Pauline et Serge ont caché beaucoup de choses et l'un accuse l'autre. Ecris ce qu'ils disent et dis-leur ce qu'ils doivent faire. Utilise l'impératif et des pronoms.

Tu peux utiliser les verbes suivants :

CACHER – (NE PAS ME) RENDRE – (NE PAS ME) DONNER – (NE PAS ME) DIRE – PRENDRE – MONTRER

Voilà quelques objets dont ils disputent :

LA POUPÉE – LA RAQUETTE DE TENNIS – L'OURS EN PELUCHE – LES CRAYONS – LES LETTRES – LE CHIEN EN PELUCHE – LES CHAUSSURES – L'ARGENT – LE DESSIN – LA BALLE DE TENNIS

Serge : Pauline a caché ma raquette de tennis.	*Toi : Montre-la-lui.*

2 Relativpronomen

Das Relativpronomen dient als Bindeglied zwischen einem Substantiv und einem Satz, der dieses Substantiv näher beschreibt **(Relativsatz)**.

2.1 Relativsätze mit *qui* und *que*

Wann wird das Relativpronomen *qui*, wann das Relativpronomen *que* verwendet?
Die Relativpronomen (*les pronoms relatifs*) *qui* und *que* können beide in Relativsätzen (*les phrases relatives*) verwendet werden, die sich auf eine **Sache** oder auf eine **Person** beziehen. Sie unterscheiden sich in ihrer Funktion im Relativsatz folgendermaßen:

- *qui* ist **Subjekt**
- *que* ist direktes **Objekt**

Beispiele: J'aime Fred Vargas, qui écrit des romans policiers.
Le roman que j'aime le plus, c'est « L'homme aux cercles bleus ».

Beachte: Nach *qui* folgt ein Prädikat, nach *que* ein Subjekt.

ufgabe 16 **Qui ou que ?** Ta correspondante Laure te présente quelques camarades de classe. Regarde le dessin pour trouver leurs noms et fais des phrases relatives qui relient les noms et l'information à la page suivante.

TOI : Qui est-ce qui se trouve à côté de toi ?

LAURE : A côté de moi, c'est Cédric, qui est très bon en mathématiques.

TOI : Qui est-ce qui se trouve devant toi ?

LAURE : Devant moi, c'est ______________________________

____

____

TOI : Qui est-ce qui se trouve à côté de Morgane ?

LAURE : A côté de Morgane, c'est ______________________________

____

TOI : Qui est-ce qui se trouve à côté de Cédric ?

LAURE : A côté de Cédric, c'est ______________________________

____

TOI : Qui est-ce qui se trouve derrière Claire ?

LAURE : Derrière Claire, c'est ______________________________

____

Wann muss das *participe passé* im Relativsatz angeglichen werden?
Wenn dem Hilfsverb *avoir* (z. B. beim *passé composé* oder beim *plus-que-parfait*) das Relativpronomen ***que*** vorausgeht, richtet sich die Endung des *participe passé* nach **Genus und Numerus des direkten Objekts**.

Beispiele: La voiture que M. Sartin a achetée est très chère.
Julie a retrouvé les cahiers qu'elle avait perdus jeudi.

Aufgabe 17 **Ce que j'aime.** Mets le verbe au passé composé et fais l'accord.

a) J'aime les films que François Ozon a faits (faire).
b) J'ai aimé le DVD « Angel » que mes parents m' ________________ (offrir).
c) J'ai aimé la matinée que le cinéma ________________ (organiser).
d) J'aime les actrices qu'Ozon ________________ (choisir) pour « Huit femmes ».
e) J'aime aussi les courts métrages (*m.* ; *Kurzfilme*) qu'Ozon ________________ (réaliser).

2.2 Relativsätze mit Präposition + *lequel/qui*

Wann wird Präposition + Relativpronomen *lequel* verwendet?
Präposition + Relativpronomen ***lequel*** vertritt Präposition + Objekt in einem Relativsatz, der sich auf eine **Sache** oder eine **Person** bezieht. Die Präposition *à* und *lequel* verschmelzen zu *auquel.*

Beispiele: Regarde mon dictionnaire. Je ne vais jamais en France sans ce dictionnaire.
Regarde mon dictionnaire sans lequel je ne vais jamais en France.

Nous avons discuté de mes projets. Il s'intéresse beaucoup à mes projets.
Nous avons discuté de mes projets auxquels il s'intéresse beaucoup.

Beachte: Für die Präposition *de* gilt dies nur, wenn sie **Teil eines präpositionalen Ausdrucks** (wie *à côté de, au milieu de* etc.) ist.

Beispiel: Je lui ai montré le musée. En face du musée, il y a un restaurant très connu.
Je lui ai montré le musée en face duquel il y a un restaurant très connu.

Aufgabe 18 **Les photos d'un séjour à Hastings (I).** Fais des phrases pour décrire la photo à la page suivante en utilisant une préposition + *lequel/lesquels* ou *laquelle/lesquelles.* Les expressions suivantes vont t'aider.

A gauche Sur la photo Dans la valise Derrière ma casquette A droite	vous voyez c'est il y a	ma petite valise/j'ai déjà fait beaucoup de voyages avec cette valise mon petit ours en peluche/je ne pars jamais sans mon petit ours en peluche mon journal/dans le journal, j'ai noté tout ce qui s'est passé ma casquette/j'ai pensé à ma casquette au dernier moment mon portable/à l'aide du portable j'ai retrouvé mon groupe que j'avais perdu à Londres

Sur la photo, vous voyez ma petite valise avec laquelle j'ai déjà fait beaucoup de voyages.

Wann wird Präposition + Relativpronomen *qui* verwendet?

Präposition + Relativpronomen ***qui*** vertritt Präposition + Objekt in einem Relativsatz, der sich auf eine **Person** bezieht.

Beispiel: Lili parle de Chantal. Elle a passé une semaine à Hastings avec Chantal.
Lili parle de Chantal, avec qui elle a passé une semaine à Hastings.

Beachte folgende Besonderheiten:

- Für die Präposition ***de*** gilt dies nur, wenn sie **Teil eines präpositionalen Ausdrucks** ist.

  Beispiel: Luc est un bon ami. A l'aide de cet ami, j'ai réparé mon vélo.
  Luc est un bon ami à l'aide de qui j'ai réparé mon vélo.

- Die Präposition ***entre/parmi*** + Objekt wird immer durch Präposition + Relativpronomen ***lequel*** vertreten, auch wenn sich der Relativsatz auf eine **Person** bezieht.

  Beispiel: Les filles sont Françaises. Pierre est assis entre ces filles.
  Les filles entre lesquelles Pierre est assis sont Françaises.

ufgabe 19 **Les photos d'un séjour à Hastings (II).** Relie les phrases en mettant la préposition + le pronom relatif.

a) Voilà Chantal. J'ai fait le cours de langue avec Chantal.
Voilà Chantal, avec qui j'ai fait le cours de langue.

b) Ce sont Mr. et Mrs. Kitty. J'ai habité chez Mr. et Mrs. Kitty.

c) C'est leur fils Martin. J'écris régulièrement à Martin.

d) C'est Susan, sa petite sœur. Tous les soirs, j'ai raconté une histoire à Susan.

e) J'aime bien Susan. Je pense souvent à Susan.

f) A droite, c'est Jeff. On a fêté le 14 juillet chez Jeff.

g) A gauche, c'est Steven. Chantal a expliqué à Steven pourquoi on fête le 14 juillet en France.

h) Au milieu, c'est Vince. Nous sommes allés à Battle avec Vince visiter le champ de bataille où Guillaume le Conquérant a battu les Anglais en 1066.

Aufgabe 20 **Exercice combiné :** Cherche la bonne phrase. Parfois, il y a deux possibilités.

a) Nous avons un grand jardin. Au milieu *de ce jardin* se trouve un vieil arbre.
⇨ Nous avons un grand jardin au milieu ~~de qui~~/duquel se trouve un vieil arbre.

b) Je regarde la vieille dame. En face *de la vieille dame* est assis un grand chien.
⇨ Je regarde la vieille dame en face de qui/de laquelle est assis un grand chien.

c) Je remercie la jeune fille. A l'aide *de la jeune fille* j'ai retrouvé mon chat.
⇨ Je remercie la jeune fille à l'aide de que/de qui j'ai retrouvé mon chat.

d) L'avion traversait les nuages gris. Au-dessus *des nuages*, le soleil brillait.
⇨ L'avion traversait les nuages gris au-dessus desquels/desquelles le soleil brillait.

e) C'est un auteur célèbre. On a organisé la fête en l'honneur *(zu Ehren) de cet auteur.*
⇨ C'est un auteur célèbre en l'honneur duquel/de qui on a organisé la fête.

2.3 Relativsätze mit *dont*

Wann wird das Relativpronomen *dont* verwendet?

Das Relativpronomen *dont* wird verwendet

- bei **Substantiven** mit Präposition *de* (die **nicht** Teil eines präpositionalen Ausdrucks wie *en face de, au milieu de* etc. ist). *Dont* ist hier vergleichbar mit einem deutschen Relativpronomen im Genitiv wie „deren" oder „dessen". Die Satzstellung lautet: *dont* – Subjekt – Prädikat – Objekt

  Beispiel: Louis m'a prêté sa voiture. Le moteur de cette voiture est très bien.
  Louis m'a prêté sa voiture dont le moteur est très bien.

  Beachte: Der Possessivbegleiter im Relativsatz entfällt und wird durch den bestimmten Artikel ersetzt.

  Beispiel: Vercors est un écrivain. Ses livres sont captivants. (= les livres de Vercors)
  Vercors est un écrivain dont les livres sont captivants.

Aufgabe 21 **Une soirée chez tes parents.** On fête l'anniversaire de ton père. Tu présentes quelques invités à un copain/une copine. Relie les deux phrases en utilisant *dont* et souligne le sujet dans la phrase relative.

a) C'est Mme Pernaud. Tu as rencontré la fille de Mme Pernaud chez M. Pilatti.
b) C'est M. Rostand. Tu vois la voiture de M. Rostand sous l'arbre.
c) Ce sont les Dubois. Je n'ai jamais vu le fils des Dubois sourire.
d) A gauche, c'est M. Boulez. Je connais la femme de M. Boulez depuis mon enfance.
e) Au fond, c'est M. Duval. La femme de M. Duval travaille chez Dior.
f) A droite, c'est Anthony Delon. Le père d'Anthony est aussi un acteur célèbre.
g) M. Delon parle avec Mme Delavigne. Le chat de Mme Delavigne s'est fait écraser *(überfahren werden)* par un camion.
h) A gauche, c'est M. Brunel. Tu vois la femme de M. Brunel derrière M. Danty.
i) M. Danty parle avec M. Blériot. La femme de M. Blériot a bousculé M. Prune.
j) A droite, c'est un monsieur très riche. J'ai oublié le nom de ce monsieur.

C'est Mme Pernot dont tu as rencontré la fille chez M. Pilatti.

- bei **Verben** mit Präposition *de*

Beispiele: « Madame Bovary » est un roman. Je me souviens très bien de ce roman.
« Madame Bovary » est un roman dont je me souviens très bien.
Le devoir est difficile. Les élèves se plaignent de ce devoir.
Le devoir dont les élèves se plaignent est difficile.

Aufgabe 22 Traduis à l'aide des verbes indiqués.

a) Ratatouille? Das ist der Film, von dem ich dir gestern erzählt habe.

Ratatouille ? C'est le film dont je t'ai parlé hier.

b) Natürlich. Das ist der Film mit der Ratte *(le rat)*, an die ich mich so gut erinnere.

c) Erklär mir das Problem, mit dem er sich im Augenblick *(en ce moment)* beschäftigt.

d) Hier ist ein Buch, das er benötigen wird.

e) Er wird sich für das Problem interessieren, um das es in diesem Buch geht.

f) Die Duclos machen eine Reise, von der sie seit langem *(depuis longtemps)* träumen.

g) Das ist eine Krankheit, an der Matthieu seit langem leidet.

- bei **Adjektiven** mit Präposition *de*

Beispiele: Fred Vargas a reçu plusieurs prix. Elle est fière de ces prix.
Fred Vargas a reçu plusieurs prix dont elle est fière.

Anne a fait un gâteau. Elle est très contente de son gâteau.
Anne a fait un gâteau dont elle est très contente.

ufgabe 23 Relie les deux phrases par *dont*.

a) La fille, c'est Marlène. Jean est amoureux de Marlène depuis longtemps.
La fille, c'est Marlène, dont Jean est amoureux depuis longtemps.

b) Il lui a fait un joli cadeau. Marlène n'est pas très heureuse de ce cadeau.

____

c) Marlène aime Pascal. Jean est très jaloux de Pascal.

____

d) Pascal a eu un petit accident de vélo. Il n'est pas responsable de cet accident.

____

e) Jean est un très bon élève. Ses parents sont très fiers de Jean.

____

f) Il écrit des textes bizarres. Je suis souvent très surpris de ses textes.

____

- bei **Mengenangaben** (vergleichbar mit dem deutschen „davon")

Beispiel: Pierre a cinq filles. Trois des filles sont déjà mariées.
Pierre a cinq filles, dont trois sont déjà mariées.

Aufgabe 24 Relie les deux phrases en remplaçant les images par un substantif et les parties *en italique* par *dont*.

a) J'ai vu quatre  de Claude Chabrol. Trois *des quatre*  m'ont beaucoup plu.

J'ai vu quatre films de Claude Chabrol, dont trois m'ont beaucoup plu.

c) Les Rodriguez ont quatre . Trois *des*  sont des filles.

___

d) Tu m'as donné des . Trois *des*  m'ont vraiment intéressé.

___

e) Chaque jour, mon chef me donne dix . Je lis deux ou trois *de ces* .

___

f) Les Batignolle ont plusieurs . Deux *de leurs*  se trouvent en Bretagne.

___

Zusammenfassung

- **Präposition** + ***lequel*** vertritt Präposition (außer *de*) + Objekt, wenn sich der Relativsatz auf eine **Sache** oder eine **Person** bezieht.

  Beachte: Dies gilt auch für die Präposition *de*, wenn sie Teil eines präpositionalen Ausdrucks ist.

- **Präposition** + ***qui*** vertritt Präposition (außer *de*) + Objekt, wenn sich der Relativsatz auf eine **Person** bezieht.

  Beachte: Dies gilt auch für die Präposition *de*, wenn sie Teil eines präpositionalen Ausdrucks ist. Präposition ***entre/parmi*** + Objekt wird immer durch Präposition + Relativpronomen ***lequel*** vertreten, auch wenn sich der Relativsatz auf eine Person bezieht.

- Relativpronomen ***dont*** vertritt Präposition *de* + Objekt.

Aufgabe 25 **Exercice combiné : La vie de Manet.** Zoé et Florent ont presque terminé un exposé sur Edouard Manet. Mais le texte n'est pas encore très beau. Relie les phrases en remplaçant les expressions soulignées par *qui, que, dont, où, lequel.*

Le peintre s'appelle Edouard Manet. Nous allons parler de ce peintre. Edouard est né le 23 janvier 1832. Le père d'Edouard est un haut fonctionnaire (ein hoher Beamter). Le jeune Edouard est un mauvais élève. Il passe plus de temps à dessiner qu'à travailler à l'école. Edouard veut devenir capitaine. C'est un métier fascinant. Il s'intéresse beaucoup à ce métier. A l'âge de 16 ans, il doit passer un concours à l'Ecole navale (eine Aufnahmeprüfung an der Seefahrtsschule machen). Edouard échoue (durchfallen) au concours. C'est un concours très difficile. Il voyage pendant six mois jusqu'à Rio de Janeiro. A Rio de Janeiro, il reste deux mois. Rentré, il entre dans l'atelier de Thomas Couture, un peintre très connu. Le succès de ce peintre attire beaucoup de jeunes artistes. Couture apprend à Manet de nouvelles techniques de peinture. Manet sait très bien tirer profit de ces techniques. Couture et Manet travaillent ensemble jusqu'en 1856. Entre Couture et Manet, il y a aussi des conflits. Couture est un représentant de la tradition. Cette tradition, Manet ne la trouve pas tellement importante. Bientôt on dit dans Paris : « Il y a chez Couture un peintre. Ce peintre fait des tableaux étonnants. » Au Louvre, on fait régulièrement des expositions. On appelle ces expositions « le Salon ». Un jury décide quel tableau est exposé au salon. Le salon est très important pour la carrière d'un peintre. Le jury a refusé beaucoup de tableaux de Manet. Ils n'acceptent pas les sujets et le style de ces tableaux. En 1863, on crée un Salon des Refusés (Alternativsalon; der Salon der Zurückgewiesenen). Dans le Salon des Refusés, Manet peut exposer ses tableaux. Manet a une grande influence sur les jeunes peintres. On appelle ces jeunes peintres les « impressionnistes ». Depuis plusieurs années, ces jeunes peintres connaissent Manet. Ils admirent le style de Manet. L'écrivain Emile Zola écrit un article. Avec cet article, il fait de Manet le héros (der Held) de la peinture moderne. En 1876, Manet remarque les premiers symptômes d'une grave maladie. Cette maladie oblige les médecins à lui amputer la jambe gauche. Les médecins essaient en vain de lutter contre la maladie. Cette maladie tue Edouard Manet en avril 1883. Manet a 51 ans.

Le peintre dont nous allons parler s'appelle Edouard Manet.

2.4 *Ce qui* und *ce que*

Wann werden *ce qui* und *ce que* im Relativsatz verwendet?
Ce qui und *ce que* stehen dann, wenn kein konkretes Bezugswort vorhanden ist. Sie beziehen sich auf ganze Sätze oder Satzteile (vergleichbar mit dem deutschen „was").

Welche Funktionen erfüllen *ce qui* und *ce que* im Relativsatz?
Ce qui und *ce que* erfüllen folgende Funktionen:

- *ce qui* ist **Subjekt**,
- *ce que* ist **Objekt**.

Beispiele: Ce qui l'intéresse, c'est la musique.
Ce que je n'aime pas, c'est le sport.

Aufgabe 26 **Ce qui ou ce que ?** Complète le texte en mettant *ce qui* ou *ce que*.

a) Ce qui m'intéresse, c'est le football.

b) ____________ elle adore vraiment, c'est la natation.

c) ____________ me plaît, c'est le ski de fond *(Langlauf)*.

d) ____________ Lucien trouve apaisant *(beruhigend)*, c'est de jouer au golf.

e) Muriel fait de l'escalade, ____________ est très intéressant.

f) ____________ me paraît dangereux, c'est la course moto *(Motorsport)*.

g) ____________ Sébastien n'aime pas, c'est le jogging.

h) Ma fille n'aime plus jouer au tennis, ____________ m'a rendu très triste.

i) Il n'aime pas le sport, c'est tout ____________ j'ai compris.

Aufgabe 27* a) **Exercice combiné : Qui est-ce ?** Regarde les images à la page 31. Complète les phrases en mettant *qui, que, ce qui, ce que* ou *à/contre/pour/avec qui.*

Qui est Alain ?

C'est le garçon ___qui___ porte une casquette.

C'est celui ____________ on voit toujours téléphoner avec son portable.

C'est le garçon ____________ est fier de son nouveau portable.

C'est celui ____________ téléphone à son copain au cinéma.

____________ il trouve amusant, c'est d'appeler ses copains.

Qui est Fabienne ?

C'est la fille ____________ aime faire du sport.

____________ l'intéresse avant tout, c'est le tennis.

C'est la fille ____________ porte une minijupe.

Fabienne est la fille ____________ a attaché ses cheveux en queue de cheval.

Elle joue contre quelqu'un. Mais on ne sait pas ____________ Fabienne joue aujourd'hui.

Qui est Chloé ?

C'est la fille ____________ aime faire du baby-sitting.

Chloé est la fille ____________ donne à manger à Jérémie.

____________ elle donne à Jérémie, c'est une soupe à la tomate.

C'est la fille ____________, normalement, aime Jérémie.

C'est la fille ____________ Jérémie aime beaucoup.

____________ Chloé n'aime pas en ce moment, c'est le comportement de Jérémie.

Chloé doit rester calme, ____________ l'énerve un peu.

Qui est Thomas ?

C'est le garçon ____________ Mona trouve très sympa.

Thomas est celui ____________ est amoureux de Mona.

C'est celui ____________ veut poster une lettre à Mona et ____________ rêve.

____________ il a écrit à Mona, c'est très gentil.

C'est celui ____________ a mal à la tête.

Qui est Loïc ?

Loïc est le garçon __________ aime jouer avec des chiens.

C'est le garçon __________ Mme Bartoli a dit : « Ne joue pas avec ce chien. »

C'est celui __________ a joué avec le chien de Mme Bartoli.

Loïc est celui __________ le chien ne voulait pas jouer.

__________ a frappé *(verblüfft)* Loïc, c'est l'agressivité du petit animal.

Qui est Jérémie ?

Jérémie est un petit garçon __________ la baby-sitter a préparé une soupe.

C'est le garçon __________ la garde d'enfants veut donner à manger.

Jérémie, c'est celui __________ la baby-sitter ne trouve pas très sage *(artig)*.

C'est le petit garçon __________ veut jouer après le repas.

C'est le garçon __________ la garde d'enfants dira : « Non, on ne va pas jouer aujourd'hui. Tu vas faire dodo *(ins Bett gehen; Anm.: Kindersprache)*. »

C'est le petit garçon __________ va pleurer.

Qui est Tarzan ?

Tarzan, __________ n'aime pas les enfants, n'est pas très grand.

C'est un petit animal __________ tout le monde aime bien, sauf *(außer)* Loïc.

Mais il faut se méfier *(sich in Acht nehmen)* de Tarzan, __________ n'est pas toujours gentil.

Tarzan fait toujours __________ lui plaît.

Qui est Adrien ?

C'est celui __________ est au cinéma.

Son copain Alain, __________ il va souvent au cinéma, ne voulait pas voir ce film.

Adrien, c'est le garçon __________ n'a pas éteint *(ausgeschaltet)* son portable.

C'est le garçon __________ les gens regardent méchamment *(böse)*.

Adrien est le garçon __________ n'est pas content que son copain l'appelle.

__________ plaît à Adrien, ce sont les films d'amour.

Aufgabe 27 b) Après avoir complété l'exercice précédent, regarde les dessins sur cette page. Qu'est-ce qui va ensemble ? Ecris les lettres qui correspondent aux chiffres dans les cases *(Kästchen)*.

1	2	3	4	5
D				

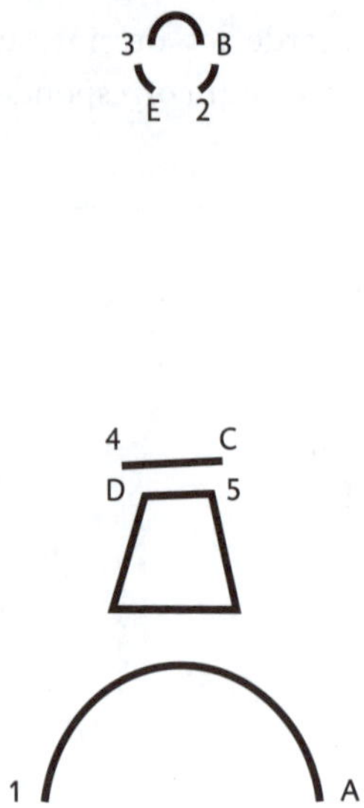

Complète le dessin en reliant les chiffres et les lettres (voir page 31) pour savoir ce qu'il représente.

La solution :

____

Aufgabe 28* **Exercice combiné : Au zoo. Quel animal est-ce ?** Complète les phrases en utilisant *qui, que, dont, lequel/laquelle/lesquels/lesquelles.* Trouve l'animal qui est décrit dans le texte et écris le nom sur les lignes avec la case *(Kästchen).* Choisis parmi les animaux à la page 37.

LE __ __ __ __ __ __ __ **1 : __**

Cet animal, ___qui___ est le plus grand et le plus fort de tous les singes, est végétarien. L'animal, __________ le regard fait un peu peur, est paisible et calme. Ce singe anthropoïde, _____________ le comportement et les mouvements ressemblent beaucoup à ceux de l'Homme, vit sur le sol, mais il est aussi capable de grimper sur les arbres dans _________________, très souvent, il fait son nid pour passer la nuit. Les mâles, ____________ le poids peut dépasser 200 kg, sont beaucoup plus grands que les femelles. Ils vivent dans des groupes et c'est toujours le plus vieux et dominant des mâles _________ dirige le groupe.

LE _ _ _ _ _ _ _ _ _ **2 : _**

C'est un animal ________ vit surtout en Australie. Ses membres postérieurs[1], grâce ____________ l'animal se déplace par bonds, sont plus longs et forts que les membres antérieurs. Sa queue, ________ lui sert de balancier, est très longue et forte. C'est un animal ____________ les femelles portent les petits dans une poche ventrale.

L' _ _ _ _ _ _ _ _ **3 : _**

C'est un animal __________ on admire la force et l'intelligence. Cet animal, __________ peut vivre cent ans, est le plus gros animal terrestre. Cet animal, ____________ la peau est épaisse, vit en Afrique et en Asie. La trompe[2], ___________ l'animal se sert pour presque tout faire, est très souple et sensible.

L' _ _ _ _ _ _ _ _ _ _ _ **4 : _**

C'est un animal ________ vit en Afrique. Cet animal, _______ pèse plus de 3 tonnes, est capable de courir à plus de 40 km/h. C'est un animal ____________ on voit seulement les narines[3], les yeux et les oreilles quand il est dans l'eau. Cet animal, _________ , souvent, on ne voit pas sous l'eau, court sur le fond de la rivière. Cet animal, ____________ mange des plantes, n'attaque l'homme que pour défendre son territoire. Dans ces situations, cet animal, __________ compte parmi les animaux les plus dangereux d'Afrique, devient très agressif.

LA _ _ _ _ _ _ **5 :** _

Cet animal a un cou très long ________ lui permet d'atteindre des feuilles jusqu'à 6 mètres de hauteur. La langue, avec ________________ l'animal mange les feuilles d'acacia, est très longue et souple. Pour boire, il doit écarter les pattes antérieures, avec ________________ il peut se défendre aussi contre ses ennemis, des lions par exemple.

LE _ _ _ _ _ _ _ _ _ _ **6 :** _

Les cornes, _________ cet animal est pourvu[4], sont typiques de cet animal. Les hommes tuent cet animal __________ ils veulent la corne parce qu'ils croient que la corne leur donne une substance miraculeuse. L'écrivain français Eugène Ionesco a écrit une pièce de théâtre dans _________________ cet animal joue un rôle important.

LE _ _ _ _ _ _ _ _' _ _ _ _ **7 :** _

Ce petit animal, _________ l'origine est l'Amérique du Sud, est appelé aussi le *cobaye*. Les enfants aiment cet animal _____________ est élevé surtout comme animal de laboratoire. L'expression « servir de cobaye », __________ la traduction est « als Versuchskaninchen dienen », vient du fait que c'est un animal avec _____________ on fait des expériences scientifiques dans des laboratoires. C'est un animal domestique ______ est, comme les souris, un rongeur[5].

1 Hintere Gliedmaßen
2 Rüssel
3 Nasenlöcher
4 ausgestattet (mit)
5 Nagetier

Voici les photos qui manquent dans les descriptions.

La solution :
C'est un animal qui court très vite.

le _ _ _ _ _ _ _
1 2 3 4 5 6 7

… rund ums Verb

3 Zeiten

3.1 Das *imparfait* und das *passé composé*

Wann wird das *imparfait* verwendet?
Das *imparfait* wird bei **nicht abgeschlossenen Handlungen** ohne zeitliche Begrenzung verwendet. Dazu gehören:

- **Beschreibungen** und **Zustände**

  Beispiele: Hier, il faisait beau. Le soleil brillait. Les gens se promenaient dans le parc. Toute la journée, elle avait froid.

- **wiederholte** (gewohnheitsmäßige) Handlungen

  Beispiel: D'habitude, Marc se levait à six heures.

- **parallel verlaufende** Handlungen

  Beispiel: Pendant que Patrick lisait, Sandrine regardait la télé.

Beachte: Es gibt bestimmte Signalwörter für die Verwendung des *imparfait*. Diese solltest du dir einprägen.

d'habitude (für gewöhnlich)	*toujours* (immer)
habituellement (für gewöhnlich)	*tous les jours* (jeden Tag)
souvent (oft)	*pendant que* (während)
normalement (normalerweise)	*régulièrement* (regelmäßig)

Aufgabe 29 **Un grand-père extraordinaire.** Lis le texte suivant. Explique la fonction de l'imparfait dans ce texte.

Mon grand-père était (1) un homme bizarre. Tous les matins, il se levait (2) très tôt. Pendant qu'il buvait (3) son café, son chien mangeait (4) dans sa gamelle. Mon grand-père faisait (5) toujours la même promenade avec son chien. Pendant qu'ils marchaient (6), il regardait (7) derrière lui comme s'il avait (8) peur de quelqu'un. C'était toujours derrière le même arbre qu'il sortait (9) un cigare de sa poche. Il le fumait (10) tranquillement. En rentrant, il ne disait (11) rien à sa femme qui était (12) très heureuse parce que mon grand-père ne fumait (13) plus.

1) Beschreibung (des Großvaters)

Wann wird das *passé composé* verwendet?
Das *passé composé* wird bei **abgeschlossenen Handlungen** mit klarer zeitlicher Begrenzung verwendet. Dazu gehören:

- **einmalige** Handlungen
  Beispiel: Pendant toute sa vie il a beaucoup travaillé.
- **neu einsetzende** Handlungen
  Beispiel: Tout à coup, Chantal a commencé à chanter.
- **Handlungsketten** (eine Handlung ist bereits abgeschlossen, wenn die nächste eintritt)
  Beispiel: Pierre a acheté le journal, il l'a payé et après, il est sorti du magasin.

Beachte: Auch für das *passé composé* gibt es bestimmte Signalwörter, die du dir gut merken solltest.

d'abord (zunächst)
puis (dann, danach)
finalement (schließlich, letztlich)
après (danach)
tout à coup (plötzlich)
enfin (endlich, schließlich)

Aufgabe 30 Explique l'utilisation du passé composé dans les phrases suivantes.

a) La Seconde Guerre mondiale **a duré** six ans.
→ einmalige und abgeschlossene Handlung

b) Il **a fait** les courses, il **est rentré** à la maison et après, il **a fait** la cuisine.
→

c) Ce matin, Jean **s'est levé** à sept heures.
→

d) Tout à coup, j'**ai entendu** du bruit dans la cuisine. p. c.
→

Was musst du beachten, wenn vor dem *passé composé* ein direktes Objekt steht?
Steht vor dem *passé composé* ein **direktes Objekt/Objektpronomen**, so muss das ***participe passé*** in Genus und Numerus daran angeglichen werden (siehe auch Kapitel 2 Relativpronomen).

Beispiele: Tu as vu Coralie ? Oui, je l'ai vue.
Tu as entendu les filles ? Oui, je les ai entendues.

Beachte: *Me, te, nous* und *vous* können sowohl direkte als auch **indirekte Objektpronomen** sein. Haben sie die Funktion eines indirekten Objekts, wird das Partizip **nicht** verändert.

Beispiel: Marcel t'a téléphoné, Sylvie ? Oui, il m'a téléphoné hier.

Aufgabe 31 **Juste ou faux ?** Réfléchis pour savoir s'il s'agit d'un objet direct ou indirect et cherche la bonne forme du participe passé.

a) – Tu as rencontré **Sylvie et Vanessa** ?
– Oui, je les ai ~~rencontré~~/~~rencontrés~~/rencontrées au jardin.

b) – Christine, est-ce que tu as écrit à **Charlotte** ?
– Oui, je lui ai écrit/écrite.

c) – Tu as vu les Bernheim samedi?
– Non, ce sont **les Cuvillier** que j'ai vu/vues/vus.

d) – Est-ce que tu as montré l'hôtel à **Mme et M. Figeac** ?
– Oui, je leur ai montré/montrés/montrées l'hôtel.

e) – Est-ce que tu as acheté **les ballons verts** ?
– Oui, je les ai acheté/achetés/achetées.

Aufgabe 32 **Exercice combiné : Voyage en Normandie.** Laure te propose un voyage en Normandie. Elle veut rendre visite à sa tante et son oncle qui vivent à Caen. Vous parlez du voyage. Mets-toi à la place de celui ou celle qui répond. Mets les verbes au passé composé et emploie un pronom personnel complément.

a) LAURE : Tu as les billets de train ?
TOI : Je *les ai mis* (les/mettre) dans mon porte-monnaie.

b) TOI : Laure, tu as fait la réservation ?
LAURE : Je ______________________ (la/faire) la semaine dernière.

c) TOI : Et est-ce que tu as téléphoné à ton oncle pour lui dire à quelle heure nous serons à Caen ?
LAURE : Je ____________________ (lui/écrire) une carte postale samedi.

d) LAURE : A propos, tu as posté la lettre que tu as écrite à tes parents ?
TOI : Je ____________________ (la/poster) ce matin.

e) TOI : Où est-ce que tu as mis la bouteille d'eau minérale ?
LAURE : Je ____________________ (la/mettre) dans mon sac à dos.

f) TOI : Tu as acheté un petit cadeau pour ton oncle et ta tante ?
LAURE : Je ____________________ (leur/acheter) une bouteille de vin et du chocolat.

g) LAURE : N'oublie pas les photos de ta famille que tu veux montrer à ma tante et à mon oncle.
TOI : Je ____________________ (les/mettre déjà) dans ma valise.

h) TOI : Est-ce que ton oncle va nous inviter dans son restaurant préféré ?

LAURE : Il ______________________ (me/ne jamais inviter) dans son restaurant préféré.

i) TOI : Ton oncle et ta tante, ils vont nous attendre à la gare ?

LAURE : La dernière fois, ils ______________________ (nous/attendre) à la gare.

j) TOI : Est-ce que tu aides ta tante à faire le ménage ?

LAURE : La dernière fois, je ______________________ (la/ne pas aider). Elle ne veut pas qu'on l'aide à faire le ménage.

Überblick: Der Gebrauch des *imparfait* und des *passé composé*

Im Allgemeinen dient das *imparfait* zur Darstellung der Hintergrundinformationen und Rahmenbedingungen, das *passé composé* zur Darstellung der eigentlichen Handlung.

imparfait	*passé composé*
Handlungen ohne zeitliche Eingrenzung	**Handlungen mit zeitlicher Eingrenzung**
• Beschreibungen und Zustände	• neu einsetzende Handlungen
• wiederholte Handlungen	• einmalige Handlungen
• parallel verlaufende Handlungen	• Handlungsketten

Beispiele: Pendant que je lisais, le téléphone a sonné.
Il dormait quand le bébé a commencé à pleurer.

Aufgabe 33 **Exercice combiné :** Lis le texte. Sous le texte, tu trouves les différents emplois du passé composé et de l'imparfait. Choisis pour chaque verbe l'emploi qui convient. Ecris les chiffres sur les lignes.

La Parure *(Der Schmuck)*

M. Loisel était (1) un petit employé dans un ministère. Sa femme Mathilde souffrait (2) beaucoup de leur pauvreté. Elle rêvait (3) de bals, mais elle n'avait (4) pas de bijoux *(Schmuck)*. Elle avait (5) une amie riche, Mme Forestier, mais elle n'osait (6) plus lui rendre visite parce qu'elle avait (7) honte *(sich schämen)* de sa pauvreté.

Un soir, M. Loisel est rentré, (8) une enveloppe à la main et il a dit (9) à sa femme : « Le ministre nous invite à passer la soirée à l'hôtel du ministère. » Mme Loisel n'était (10) pas heureuse parce qu'elle n'avait (11) pas de bijoux. Sans bijoux, elle ne pouvait (12) pas aller à la fête. Le jour de la fête approchait (13).

Un soir, M. Loisel lui a dit (14) : « Mathilde, va voir ton amie Mme Forestier et demande-lui de te prêter des bijoux. »
Le lendemain, Mme Loisel a rendu visite (15) à Mme Forestier et lui a raconté (16) son problème. Mme Forestier est allée (17) vers son armoire, a pris (18) un coffret *(Kästchen)*, l'a ouvert (19) et a montré (20) les bijoux à son amie. Mme Loisel a choisi (21) un joli collier de diamants. Ses mains tremblaient *(zittern)* (22) quand elle a pris (23) ce collier. Puis, elle a demandé (24) à son amie : « Peux-tu me prêter cela ? » « Mais oui, certainement » a répondu (25) Mme Forestier.
Enfin, le jour de la fête est arrivé (26). Mme Loisel était (27) la plus jolie. Tous les hommes la regardaient (28) et même le ministre l'a remarquée (29). Elle s'est amusée (30) et a dansé (31) toute la nuit. Son mari et elle ont quitté (32) la fête vers quatre heures du matin. A la maison, elle s'est regardée (33) dans le miroir et elle a poussé (34) un cri : le collier de diamants n'était (35) plus là. M. Loisel était (36) choqué. Pendant que Mathilde cherchait (37) partout dans l'appartement, M. Loisel essayait (38) de trouver la parure dans la rue. Il est rentré (39) vers sept heures sans l'avoir trouvée. Les Loisel étaient (40) désespérés. Le lendemain, Mme Loisel a écrit (41) à son amie que le collier était (42) cassé et qu'il fallait (43) le faire réparer.
Après, ils sont allés (44) de bijoutier en bijoutier pour trouver une parure comme celle de Mme Forestier. Enfin, ils ont trouvé (45) un collier de diamants qui ressemblait (46) parfaitement au collier perdu. Comme cette parure était (47) extrêmement chère, M. Loisel a emprunté (48) de l'argent. Il a fait (49) des dettes *(Schulden)* et s'est ruiné (50). Mais finalement, il a eu (51) l'argent nécessaire pour acheter le collier.
Le lendemain, Mme Loisel est allée (52) chez son amie et lui a rendu (53) le collier. Mme Forestier n'a rien remarqué (54).
Pendant dix ans, les Loisel ont mené *(führen)* (55) une vie abominable, car il a fallu (56) payer cette terrible dette. Au bout de dix ans, tout était (57) payé. Mme Loisel semblait (58) vieille, triste et dure. Un jour, elle était (59) en train de faire une promenade, quand tout à coup, elle a vu (60) une dame qu'elle connaissait (61). C'était (62) Mme Forestier. Mme Loisel s'est approchée (63) d'elle. Mme Forestier n'a pas tout de suite reconnu (64) son amie tant le visage de Mme Loisel était (65) changé. Et puis Mme Loisel a raconté (66) l'histoire de la parure perdue. « Il nous a fallu (67) payer les dettes et à cause de cela, nous avons eu (68) une vie bien difficile. » Mme Forestier a pris (69) les mains de son amie et lui a dit (70) : « Oh ! Ma pauvre Mathilde, mon collier était (71) faux. » Elle l'avait acheté pour quelques francs.
(d'après : *La parure* de Guy de Maupassant)

passé composé

Einmalige, abgeschlossene Handlung, deren Anfang und Ende klar festgelegt ist:

___

___

___

___

Handlungskette:

___

___

___

neu einsetzende Handlung:

___

imparfait

Beschreibung von Rahmenbedingungen und Hintergrundinformation:

1 ___

___

Beschreibung eines Zustands:

___

___

___

parallel verlaufende Handlungen:

___

Zeitenfolge der indirekten Rede:

___

Aufgabe 34 **Exercice combiné. Une excursion extraordinaire à Saint-Malo.** Katrin raconte son excursion à Saint-Malo. Voilà ce qu'elle dit. Mets les verbes au passé composé ou à l'imparfait.

Saint-Malo ist eine Stadt in der Bretagne, die für ihren historischen Stadtkern und ihre Festungen berühmt ist. Drei der vorgelagerten Inseln Saint-Malos kann man bei Ebbe zu Fuß erreichen: le Grand Bé, le Petit Bé und le Fort National. Der Gezeitenunterschied beträgt 12 m und ist damit einer der größten Europas.

Jeudi, nous _sommes allés_ (aller) à Saint-Malo. C' _était_ (être) une vraie aventure. A sept heures, la maman de Christelle ~~entrait~~ _est entrée_ (entrer) dans ma chambre et _m'a reveille_ (me réveiller).

Je/j' ai mangé (manger) rapidement un peu de pain et je/j' ai bois (boire) un bol de chocolat chaud.

Après, nous Guons ____________ (courir) prendre le bus. Au lycée, les autres ____________ (attendre) déjà. En allant à Saint-Malo, on ____________ (traverser) le barrage de la Rance. Christelle ____________ (me dire) : « Le barrage est la seule usine marémotrice dans le monde et pour produire de l'électricité, on se sert de la marée qui est exceptionnellement haute dans cette région. »

> **information :**
> - *une usine marémotrice* : Gezeitenkraftwerk (die Turbinen werden durch das ab- und auflaufende Wasser angetrieben)
> - *la marée* : die Gezeiten (*la marée basse / haute* : Ebbe / Flut)

Nous ____________ (se promener) dans Saint-Malo.

Notre professeur ____________ (nous expliquer) : « On peut visiter le tombeau d'un écrivain français très connu qui est mort en 1848 : François René de Chateaubriand. Il ____________ (vouloir être enterré) sur une petite île, le Grand Bé. »

C' ____________ (être) marée basse. On ____________ (pouvoir aller) à pied sur cette île. Le professeur français ____________ (dire) : « Il faut faire attention parce que l'eau monte vite. »

Christelle, son petit ami Tanguy, le charmant Lionel que je/j' ____________ (aimer bien), et moi, nous ____________ (profiter) de la marée basse pour aller sur l'île. Il y ____________ (avoir du vent).

Je/j' ______________ (avoir) froid. Lionel ____________________ (me donner) sa veste. Nous ______________________________________ (nous arrêter) pour regarder le tombeau de Chateaubriand.

C' ___________ (être) magnifique : le vent, la mer et Lionel. Lionel _________ ____________ (me parler) d'un roman de Chateaubriand : il ________________ __________________ (me raconter) l'histoire d'un Amérindien *(Indianer)* qui tombe amoureux d'Atala. C' ______________ (être) une histoire très triste mais très belle. Lionel _______________ (savoir) très bien raconter cette histoire. Je/j' ________________________ (même pleurer) un peu et Lionel _______________ _____________ (me prendre) la main. C' ____________ (être) très romantique.

François-René de Chateaubriand (1768–1848) war ein französischer Schriftsteller, zu dessen bekanntesten Werken die Erzählungen „Atala" und „René" gehören. Nach seinem Tod wurde Chateaubriand, der in der Bretagne aufgewachsen war, auf der Insel le Grand Bé vor Saint-Malo beigesetzt.
Victor Hugo sagte über ihn: „Je veux être Chateaubriand ou rien" („Ich möchte Chateaubriand werden oder gar nichts").

Tout à coup, je/j' ____________________ (remarquer) que Christelle et Tanguy ________________________ (ne plus être) là. Lionel ______________ (dire) : « Il faut se dépêcher ». On ______________ (devoir) se dépêcher à cause de la marée haute qui ______________________ (arriver). Nous ______________________ ________________ (descendre) et la mer ______________ (être) là.

Je/j' ____________________ (prendre) mon portable et je/j' ______________ _____________ (appeler) notre professeur. Il ______________________ (râler) *(schimpfen)*. On ___________________________________ (ne pouvoir rien faire) d'autre qu'attendre. Pendant que nous _________________________ (être assis) sur l'herbe, Lionel ____________________________ (me raconter) l'histoire de Jacques Cartier, qui était parti de Saint-Malo pour découvrir le Québec.

C' _____________ (être) une excursion extraordinaire.

Aufgabe 35 **Exercice combiné : La randonnée de Mme et M. Boussole en Normandie (I).** Décris les images et raconte l'histoire au présent.

a)

b)

c)

d)

e)

f)

g) 

h) 

i) 

j) 

k) 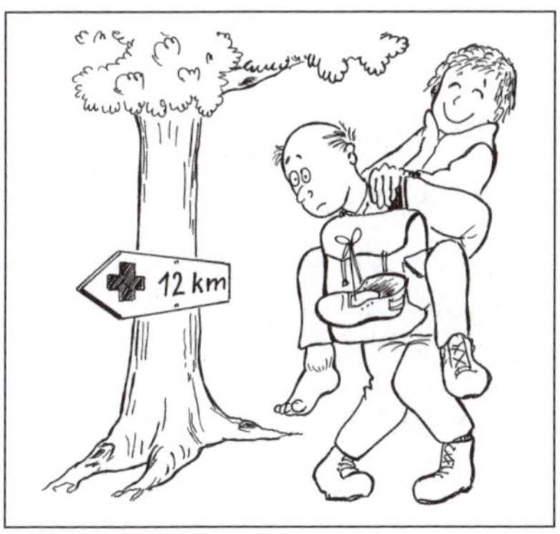

Die Normandie

liegt im Nordwesten Frankreichs und hat ihren Namen von den Normannen, die dieses Gebiet im Mittelalter besiedelten. Mit dem Namen der Normandie verbindet man häufig die Landung der alliierten Truppen während des 2. Weltkrieges.
Zu den touristischen Attraktionen der Normandie zählen u. a. das Seebad Étretat mit seinen spektakulären Klippen sowie der Mont Saint-Michel, eine kleine, felsige Insel, auf der im Mittelalter ein Benediktinerkloster errichtet wurde.

a) D'habitude/le réveil de M. Boussole/sonner à huit heures.
Ce jour-là, il/sonner à six heures. Il/faire déjà jour.
A six heures dix, Mme et M. Boussole/se lever.
D'habitude, le réveil de M. Boussole sonne à huit heures. Ce jour-là, il sonne à six heures. Il fait déjà jour. A six heures dix, Mme et M. Boussole se lèvent.

b) M. Boussole/ouvrir la fenêtre/regarder le Mont Saint-Michel.
Puis, il/faire un peu de sport.
Après il/prendre une douche et s'habiller.

c) Pendant que Mme Boussole/préparer le petit-déjeuner, son mari/mettre tout ce dont ils/avoir besoin dans son sac à dos.
Sur la table, il y/avoir une cafetière, deux bols, une bouteille de lait, une baguette et deux croissants.

d) A sept heures, ils/prendre le petit-déjeuner.
M. Boussole/ lire le journal et Mme Boussole/tremper son croissant dans son café.

e) Après le petit-déjeuner, les Boussole/mettre leurs chaussures de randonnée.
M. Boussole/prendre son sac à dos et ils/partir.

f) Il y/avoir du vent et quelques nuages.
D'abord, ils/prendre la route, puis ils/traverser les prés salés et après ils/arriver sur la côte.

> **information :**
> *un pré salé* : eine Salzwiese, deren Gras das Fleisch der dort weidenden Schafe besonders schmackhaft werden lässt. Salzwiesen finden sich in Meeresnähe.

g) La mer/être calme.
Tout à coup, il/commencer à pleuvoir.
Les Boussole/décider de rentrer.

h) Il/pleuvoir très fort.
A ce moment-là, M. Boussole/avoir l'idée de prendre un raccourci *(eine Abkürzung)* à travers les champs pour rentrer plus vite.

i) Ils/marcher quand tout à coup Mme Boussole/mettre le pied dans un trou.
Elle/tomber.
M. Boussole/entendre le cri de sa femme.

j) Elle/avoir mal au pied et/ne plus pouvoir marcher.
M. Boussole/se demander ce qu'il/devoir faire.

k) Il/devoir la porter.
Il/ la mettre sur son dos et/aller chez le médecin.

Aufgabe 36 **Exercice combiné : La randonnée de Mme et M. Boussole en Normandie (II).** Raconte l'histoire au passé. Emploie le passé composé et l'imparfait.

D'habitude, le réveil de M. Boussole sonnait à huit heures.

fgabe 37* **Exercice combiné : Une rencontre bizarre.** Raconte l'histoire de M. Geoffroi en français. Utilise le passé composé et l'imparfait.

M. Geoffroi raconte à un collègue:
„Maurice! Heute Morgen ist mir etwas Komisches *(quelque chose de bizarre arrive à qn)* passiert. Ich bin um sieben Uhr aufgestanden. Wie immer war ich noch müde. Heute hatte ich zudem *(en plus)* noch Kopfschmerzen.
Zuerst habe ich das Licht angeschaltet und habe auf die Uhr gesehen *(regarder l'heure)*. Dann habe ich meine Pantoffeln *(les pantoufles)* gesucht und habe meinen Bademantel angezogen *(mettre le peignoir)*. Danach bin ich aus dem Schlafzimmer gegangen und bin hinuntergegangen. Auf der Treppe *(dans l'escalier)* schlief meine Katze noch.
Bevor ich mich an den Tisch gesetzt habe *(avant de se mettre)*, habe ich Kaffee gemacht. Ich habe nicht bemerkt, dass schon jemand in der Küche war. Als ich meinen Kaffee trank *(en buvant)*, wurde mir bewusst *(se rendre compte que)*, dass sich jemand hinter der Tür aufhielt *(se tenir)*. Er war klein und trug schwarze Kleidung und eine furchtbare Maske *(un masque horrible)*. Er betrachtete mich seit einiger Zeit. Er hatte ein Messer in der Hand *(à la main)*.
Mir ist es gelungen *(réussir)*, sofort zu reagieren: Ich habe an Christian, meinen Sohn, gedacht. Ich habe mich umgedreht, bin die Treppe hinaufgelaufen *(monter l'escalier en courant)*, habe die Tür seines Zimmers geöffnet und – wie furchtbar *(quelle horreur !)* – sein Bett war leer *(vide)*. Beim Umdrehen *(en me retournant)* habe ich gesehen, dass der maskierte Mann hinter mir war. Ich habe mich auf ihn geworfen *(se jeter sur)*, aber im selben Augenblick *(au même moment)* habe ich begriffen *(comprendre)*, wer das war: Es war mein Sohn Christian. Er sagte: ‚Guten Morgen, Papa, magst du mein Kostüm *(le costume)*? Heute ist Karneval *(c'est le carnaval)* in der Schule.' "

Maurice ! Ce matin, quelque chose de bizarre m'est arrivé.

3.2 Das *plus-que-parfait*

Wann wird das *plus-que-parfait* verwendet?
Das *plus-que-parfait* wird zur Beschreibung von Handlungen oder Zuständen verwendet, die **vor einem bestimmten Zeitpunkt in der Vergangenheit abgeschlossen wurden** (Vorzeitigkeit).

Beispiele: Hier, Hélène a mangé le gâteau qu'elle avait préparé lundi.
Enfin, Luc m'a présenté sa fiancée avec qui je l'avais déjà vu plusieurs fois.

Aufgabe 38 **Exercice combiné : L'abbé** *(Pfarrer)* **Pierre (I).** Lis le texte.

LE MONDE D'AUJOURD'HUI, 27 JANVIER 2007

L'ABBÉ PIERRE

Le 22 janvier 2007 un homme très courageux est mort : l'abbé Pierre.

Henri Grouès, le futur « abbé Pierre », naît à Lyon le 5 août 1912. Son père appartient à un groupe qui s'occupe des gens pauvres à Lyon. Ils se réunissent régulièrement dans une salle de la cité Rambaud. Ils s'occupent des clochards et des mendiants *(Bettler)* de la ville.

Henri est élève au collège des jésuites. Un jour, il accompagne son père dans la cité Rambaud et il découvre quelque chose qui l'impressionne beaucoup: « Mon père et ses amis sont au milieu d'une cinquantaine de mendiants. Pendant que mon père sert le petit- déjeuner à un des sans-abris *(Obdachlose)*, un autre lave un mendiant ou coupe des cheveux. »

A l'âge de 13 ans, il tombe gravement malade. Pendant qu'il reste au lit, il lit beaucoup.

En 1927, il va en Italie. A Assise, il visite un couvent *(Kloster)*. Le guide lui raconte la vie de Saint François d'Assise* et, tout à coup, il comprend qu'il veut devenir moine *(Mönch)*.

Il ne supporte pas la vie dure dans le couvent, si bien qu'il tombe malade.

Après plus de six ans, il décide de quitter le couvent. Il devient prêtre *(Priester)* à Grenoble. En 1939, la guerre commence et, en 1940, les Allemands entrent en France.

Les Allemands occupent le nord de la France et, plus tard, tout le pays. L'abbé Grouès se spécialise dans le passage des frontières : il aide des juifs *(Juden)* à passer la frontière. Il crée avec des amis un camp de « maquisards ». Ce sont des gens qui risquent leur vie en luttant clandestinement *(heimlich)* contre les Allemands. La Gestapo le cherche et il se cache à Lyon et à Paris. Il change souvent de nom : il prend celui, entre autres, de « l'abbé Pierre ».

Après la guerre, il entre dans la politique. En 1947, il achète une maison dans la banlieue parisienne.

L'abbé en fait une « Auberge internationale de jeunesse » qu'il appelle Emmaüs. C'est le village où deux disciples de Jésus *(die Jünger Jesu)* rencontrent Jésus ressuscité *(auferstanden)*. Ils sont désespérés par la mort de Jésus, mais après la résurrection, ils retrouvent l'espoir.

Pendant les vacances, des jeunes viennent régulièrement à l'auberge de jeunesse. Plus tard, ce sont de nouveaux visiteurs qui arrivent chez l'abbé Pierre : le premier qui demande de l'aide, c'est Georges, un meurtrier *(Mörder)* qui a tué son père vingt ans auparavant et qui a passé vingt ans en prison. Avec l'aide de Georges, l'abbé Pierre commence à construire une maison plus grande pour les sans-logis parce qu'ils arrivent de plus en plus nombreux chez lui.

En 1954, plus de 100 familles habitent au refuge d'Emmaüs. L'hiver de cette année-là est extrêmement dur. Il fait jusqu'à moins trente degrés.

Un petit enfant meurt dans une pièce sans chauffage, une femme sur le trottoir d'un boulevard à Paris. L'abbé Pierre lance un appel *(einen Appell aussenden)* sur Radio Luxembourg. Il dit aux gens d'apporter des couvertures et des tentes. Son appel a un grand succès. On construit des logements pour les sans-abris.

Pendant plus de 50 ans, l'abbé Pierre travaille pour aider ceux qui n'ont personne et pour lutter contre l'indifférence générale.

Il nous dit sans cesse *(unaufhörlich)*: « Et toi, qu'as-tu fait ? »

L'abbé Pierre veut nous réveiller en nous disant : « Les pauvres ont autant que toi le droit de vivre. Réveille-toi ! Ton frère est en danger ! »

En 1992, il reçoit la Légion d'Honneur, une des plus grandes décorations françaises. D'abord, il refuse parce qu'il n'aime pas les médailles. Mais en 2001, il accepte cet honneur.

L'association Emmaüs part d'une petite auberge de jeunesse près de Paris et devient une organisation internationale avec 526 groupes dans 52 pays.

Anmerkung:

* Franz von Assisi (1181–1226), Bettelmönch, der sein Leben den Armen gewidmet hat.

Vrai ou faux ? Si c'est faux, mets la réponse correcte.

	vrai	faux
Pendant son enfance, le jeune Henri Grouès ne rencontre pas de mendiants ni de clochards.	☐	☐
L'idée de devenir moine lui vient en Normandie.	☐	☐
Il quitte le couvent parce qu'il ne supporte pas la vie dure.	☐	☐
Henri Grouès devient prêtre à Paris.	☐	☐
Pendant la guerre, il quitte la France.	☐	☐

Aufgabe 39* **Exercice combiné : L'abbé Pierre (II).** Réponds.

a) Pendant la guerre, Henri Grouès change souvent de nom. Pourquoi ?

____

____

____

b) Grouès appelle son refuge « Emmaüs ». Explique ce nom.

____

____

____

c) L'hiver 1954 a été très important pour Emmaüs. Pourquoi ?

____

____

____

d) Explique la raison pour laquelle l'abbé Pierre dit aux gens : « Et toi, qu'as-tu fait ? »

____

____

____

Aufgabe 40* **Exercice combiné : L'abbé Pierre (III).** Transforme le texte au passé. Mets les verbes soulignés au passé composé, à l'imparfait et au plus-que-parfait.

Le 22 janvier 2007 un homme très courageux est mort : l'abbé Pierre.

Henri Grouès, le futur « abbé Pierre », est né à Lyon le 5 août 1912.

fgabe 41* **Exercice combiné : Un carambolage sur l'autoroute.** Dans ce texte d'après une histoire de l'écrivain français Anna Gavalda, il s'agit d'un agent commercial *(Handelsreisender)* qui, depuis plusieurs années, va de supermarché en supermarché pour vendre les produits de son entreprise. Raconte l'histoire en français et mets les verbes au passé composé, à l'imparfait et au plus-que-parfait. Attention: les temps français ne correspondent pas toujours au temps allemands.

Voilà l'histoire en allemand:

Am 29. September stand M. Faret sehr früh auf. Er machte keinen Lärm, um seine Frau nicht aufzuwecken. Er duschte *(prendre sa douche)*. Danach trank er schnell seinen Kaffee, weil er wusste, dass er vor der Abfahrt nach Rouen *(avant de partir)* noch tanken musste *(prendre de l'essence)*. Er hatte zwei Termine *(un rendez-vous)*. Er war spät dran *(être en retard)* und es war neblig *(il y avait du brouillard)* auf der Autobahn. Er war nicht sehr aufmerksam *(attentif)* und in der Nähe von *(près de)* Rouen merkte er plötzlich, dass er die Ausfahrt verpasst hatte *(rater la sortie)*. Er hielt auf der Autobahn an und setzte zurück *(reculer)*. Wegen *(à cause de)* des Nebels sah er nichts.

Er verließ die Autobahn und fuhr zum Treffen. Am Abend *(le soir)* schaltete er den Fernseher an *(allumer la télé)*, um die Nachrichten *(le journal)* zu sehen. Es gab eine Reportage über eine Karambolage, die sich auf der Autobahn in der Nähe von Rouen ereignet hatte *(avoir lieu)*.

Man sah Hunderte von zerquetschten Autos *(des centaines de voitures écrasées)*, verbrannte Lastwagen *(des camions/des poids lourds brûlés)*, die Notarztwagen *(les voitures du SAMU)*, die Laster der Feuerwehr *(les camions de pompiers)*. Faret ging schlafen. Da er nicht einschlafen *(s'endormir)* konnte, ging er ins Wohnzimmer hinunter. Um Mitternacht schaltete er den Fernseher an. Während man die Bilder der Katastrophe zeigte, rauchte er eine Zigarette. Dann interviewte ein Journalist einen Fernfahrer *(un routier)*, der sagte: „Es war neblig und ich sah fast *(presque)* nichts, aber plötzlich habe ich ein Auto gesehen, das zurückstieß *(faire marche arrière)*. Ich habe gebremst *(freiner)* und dann habe ich Autos hinter mir zusammenstoßen hören *(entendre des voitures s'écraser)*." In diesem Augenblick *(à ce moment-là)* verstand Faret, dass er den Unfall auf der Autobahn bei Rouen verursacht hatte. In der Nacht fragte er sich, was er jetzt tun solle.

Le 29 septembre, M. Faret s'est levé très tôt.
___

4 Modi

Welche Modi gibt es im Französischen?
Im Französischen werden vier Modi unterschieden: *indicatif* (als Standardmodus), *impératif*, *conditionnel* und *subjonctif*.

4.1 Das *conditionnel*

Im Französischen existieren zwei Stufen des *conditionnel*:

- das **conditionnel I** (*le conditionnel présent*), das sich auf die **Gegenwart** bezieht und
- das **conditionnel II** (*le conditionnel passé*), das sich auf die **Vergangenheit** bezieht.

Wie wird das *conditionnel présent* gebildet?
Das ***conditionnel présent*** wird in der Regel aus dem **Infinitiv + Endung** *-ais/-ais/-ait/-ions/-iez/-aient* (= *imparfait*-Endungen) gebildet.

Beispiele: chercher — je chercherais
finir — tu finirais

Beachte: Bei der Bildung des *conditionnel présent* gibt es einige Besonderheiten, nämlich:

- Bei den **Verben auf *-re*** entfällt das auslautende *-e* des Infinitivs.

  Beispiel: vivre — je vivrais
  répondre — je répondrais

- Manche Verben haben **Sonderformen**, die du dir einprägen solltest:

acheter	j'achèterais	envoyer	j'enverrais	recevoir	je recevrais
lever	je lèverais	voir	je verrais	devoir	je devrais
appeler	j'appellerais	courir	je courrais	falloir	il faudrait
jeter	je jetterais	pouvoir	je pourrais	faire	je ferais
savoir	je saurais	aller	j'irais	être	je serais
avoir	j'aurais	vouloir	je voudrais	venir	je viendrais

Aufgabe 42 Mets les verbes au *conditionnel présent*.

dormir	je *dormirais*	rendre	il rendrait
payer	il pairait	avoir	tu aurais
savoir	elle savoirait	être	vous sertriez
attendre	j' attendrais	venir	nous venirions
dire	nous dirions	faire	ils feraient

Wie wird das *conditionnel passé* gebildet?
Beim ***conditionnel passé*** handelt es sich wie beim *passé composé* um eine zusammengesetzte Verbform. Es wird aus dem Hilfsverb ***être/avoir*** (im ***conditionnel présent***) + ***participe passé*** gebildet.

Beispiel: J'aurais lu la BD.

Beachte: Für den *accord* gelten die üblichen Regeln. Das *participe passé* wird angeglichen, wenn das *conditionnel passé* mit *être* gebildet wird bzw. wenn dem *participe passé* ein direktes Objekt in Form eines Objektpronomens oder des Relativpronomens *que* vorausgeht.

Beispiele: Elle serait restée à Reims.
Il l'aurait invitée si elle n'avait pas eu un tournoi important.
La BD qu'elle lui aurait donnée comme cadeau a eu de bonnes critiques.

ufgabe 43 Mets les verbes au *conditionnel passé.*

aller	je serais allé(e)	avoir	tu ______
voir	tu ______	être	vous ______
monter	elle ______	croire	nous ______
prendre	j' ______	venir	elle ______
ouvrir	vous ______	savoir	ils ______
mettre	elle ______	devoir	j' ______

Wann wird das *conditionnel* verwendet?
In der Regel wird das *conditionnel* in folgenden Fällen verwendet:

- um höflich einen **Wunsch**, einen **Vorschlag** oder eine **Bitte** auszudrücken (in der Regel in Verbindung mit den Verben *vouloir, aimer, désirer, pouvoir*),

  Beispiel: Je voudrais un café, s'il vous plaît.

- im Hauptsatz eines **Konditionalsatzes** (siehe auch Kap. 9) bzw. in einem **verkürzten Konditionalsatz**,

  Beispiele: Si je pouvais, je t'aiderais.
  Demain, ma grand-mère aurait eu cent ans (si elle n'était pas morte).

- um eine **unbestätigte Meldung** wiederzugeben,

  Beispiel: Cinq personnes seraient mortes dans l'accident.

- in der **indirekten Rede** (temporaler Gebrauch; siehe auch Kapitel 6).

  Beispiel: Il a dit qu'il viendrait le lendemain.

Aufgabe 44 **L'emploi du conditionnel.** Utilise le conditionnel et note la fonction du conditionnel dans chaque phrase.

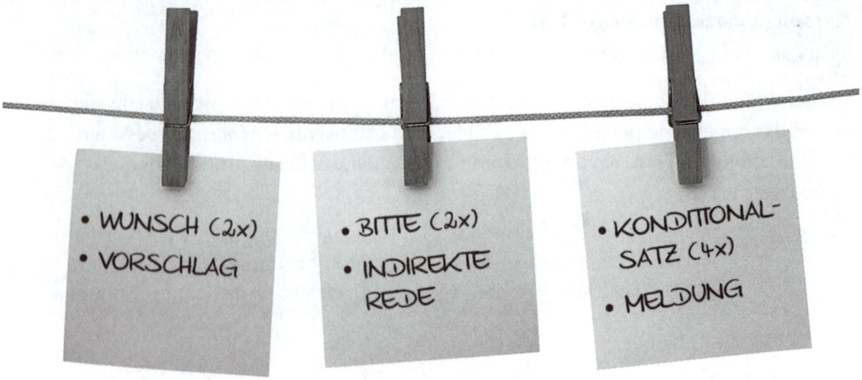

a) J' aimerais (aimer) avoir ton numéro de téléphone.	WUNSCH
b) Je serais (être) curieux de savoir ce qu'il en pense.	
c) Nous voudrions (vouloir) vous parler.	
d) On pourrait (pouvoir) rendre visite à Martine.	
e) Trois wagons seraient (avoir) déraillé (*entgleist*).	
f) Il aimerait (aimer) sûrement travailler avec moi.	
g) Si j'étais à ta place, je l' appellais (appeler).	
h) Il m'a dit qu'il revenirait (revenir) ce soir.	
i) Voudriez (vouloir) -vous me prêter ce roman ?	
j) Je m' achèterais (acheter) une Ferrari, si j'avais l'argent.	
k) Pourriez (pouvoir) -vous m'expliquer cela ?	

ufgabe 45 On a besoin du conditionnel dans beaucoup de situations. Traduis.

Au restaurant

a) Könnten Sie mir bitte die Karte geben?

Est-ce que tu me donnerais la carte ?

b) Was würden Sie mir empfehlen?

Qu'est-ce qu tu me recommendrais ?

c) Ich nähme gerne (volontiers) ein Steak und einen Orangensaft.

Je prenndrais un volontier et un juice d'orange.

A l'agence de voyage

a) Ich würde die Ferien gern in Spanien verbringen.

Je passerais les vacances en Spain.

b) Es soll aber dieses Jahr an der Küste viele Quallen (des méduses) geben.

Des méduses seraient cette année à la côte.

c) Also (Donc) möchte ich gerne nach Madrid fahren.

Je voudrais aller en Madrid.

d) Was würden Sie dort besichtigen?

Qu'est-ce que tu voudrais visiter ?

4.2 Der *subjonctif*

Der Modus des *subjonctif* hat im Deutschen **keine Entsprechung**.

Wie wird der *subjonctif* gebildet?
Der *subjonctif* wird in der Regel aus dem **Stamm der 3. Person Plural** (Indikativ Präsens) **+ Endung** *-e/-es/-e/-ions/-iez/-ent* gebildet. Manche Formen des *subjonctif* unterscheiden sich nicht von den Präsens- oder *imparfait*-Formen im Indikativ. Es handelt sich aber trotzdem um einen *subjonctif*.

Beispiele:	**parler**	ils parlent	→ Stamm: parl-	→ que je parle
	écrire	ils écrivent	→ Stamm: écriv-	→ que j'écrive

Beachte: Bei der Bildung des *subjonctif* gibt es einige Besonderheiten, nämlich:

- Verben, bei denen sich der **Stamm** in der **1. und 2. Person Plural** (Indikativ Präsens) **ändert**, behalten diese Änderung auch im *subjonctif* bei.

Beispiel:	**venir**	ils viennent	→ Stamm: vienn-
		que je vienne	que nous venions (*indicatif*: nous venons)
		que tu viennes	que vous veniez (*indicatif*: vous venez)
		qu'il vienne	qu'ils viennent

  Dies gilt auch für *acheter* (kaufen), *appeler* (rufen), *boire* (trinken), *croire* (glauben), *devoir* (müssen), *employer* (beschäftigen), *espérer* (hoffen), *jeter* (werfen), *mourir* (sterben), *payer* (zahlen), *préférer* (bevorzugen), *prendre* (nehmen), *recevoir* (erhalten), *tenir* (halten).

- Manche Verben haben **Sonderformen**, die du dir einprägen solltest:

aller	**avoir**	**être**	**faire**	**pouvoir**	**savoir**	**vouloir**
aille	aie	sois	fasse	puisse	sache	veuille
ailles	aies	sois	fasses	puisses	saches	veuilles
aille	ait	soit	fasse	puisse	sache	veuille
allions	ayons	soyons	fassions	puissions	sachions	voulions
alliez	ayez	soyez	fassiez	puissiez	sachiez	vouliez
aillent	aient	soient	fassent	puissent	sachent	veuillent

Aufgabe 46 **Tout le monde veut quelque chose…** Mets les verbes au subjonctif.

Le professeur veut que…

a) nous fassions (faire) nos devoirs.
b) nous lisions (lire) ce roman.
c) j' apprends (apprendre) par cœur un poème.
d) nous parlions (parler) français avec lui.

Mes parents veulent que…

e) je ne ______________ (boire) pas d'alcool.

f) nous les ________________ (aider).

g) nous ______________ (mettre) le couvert.

h) nous ______________ (être) à l'heure.

Et moi, je veux que/qu'…

i) Marie ____________ (aller) au cinéma avec moi.

j) mes parents me _____________ (permettre) d'aller à la fête.

k) il ___________ (faire) beau pendant les vacances.

l) le professeur ne ___________ (être) pas si sévère.

Wann wird der *subjonctif* verwendet?
Der *subjonctif* tritt fast ausschließlich im Nebensatz auf und wird automatisch nach bestimmten Verben, Ausdrücken oder Konjunktionen verwendet. Auslöser können sein:

- **Verben der Willensäußerung**

vouloir que (wollen, dass)
désirer que (wünschen, dass)
souhaiter que (wünschen, dass)
aimer que (mögen, dass)
proposer que (vorschlagen, dass)
attendre que (erwarten, dass)
demander que (verlangen, dass)
exiger que (fordern, dass)
permettre que (erlauben, dass)
tolérer que (tolerieren, dass)

Beispiele: Je n'aime pas que tu sois en retard.
Il ne tolère pas qu'on fasse des bêtises quand il parle.

Aufgabe 47 **Sabine rêve.** Mets les verbes au subjonctif.

a) **Je veux que** Michel sache_________ (savoir) que je l'aime.

b) **J'aimerais qu'**il _________________________ (me rendre visite).

c) **Je ne veux pas que** ma meilleure amie Annie ________________ (aller) aux États-Unis pour y passer une année scolaire.

d) **Je souhaiterais** qu'elle _________ (rester) ici.

Aufgabe 48 **Le nouveau professeur.** Vous avez un nouveau professeur, M. Maillol. Il a l'air très sévère. Quelle est la forme correcte du verbe ?

Voilà ce qu'il dit :

a) Je ne tolère pas que vous ~~êtes~~/~~étiez~~/soyez en retard.
b) Je veux que vous vous leviez/levez/lèverez quand j'entre dans la classe.
c) J'attends que vous m'appelleriez/appeliez/appelliez « Monsieur le professeur ».
d) Je demande que vous me respectiez/respectez/respecteriez.
e) J'attends que vous m'écoutez/écoutiez/écoutent quand je parle.
f) Je ne tolère pas que vous allez/alliez/iriez aux toilettes pendant les cours.
g) J'attends que vous apprenez/appreniez/apprendriez par cœur dix poèmes de Charles Baudelaire*.
h) Je ne permets pas que vous aider/aidiez vos camarades de classe.
i) J'attends que vous écrivez/écriviez/écririez correctement.
j) J'exige que vous me montrerez/montrez/montriez régulièrement vos devoirs.
k) J'attends que vous réfléchiriez/réfléchissiez bien avant de répondre à mes questions.
l) Je ne permets pas que vous travailliez/travailleriez/travaillez ensemble.
m) Je ne tolère pas que vous bavardiez/bavarderez/bavardez avec votre voisin.
n) J'attends que vous soyez/étiez/seriez toujours attentifs.
o) Je propose que vous liriez/lisiez/lisez un livre par semaine.
p) J'attends que vous faisiez/fassiez/faites un résumé du livre que vous avez lu.

*__Charles Baudelaire__ (1821–1867) gilt als einer der bedeutendsten Lyriker Frankreichs. Sein bekanntestes Werk ist die Gedichtsammlung „Les fleurs du mal" (dt.: „Die Blumen des Bösen").

- **Verben und Ausdrücke des persönlichen Empfindens und der Wertung**

trouver bon que (gut finden, dass)
trouver mauvais que (schlecht finden, dass)
trouver faux que (falsch finden, dass)
trouver normal que (normal finden, dass)
trouver bizarre que (komisch finden, dass)

détester que (verabscheuen, dass)
regretter que (bedauern, dass)
craindre que (fürchten, dass)
se réjouir que (sich freuen, dass)
avoir peur que (Angst haben, dass)

être content(e) que (zufrieden sein, dass)
être fier/fière que (stolz sein, dass)
être triste que (traurig sein, dass)
être étonné(e) que (erstaunt sein, dass)
être heureux(-se) que (glücklich sein, dass)
être fâché(e) que (böse sein, dass)
être surpris(e) que (überrascht sein, dass)

il est (grand) temps que (es ist (höchste) Zeit, dass)
il est nécessaire que (es ist notwendig, dass)
il est faux que (es ist falsch, dass)
il est juste que (es ist richtig, dass)
il est dommage que (es ist schade, dass)
il/cela me plaît que (es gefällt mir, dass)
cela m'étonne que (es erstaunt mich, dass)
il faut que (es ist notwendig, dass)
il vaut mieux que (es ist besser, dass)
il est normal que (es ist normal, dass)
il est possible que (es ist möglich, dass)
il est important que (es ist wichtig, dass)

Beispiele: Je trouve normal que tu aies peur.
Il faut que tu y ailles.

ufgabe 49 **Le dialogue avec le professeur.** Quelques élèves de ta classe décident de parler avec votre nouveau professeur. Ils lui ont donné rendez-vous après l'école. Mets les verbes à l'indicatif ou au subjonctif.

PASCAL : Nous sommes très contents que vous soyez (être) prêt à parler avec nous.

LE PROFESSEUR : Je trouve bizarre que mes élèves ____________ (vouloir) parler avec moi après l'école.

JEAN-LUC : Je trouve important que les élèves ____________ (pouvoir) discuter avec leur prof.

LE PROFESSEUR : Je crains qu'il ____________ (n'y avoir rien) à discuter.

MARC : Nous regrettons qu'on ____________ (ne pas pouvoir) travailler en groupes.

LE PROFESSEUR : Je crois que le travail en groupes ____________ (ne pas être) utile.

SYLVIE : Je trouve triste que vous ____________ (ne pas permettre) que nous ____________ (utiliser) Internet.

LE PROFESSEUR : Je pense qu'Internet ______________________ (ne pas vous servir) à grand chose.

SANDRA : Je trouve nécessaire qu'on ______________ (apprendre) à s'en servir.

LE PROFESSEUR : J'ai peur que tu _______________ (perdre) du temps quand tu surfes sur le Web toute la journée.

MARC : Nous trouvons normal qu'on __________________ (réfléchir) avant de répondre, mais tout le monde fait des fautes. Nous avons peur que vous ____________________ (se mettre) en colère quand nous faisons une faute.

PASCAL : Et nous avons l'impression que vous êtes fier que les élèves _________ (avoir) peur de vous.

LE PROFESSEUR : Mais non. Au contraire, je me réjouis que vous ____________ (avoir) le courage de me dire tout cela.

Aufgabe 50* Vous préparez un programme que vous allez donner à M. Maillol. Fais des phrases.

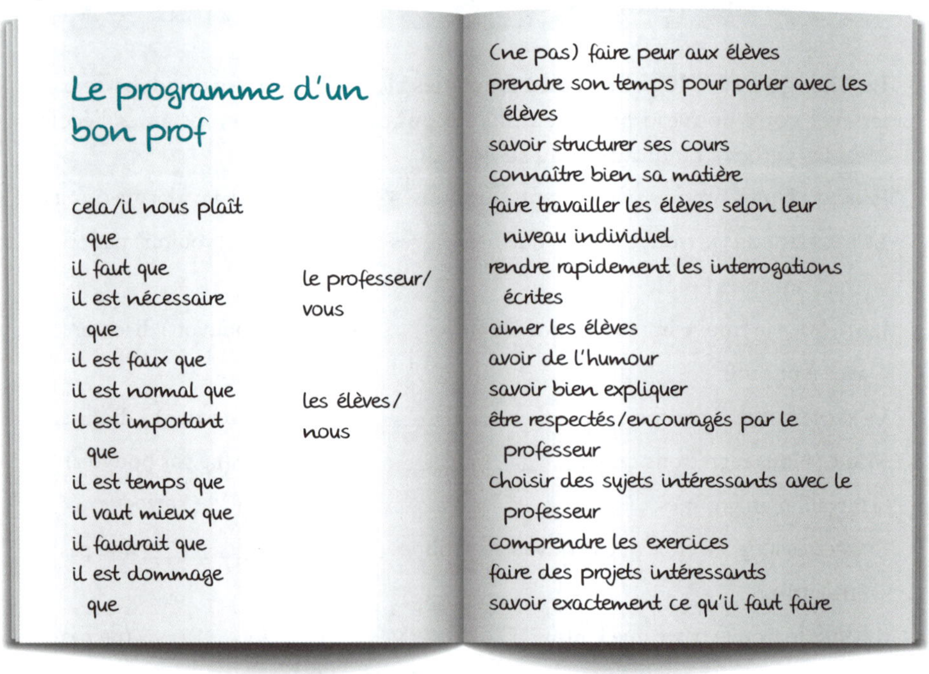

Le programme d'un bon prof

cela/il nous plaît que
il faut que
il est nécessaire que
il est faux que
il est normal que
il est important que
il est temps que
il vaut mieux que
il faudrait que
il est dommage que

le professeur/vous

les élèves/nous

(ne pas) faire peur aux élèves
prendre son temps pour parler avec les élèves
savoir structurer ses cours
connaître bien sa matière
faire travailler les élèves selon leur niveau individuel
rendre rapidement les interrogations écrites
aimer les élèves
avoir de l'humour
savoir bien expliquer
être respectés/encouragés par le professeur
choisir des sujets intéressants avec le professeur
comprendre les exercices
faire des projets intéressants
savoir exactement ce qu'il faut faire

Il est faux que le professeur fasse peur aux élèves.

- **Verben des Zweifels**
  Bei den Verben des Zweifels muss beachtet werden, dass dazu neben ***douter que*** (bezweifeln, dass) auch die **Verben des Sagens, Denkens oder Meinens** zählen, wenn sie in **verneinter Form** oder **Frageform** stehen. Dazu gehören:

espérer que (hoffen)	*penser que* (denken, meinen)
trouver que (finden)	*croire que* (glauben)
être sûr(e) que (sicher sein)	*il est clair que* (es ist klar, dass)
il est certain que (es ist gewiss, dass)	*il est vrai que* (es ist wahr, dass)
il est évident que (es ist offensichtlich, dass)	

Vergleiche:	**bejahte Form**	**verneinte Form/Frageform *(inversion)***
	Il est clair qu'elle dit la vérité.	Il n'est pas clair qu'elle dise la vérité.
	Il pense que c'est possible.	Pense-t-il que ce soit possible ?

Aufgabe 51 **Le nouveau professeur.** Mets les verbes à l'indicatif ou au subjonctif.

a) JEAN-LUC : Crois-tu que M. Maillol *lise* (lire) notre programme ?

b) SANDRA : Je crois qu'il ___________ (être) intéressé par notre programme.

c) STÉPHANIE : Je ne suis pas sûre qu'il ___________ (le lire).

d) PASCAL : Je ne crois pas qu'il ___________ (comprendre) ce que nous voulons lui dire.

e) SYLVIE : Il est évident que M. Maillol ___________ (ne pas vouloir) changer ses méthodes.

f) MARC : Je ne pense pas que notre programme ___________ (être) très utile.

g) JEAN-LUC : Moi, je trouve que c'___________ (être) un programme super.

h) PASCAL : J'espère que M. Maillol ___________ (prendre) notre programme au sérieux.

I) STÉPHANIE : Je suis sûre qu'il ___________ ___________ (aller y réflechir)

d) JEAN-LUC : Moi, je doute qu'il le ___________ (faire).

- **bestimmte Konjunktionen**
  bien que (obgleich, wenngleich)
  pour que (damit, sodass)
  jusqu'à ce que (bis)
  avant que (bevor)
  sans que (ohne dass)

  Beispiele: Bien qu'il soit malade, Marcel va à l'école.
  Elle mange des chocolats jusqu'à ce qu'elle ait mal au ventre.

Aufgabe 52 **Le nouveau professeur.** Mets les verbes au subjonctif.

Après les cours, les élèves donnent le programme à leur professeur et ils parlent longtemps avec lui **jusqu'à ce qu'**il ___promette___ (promettre) de le lire attentivement. **Avant que** M. Maillol ______________ (sortir) du collège, les élèves lui disent : « Merci, monsieur. » Il prend le papier **bien qu'**il ______________ (ne pas vouloir) changer la manière de faire ses cours. Il promet de lire le texte **pour que** les élèves ______________ (être) contents.
Le lendemain, le professeur entre dans la classe et il commence son cours **sans que** les élèves ______________ (savoir) ce qu'il pense de leur programme. Mais peu avant la fin du cours, le professeur dit : « J'ai lu votre programme. »

Beachte: Der *subjonctif* kann auch im *passé composé* verwendet werden. Dabei steht das Hilfsverb ***avoir*** oder ***être*** im ***subjonctif***.

Beispiele: Je trouve très important que tu sois venue hier, Jeanne.
J'avais peur que tu aies oublié ta carte d'identité.

Aufgabe 53 Les élèves écoutent leur professeur. Mets les phrases au *passé composé*.

a) Je trouve fantastique que vous fassiez un programme.
Moi, je trouve fantastique que vous ayez fait un programme.

b) Je suis très content que vous veniez me proposer votre programme.
____

c) Je trouve bon que vous me parliez.
____

d) Cela me plaît que tous mes élèves se donnent du mal *(sich Mühe geben)*.
____

ufgabe 54* **Exercice combiné : La réponse du professeur.** Fais des phrases. Attention : il y a des expressions qui exigent le subjonctif et il y en a d'autres après lesquelles il faut mettre l'indicatif.

je suis étonné que
il est dommage que
je regrette que
il est évident que
il faut que
vous trouvez que
il est vrai que
il est faux de croire que
je trouve important que
je trouve bon que
vous dites qu'il est important que
je crois que
je trouve intéressant que
je crains que
il est possible que
j'espère que
je suis heureux que

vous/ne pas m'avoir parlé plus tôt
vous/ne pas aimer mes cours
une bonne atmosphère/être très importante
vous/avoir peur de moi
vous/avoir de la discipline
vous/avoir eu le courage de me présenter votre programme
je/prendre mon métier au sérieux
je/ne pas avoir d'humour
vous/avoir raison
les élèves/avoir confiance en leur professeur
un professeur/prendre son temps pour parler avec ses élèves
le travail en groupe/ne pas être utile
vous/vouloir travailler sur un sujet qui vous intéresse personnellement
nous/travailler bien ensemble
vous/être venus me parler

J'ai lu votre programme. Je suis étonné que vous ayez peur de moi.

Die Auslöser des *subjonctif* im Überblick:

- Verben der Willensäußerung
- Verben und Ausdrücke des persönlichen Empfindens oder der Wertung
- Verben des Zweifels (und verneinte Verben des Denkens, Sagens und Meinens)
- bestimmte Konjunktionen

Aufgabe 55 **Exercice combiné : Une année aux États-Unis.** Gérard veut passer une année scolaire aux États-Unis. Ses parents ne sont pas d'accord. Les amis de Gérard en parlent avec lui. Indicatif ou subjonctif ? Mets les infinitifs au mode qui convient.

Daniel : Mais, c'est impossible que tes parents ____________ (être) contre ce séjour à l'étranger.

Sandra : Est-ce que tu leur as dit que ce ____________ (être) un honneur d'être choisi ? En plus, les profs attendent que tu ____________ (partir). Surtout Mme Berthier.

Gérard : Bien sûr. Mais mes parents ne veulent pas que j'y ____________ (aller). Ma mère a peur qu'il ____________ (pouvoir) m'arriver quelque chose.

Sandra : Il est normal qu'elle ____________ (se faire) du souci. Mais il est temps qu'elle ____________ (comprendre) que tu ____________ ____________ (ne plus avoir) 14 ans.

Gérard : Mais il y a aussi mon père. Il pense que l'Amérique, c' ________ (être) plein de gangsters. Je regrette qu'il __________ (avoir) tant de préjugés *(Vorurteile)*.

Daniel : Mais nous, les jeunes, il faut que nous __________ (allons) à l'étranger. Il est important que nous ____________ (voir) le monde et que nous ____________ (apprendre) des langues étrangères. J'espère que mes parents me ____________ (permettre) de passer une année à l'étranger l'année prochaine.

Gérard : Mon père pense que j'____________ (apprendre) bien l'anglais au collège.

Sandra : Je crois qu'il ________________ (avoir) tort *(Unrecht haben)*.

Gérard : Mon père aimerait mieux que je ____________ (aller) en Allemagne. Il craint que je ____________ (devenir) un vrai Américain. Et il a peur que je ____________ (faire) des « bêtises ».

Daniel : Il est dommage qu'il ____________ (réagir) de cette façon. Il faudrait que vous vous ____________ (parler), toi et ton père.

GÉRARD :	Je trouve super que vous __________ (vouloir) m'aider. Mais je crois que la décision de mon père _________ (être) prise et je ne pense pas qu'on ___________ (pouvoir) le convaincre *(überreden/überzeugen)*.
SANDRA :	Tu veux que nous ________________ (appeler) Mme Berthier ? Elle va regretter que ton père ___________________ (ne pas vouloir) te laisser partir.
DANIEL :	Je vais demander à Mme Berthier de lui téléphoner pour que ton père __________________ (comprendre) l'importance de ce séjour.
SANDRA :	Peut-être qu'il est nécessaire qu'elle ____________ (écrire) un petit mot à tes parents.
GÉRARD :	Je crains que cela ________________________ (ne servir à rien).
DANIEL :	Mais si, je suis sûr que tes parents ____________ (comprendre, fut.).

Aufgabe 56 **Exercice combiné : Apprends par cœur.** Trouve la bonne traduction et relie par une flèche (→) les phrases qui vont ensemble. Si tout est correct, tu liras dans les cases de contrôle un mot-clé de cet exercice. Il s'agit de phrases courantes. Apprends-les par cœur.

Du möchtest deinem Gegenüber sagen, dass:	Qu'est-ce que tu dis en français ?
1. er/sie dir die Wahrheit sagen muss.	C. Il faut qu'on y aille.
2. du fürchtest, dass sie nicht kommen wird.	I. Qu'est-ce que tu veux que je fasse ?
3. du nicht glaubst, dass er krank ist.	J. Il faut que tu partes maintenant.
4. er/sie jetzt losgehen muss.	T. Il est temps que tu lui écrives un mot.
5. er/sie pünktlich dort sein muss *(être à l'heure)*.	F. Il faut que j'y aille.
6. er/sie unbedingt kommen muss.	U. Je crains qu'elle ne vienne pas.
7. man aufbrechen muss.	O. Il faut que tu sois là à l'heure.
8. es an der Zeit ist, dass er/sie jmd. eine kurze Mitteilung schreibt *(écrire un mot)*.	S. Il faut que tu me dises la vérité.
9. du nicht weißt, was er/sie von dir möchte oder erwartet.	B. Je ne crois pas qu'il soit malade.
10. du aufbrechen musst.	N. Il faut absolument que tu viennes.

Contrôle :

1	2	3	4	5	6	7	8	9	10
S									

Aufgabe 57 **Exercice combiné : Chez le médecin.** Traduis.
Après avoir examiné M. Gros, le médecin lui dit :

„Es erstaunt mich nicht, dass Sie überall Schmerzen haben. Es ist offensichtlich, dass Sie zu dick sind. Es ist höchste Zeit, dass Sie Ihre Lebensweise ändern. Ich fürchte, dass Sie ein Problem mit dem Herzen haben. Sie müssen einen Spezialisten aufsuchen. Ich bin sicher, dass Sie keinen Sport treiben. Es ist unbedingt notwendig, dass Sie regelmäßig einen Spaziergang von zwanzig Minuten machen oder sich sportlich betätigen. Ich schlage vor, dass Sie sich ein Fahrrad kaufen. Außerdem müssen Sie aufhören zu rauchen. Ich hoffe, dass Sie meine Ratschläge ernst nehmen. Ich bin sicher, dass es Ihnen in einigen Wochen besser gehen wird."

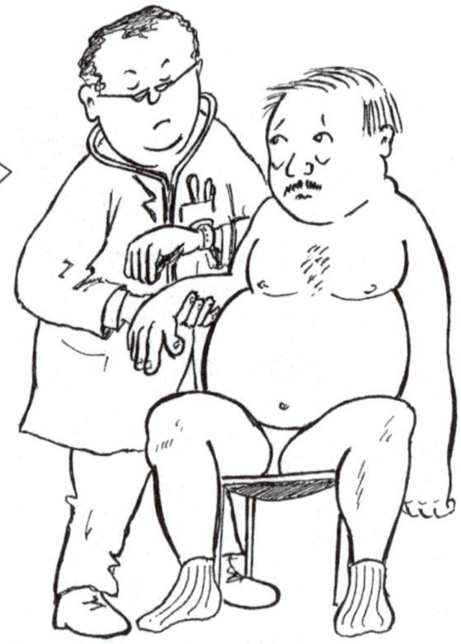

Les expressions suivantes t'aideront à traduire le texte :
(Attention ! Les expressions ne sont pas dans le bon ordre.)

je propose/ il est évident que/ il est grand temps que/ je suis sûr que/ il est absolument nécessaire que/ il faut que/ j'espère que/ je crains que/cela ne m'étonne pas que

changer votre mode de vie/prendre mes conseils au sérieux/arrêter de fumer/faire de l'exercice physique/se promener, faire une promenade/être trop gros/aller voir un spécialiste/ça va mieux/avoir mal partout/avoir des problèmes cardiaques/ne pas faire de sport/s'acheter un vélo

Cela ne m'étonne pas que vous ayez mal partout.

Aufgabe 58 **Exercice combiné : La lettre de remerciement (I).** Tu as passé deux semaines dans une famille française. Après ton retour, tu écris une lettre de remerciement à cette famille. Copie la lettre et mets les verbes au mode qui convient.

Himmelpforten, le 12 octobre 2008

Chère Madame, cher Monsieur,

Je voudrais sans tarder[1] vous remercier pour le séjour que j'ai passé chez vous et de votre accueil chaleureux. C'est pour moi une expérience inoubliable.
J'ai trouvé très gentil que vous (m'avoir montré) toute la région, qui est magnifique. J'ai beaucoup aimé que nous (être allés) à Dinan. Cette petite ville m'a énormément plu. Il est étonnant qu'il y (avoir) tant de maisons à colombages[2] non seulement en Allemagne, mais aussi en Bretagne. Je ne pense pas que mes copains le (savoir).
Au début, j'ai craint qu'un séjour dans une famille française qui ne parle pas allemand (être) trop difficile pour moi. J'avais peur que personne (ne me comprendre) et j'ai longtemps douté que ce (être) une bonne idée de faire cet échange, mais maintenant je suis sûr que c'(être) la bonne décision. Je crois qu'il (être) nécessaire qu'on (aller) en France pour bien apprendre la langue. Il faut qu'on (entendre) du français toute la journée et qu'on (lire) du français partout.
Mes parents aimeraient que mon frère (aller) en France l'année prochaine. Ils espèrent qu'il (avoir) envie d'y aller. En ce moment, il est un peu comme moi : il ne croit pas que l'échange lui (plaire). Mais je vais lui dire qu'il faut absolument qu'il (faire) l'expérience de vivre dans une famille française pendant quelque temps et de visiter la Bretagne.
Je n'oublierai jamais tous ces bons moments. Il est clair que j'(avoir fait) beaucoup de fautes de français et je vous remercie de les corriger avec patience.

Passez le bonjour de ma part à Elodie et Adrien.

Je vous embrasse bien affectueusement.

Peter

1 unverzüglich

2 Fachwerkhäuser

J'ai trouvé très gentil que vous m'ayez montre toute la région, qui est magnifique.

Wann kann im Französischen eine Infinitivkonstruktion verwendet werden?

- Eine **Infinitivkonstruktion** wird im Französischen häufig dann verwendet, wenn das **Subjekt** in Haupt- und Nebensatz **identisch** ist. Dies gilt für Ausdrücke der Willensäußerung, des persönlichen Empfindens und in der Regel auch für Ausdrücke der wertenden Stellungnahme und für Konjunktionen.

  Beispiel: Jeanne me rend visite avant de partir. → **gleiches Subjekt**
  (Jeanne me rend visite avant qu'elle parte.)

  Beachte: In manchen Fällen ist eine Infinitivkonstruktion oder ein Nebensatz möglich. Die Sätze haben dann jedoch unterschiedliche Bedeutungen.

  Vergleiche: Il est important que tu apprennes le français. (Es ist für dich wichtig.)
  Il est important d'apprendre le français. (Es ist allgemein wichtig.)

- Eine **Infinitivkonstruktion** kann **nicht** verwendet werden, wenn in Haupt- und Nebensatz unterschiedliche Subjekte stehen.

  Beispiel: Je lui rends visite avant qu'elle parte. → **zwei Subjekte**

  Beachte: Bei den Verben des **Befehlens, Verbietens, Erlaubens** und **Vorschlagens** (z. B. *demander, dire, permettre, interdire, proposer*) ist die Infinitivkonstruktion trotz unterschiedlicher Subjekte in Haupt- und Nebensatz möglich.

  Beispiele: Je lui ai dit de jouer.
  Il m'a interdit d'y aller.

Aufgabe 59* **La lettre de remerciement (II).** Après avoir montré la lettre de remerciement (Aufgabe 58) à ton professeur de français, il te dit que tu as écrit une très bonne lettre, mais que tu as utilisé trop de subjonctifs. Le texte est un peu lourd. Tu peux rendre le texte plus élégant en évitant 6 subjonctifs. Relis la lettre. Remplace les 6 subjonctifs par une autre construction.

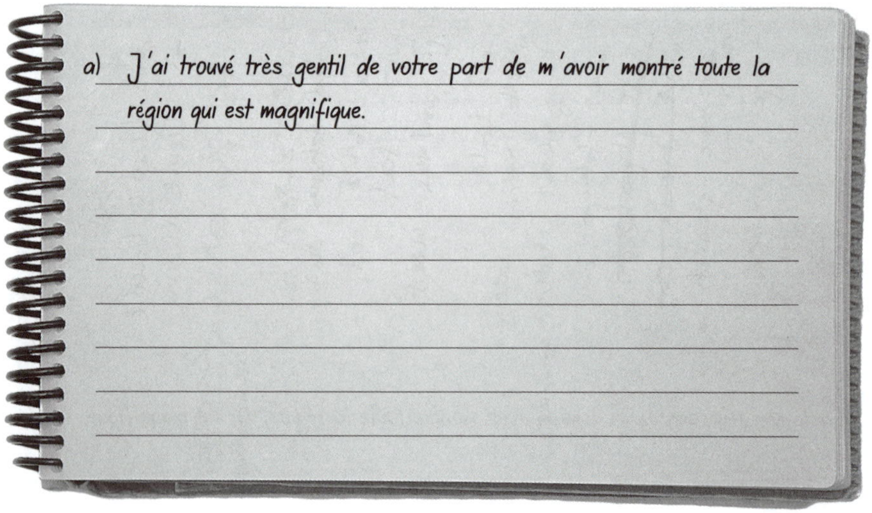

… rund um den Satz

5 Verneinung

Im Französischen setzt sich die Verneinung *(la négation)* in der Regel aus zwei Elementen (den **Verneinungspartikeln**) zusammen.

5.1 Die Verneinungspartikeln

Wie lauten die Verneinungspartikeln im Französischen?

Die erste Verneinungspartikel lautet in der Regel *ne* bzw. *n'*. Die zweite Verneinungspartikel wechselt je nach Bedeutung und kann entweder ein Adverb oder ein Pronomen sein.

Die Verneinung mit *ne* + Adverb

- *ne … pas* (nicht)

  Beispiele: Pierre veut aller en Italie. — Eliane ne veut pas aller en Italie.
  Lili mange du gâteau. — Anne ne mange pas de gâteau.

- *ne … jamais* (nie)

  Beispiele: Julie se lève toujours à sept heures. — Marcel ne se lève jamais à sept heures.
  Jacques va souvent au musée. — Jeanne ne va jamais au musée.

- *ne … plus* (nicht mehr)

  Beispiel: Les Leroux sont encore à Paris. — Les Martin ne sont plus à Paris.

Die Verneinung mit *ne* + Pronomen

- *ne … aucun(e)* (kein, keine, keinen)

  Beispiel: Tina écrit trois lettres à Luc. — Tina n'écrit aucune lettre à Vincent.

- *ne … personne* (niemanden/niemandem)

  Beispiele: Marie aide quelqu'un. — Sophie n'aide personne.
  Cédric l'a dit à tout le monde. — Véronique ne l'a dit à personne.

- *ne … rien* (nichts)

  Beispiele: Le chat voit quelque chose. — Le chien ne voit rien.
  Carla a pensé à tout. — Laure n'a pensé à rien.

Es gibt zudem Kombinationsmöglichkeiten:

ne … plus rien (nichts mehr)
ne … plus jamais (nie mehr)
ne … plus personne (niemand mehr)
ne … pas non plus (auch nicht)
ne … pas encore (noch nicht)

Aufgabe 60 Réponds par *non* et utilise la négation qui convient.

a) Est-ce que tu travailles ?	NICHT	*Non, je ne travaille pas.*
b) Est-ce que tu lis encore ?	NICHT MEHR	
c) Est-ce que tu vas souvent au cinéma ?	NIE	
d) Est-ce que tu connais quelqu'un ici ?	NIEMANDEN	
e) Est-ce que tu reçois aussi des coups de téléphone bizarres ?	KEINEN	
f) Est-ce que vous cherchez quelque chose ?	NICHTS	
g) Est-ce qu'ils jouent déjà ?	NOCH NICHT	
h) Est-ce qu'il y a encore quelqu'un ?	NIEMAND MEHR	
i) Est-ce qu'elle mange toujours quelque chose ?	NICHTS MEHR	
j) Est-ce que Jean-Pierre en parlera à quelqu'un ?	MIT NIEMANDEM	
k) Est-ce que l'exercice sert à quelque chose ?	ZU NICHTS	

Was muss beim Artikel im verneinten Satz beachtet werden?
Steht vor dem Substantiv im bejahten Satz ein **unbestimmter Artikel** *(l'article indéfini)* oder ein **Teilungsartikel** *(l'article partitif)*, so wird dieser im verneinten Satz durch ***de* (ohne Artikel)** ersetzt.

Beispiele: Véro boit du thé. Serge ne boit pas de thé.
Serge ne boit jamais de thé.
Serge ne boit plus de thé.

Beachte:

- Ist das Substantiv **näher bestimmt**, steht im verneinten Satz der bestimmte Artikel oder der **Teilungsartikel** (*de* + bestimmter Artikel).
  Beispiele: Serge ne boit pas le thé que Véro a préparé.
  Marie ne boit pas du café noir.
- Hat der verneinte Satz eigentlich einen **bejahenden Sinn** (z. B. bei einer Gegenüberstellung), wird der Artikel beibehalten.
  Beispiel: Elle n'a pas commandé du porc, mais du bœuf.
- Bei dem Verb **être** wird der Artikel im verneinten Satz beibehalten.
  Beispiel: Ce n'est pas une école.
- Der **bestimmte Artikel** wird im verneinten Satz beibehalten.
  Beispiel: Il n'a pas vu la voiture.

Aufgabe 61 **Arsène Lupin.** Est-ce que tu connais Arsène Lupin, le gentleman-cambrioleur *(Meisterdieb)* des romans de Maurice Leblanc ? Mets l'article ou *de* pour décrire Arsène.

a) Arsène n'est pas ________ voleur, il est un gentleman-cambrioleur.

f) Arsène n'aime pas ________ violence.

b) Arsène entre sans faire ________ bruit.

e) Arsène ne fait pas ______ fautes.

c) Son rival, ce n'est pas ________ inconnu, c'est Sherlock Holmes.

d) Arsène ne vole pas ________ bijoux qui appartiennent aux dames très jolies.

5.2 Die Stellung der Verneinungspartikeln

Wo im Satz stehen die beiden Verneinungspartikeln?
In der Regel gilt Folgendes:

- Die Verneinungspartikel *ne* steht unmittelbar **vor**, die **zweite Verneinungspartikel** unmittelbar **nach** dem **konjugierten Verb**.

  Beispiele: Je ne danse pas.
  Je n'ai pas dansé.
  Je ne veux pas danser.

- **Objekt- und Adverbialpronomen** stehen ebenfalls **in der Verneinungsklammer**.

  Beispiele: Il ne l'a pas vu(e).
  Elle n'y va pas.

Beachte: Bei ***ne… personne*** und ***ne… aucun*** steht die **zweite Verneinungspartikel** immer **hinter der gesamten Verbgruppe**.

Beispiele: Je ne vois aucune fille.
Je n'ai vu personne.
Je ne veux voir personne.

Aufgabe 62 Fais des phrases.

Elle ne veut pas lui rendre visite.

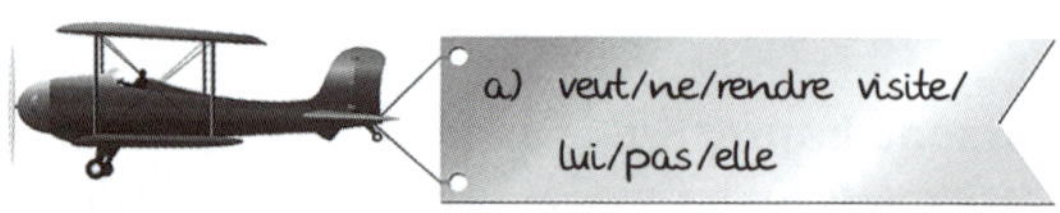

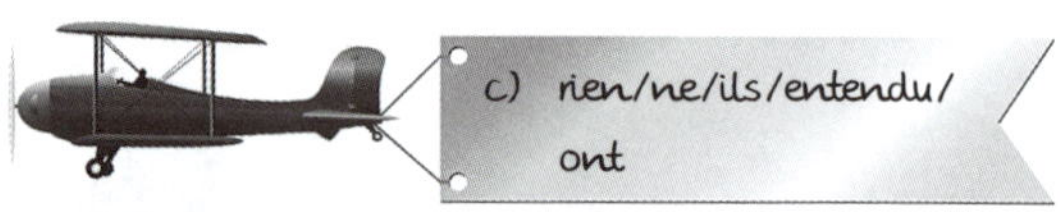

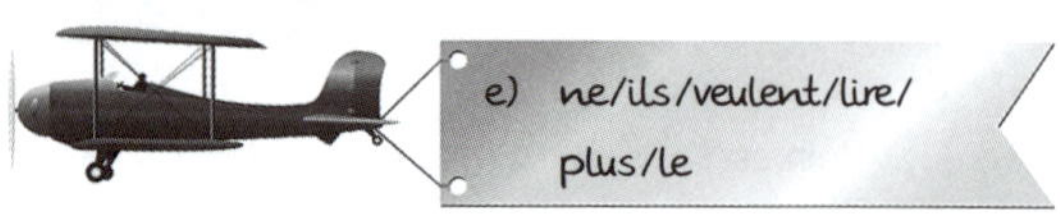

ufgabe 63 Dis-le en français.

Du möchtest sagen, dass …

a) … du nicht mehr spielen möchtest.
b) … du nichts gemacht hast.
c) … du niemanden sehen möchtest.
d) … du nie Harry Potter gelesen hast.
e) … du nicht daran gedacht (y penser) hast.
f) … du keine Briefmarken (un timbre) mehr hast.
g) … du nichts essen wirst.
h) … du noch nicht fertig bist (être prêt, -e).

a) *Je ne veux plus jouer.*

ufgabe 64* **Une mère inquiète.** Tu es malade et ta mère est inquiète. Elle te pose beaucoup de questions. Ecris le dialogue, emploie les négations et mets les pronoms d'objet à la bonne place.

a) Deine Mutter fragt, ob du fernsehen möchtest. Du möchtest nicht fernsehen.

Ta mère : « Tu veux regarder la télé ? »

Toi : « Non, je ne veux pas regarder la télé. »

b) Deine Mutter fragt, ob du jemanden anrufen/mit jemandem telefonieren möchtest. Du möchtest niemanden anrufen/mit niemandem telefonieren.

c) Deine Mutter fragt, ob du etwas essen möchtest. Du möchtest nichts essen.

d) Deine Mutter fragt, ob du dein Medikament genommen hast. Du hast es noch nicht genommen.

e) Deine Mutter fragt, ob du den Orangensaft gemocht hast. Du hast ihn nicht gemocht.

f) Deine Mutter fragt, ob du « Le Nouvel Observateur » lesen willst und sagt, dass sie diese Zeitung heute nicht mehr lesen wird. Du liest sie auch nicht.

g) Deine Mutter fragt, ob du ein Buch lesen möchtest. Du hast schon ein Buch gelesen und möchtest nichts mehr lesen.

h) Deine Mutter fragt, ob du etwas benötigst. Du benötigst nichts.

Wo stehen *personne, rien* und *aucun*, wenn sie die Funktion eines Subjekts haben?
Wenn *personne, aucun* und *rien* die Funktion eines **Subjekts** erfüllen, stehen sie am **Satzanfang**. Die Verneinungspartikel *ne* steht auch hier vor dem konjugierten Verb bzw. vor den Objekt- oder Adverbialpronomen.

Beispiele: Personne ne lui téléphone.
Aucun de ses copains n'a écrit.
Rien ne va plus.

ufgabe 65 **Après le rétablissement.** Tu n'es plus malade, mais tu es de mauvaise humeur. Traduis. (Attention ! N'oublie pas *ne*.)

Niemand hat mich angerufen.

Keiner meiner Freunde hat mich besucht.

Nichts hat mir gefallen.

Niemand hat mir geschrieben.

Nichts hat mich interessiert.

Keine CD hat mir gefallen.

Niemand hat sich um mich gekümmert.

5.3 *ne… ni… ni…*

Wie werden zwei oder mehr Objekte, Subjekte, Verben oder Adjektive verneint?
Dazu werden verwendet:

- ***ne… ni… ni*** für die Verneinung von **zwei Objekten** oder von **zwei Adjektiven**,

  Beispiel: Je ne bois ni bière ni vin.
  Mon chien n'est ni beau ni intelligent.

- ***ni… ni… ne*** für die Verneinung von **zwei Subjekten**,

  Beispiel: Ni Pierre ni Jean ne travaillent aujourd'hui.

- ***ne… ni ne…*** für die Verneinung von **zwei konjugierten Verben**.

  Beispiel: Je ne veux ni ne peux acheter de Ferrari.

Beachte: Ni steht stets vor dem Wort, das es verneint.

Aufgabe 66 **Les Schmitt.** M. Arnold est un détective et il surveille la famille Schmitt. Il note tout ce qu'il apprend sur les Schmitt sur un morceau de papier. Relie les phrases en employant *ne... ni... ni*, *ni... ni... ne* ou *ne... ni ne...*

- M. Schmitt ne parle pas allemand, Mme Schmitt ne parle pas allemand non plus.
- Les Schmitt ne sont pas riches. Ils ne sont pas pauvres non plus.
- Ils ne voyagent pas. Ils ne sortent pas le soir non plus.
- Leur jardin n'est pas beau, leur maison non plus.
- Ils n'ont pas d'enfants et ils n'ont pas d'animaux.
- La musique ne les intéresse pas, la peinture non plus.
- Les Schmitt n'aiment pas le théâtre. Ils n'aiment pas non plus le cinéma.
- Les Schmitt ne sont pas gentils. Ils ne sont pas heureux non plus.

Ni M. Schmitt ni Mme Schmitt ne parlent allemand.

fgabe 67* **Exercice combiné : Rien n'est simple avec Matthias.** Matthias, un jeune Allemand de Lübeck, passe ses vacances chez son oncle Max qui vit à Manosque avec sa femme Célia. Célia veut montrer la Provence à Matthias. Elle lui demande ce qu'il aimerait voir. Mais rien ne l'intéresse. En plus, il parle très mal le français. Malheureusement, Célia ne parle pas allemand. Max traduit. Mets-toi à la place de Max et traduis ce que Célia et Matthias disent.

CÉLIA : Matthias, tu aimerais aller dans les montagnes ou au bord de la mer ?
MAX : *Möchtest du in die Berge oder ans Meer fahren?*
______

MATTHIAS : Ich mag weder die Berge noch das Meer.
MAX : *Il n'aime ni les montagnes ni la mer.*
______

CÉLIA : En Provence, il y a deux montagnes très connues : le mont Ventoux et la montagne Sainte-Victoire.
MAX : ______
______

MATTHIAS : Ich kenne weder den einen noch den anderen.
MAX : ______
______

CÉLIA : On pourrait visiter le théâtre romain à Orange ou l'aqueduc près de Nîmes, le Pont du Gard.
MAX : ______
______

Das **antike Theater** in **Orange** stammt aus dem 1. Jahrhundert nach Christus und fasste damals fast 10 000 Menschen. Heute zählt es zu den besterhaltenen antiken Theatern der Welt.

Der **Pont du Gard** ist Teil eines fast 50 km langen Aquädukts, das von den Römern vermutlich im 1. Jahrhundert nach Christus gebaut wurde, um Nîmes mit Wasser zu versorgen.

MATTHIAS: Weder das Theater noch die römische Brücke interessieren mich.

MAX: ______________________________

____

CÉLIA: On pourrait visiter Lourmarin où l'écrivain Albert Camus a vécu et écrit. Il est enterré au cimétière du village.

MAX: ______________________________

____

____

____

Albert Camus (1913–1960)
Journalist und Schriftsteller, zählt zu den bekanntesten französischen Autoren des 20. Jahrhunderts. Unter anderem schrieb er « La Peste » und « L'homme révolté ».

MATTHIAS: Das ist weder interessant noch lustig.

MAX: ______________________________

____

CÉLIA:	J'aimerais te montrer deux canyons magnifiques : les gorges (*Schlucht*) du Verdon et les gorges de l'Ardèche.
MAX:	______________________________

MATTHIAS:	Ich möchte weder die Schlucht des Verdon noch die Ardèche-Schlucht besichtigen.
MAX:	______________________________

Lavendel dient als Grundlage zur Parfümherstellung. Vor allem die Stadt Grasse (bei Nizza) ist berühmt für ihre Parfümindustrie.

Die **Verdon**-Schlucht ist mit ihren bis zu 700 m hohen Wänden eine der höchsten und spektakulärsten Schluchten Europas.

CÉLIA:	Et si on allait à la découverte des couleurs et des parfums de la Provence ? L'ocre de Roussillon ou le violet de la lavande, par exemple.
MAX:	______________________________

MATTHIAS: Ich mag weder das Ocker noch das Lila.

MAX: ______________________________

____

MAX: Matthias, du bist weder nett noch intelligent. Weder meine Frau noch ich haben Lust, uns um dich zu kümmern. Ich kann nicht, noch möchte ich deinen Eltern sagen, dass dein Besuch uns gefällt: Nichts interessiert dich, du respektierst niemanden, keine unserer Ideen hat dir gefallen, du möchtest nichts machen und du wirst nichts in der Provence sehen. Ich will jetzt nichts mehr hören.

CÉLIA: Qu'est-ce que tu lui dis?

MAX: *J'ai dit: « Matthias, tu* ______________________________

____

____

____

____

MATTHIAS: Aber lieber Onkel, alles interessiert mich sehr. Ich habe nur versucht, „weder … noch" zu verwenden. Mein Französischlehrer sagt mir immer, dass ich weder die Grammatik noch die Vokabeln kenne. Aber jetzt habe ich weder Lust noch Zeit, die Grammatik zu lernen. Ich möchte die Provence sehen.

CÉLIA: Qu'est-ce qu'il dit?

MAX: *Il dit: « Mais mon cher oncle,* ______________________________

____

____

____

____

____

6 Fragesätze

Im Allgemeinen werden Ergänzungsfragen und Entscheidungsfragen unterschieden.
- Die **Ergänzungsfrage** enthält ein Fragewort *(le mot interrogatif)*.
- Die **Entscheidungsfrage** enthält kein Fragewort und ist mit „ja“ oder „nein“ zu beantworten.

6.1 Die Fragewörter

Wie lauten die wichtigsten Fragewörter im Französischen?

Die wichtigsten Fragewörter lauten:

qui ? (wer?)	*où ?* (wo, wohin?)	*d'où ?* (woher?)
que ? (was?)	*quand ?* (wann?)	*depuis quand ?* (seit wann?)
comment ? (wie?)	*quoi ?* (was?)	*de/à quoi ?* (von/an was?)
pourquoi ? (warum?)	*combien (de) ?* (wie viel?)	*quel/quelle ?* (welche/r?)

fgabe 68 Ta grand-mère est très curieuse et veut toujours tout savoir. Voilà ce qu'elle demande à tes amis. Complète les questions en mettant le mot interrogatif.

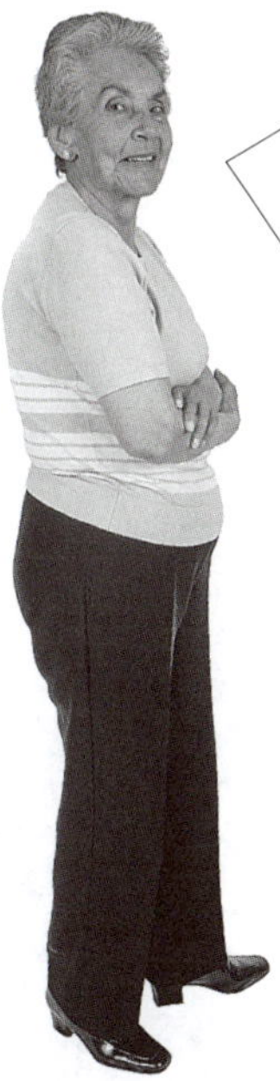

a) Valérie, tu rentres ______________ de l'Amérique ?

b) Luc, tu as ______________ de frères ?

c) Caroline, ______________ fais-tu ?

d) Igor, d' ______________ viens-tu ?

e) Mona, ______________ est-ce que ton père ne travaille plus ?

f) ______________ fille est la sœur de Paul ?

g) ______________ s'appelle le garçon qui joue si bien du piano ?

h) Avec ______________ est-ce que tu es allé à l'école primaire ?

i) Claude, depuis ______________ est-ce que tu habites ici ?

j) Marie, ______________ habite ta mère ?

Wann wird das Fragepronomen *lequel* verwendet?
Mit dem Fragepronomen *lequel* wird nach **bestimmten Personen** oder **Sachen** aus einer bereits erwähnten **Gruppe** gefragt. Es richtet sich in Genus und Numerus nach dem Nomen, auf das es sich bezieht.

Beispiele: J'aime les peintres impressionnistes. – Lequel est-ce que tu aimes le plus ?
Il nous a offert deux belles voitures. – Lesquelles ?

Beachte: *Lequel* kann auch in Verbindung mit einer Präposition stehen.

Beispiele: Lisa est sortie avec un copain. – Avec lequel ?
Elle s'est adressée à trois universités. – Auxquelles ?

Aufgabe 69 Tes amis ont fait les courses, mais tu n'avais pas le temps. Maintenant, tu veux savoir ce qu'ils ont acheté. Utilise *lequel/laquelle*, etc.

a) Jacques a acheté **deux CD** de Jean-Jacques Goldman. | Toi : Lesquels ?

b) Pour peindre sa chambre, Luc a choisi **trois jolies couleurs**. | Toi : ______________ ?

c) Emma a acheté **un roman** d'Eric-Emmanuel Schmitt. | Toi : ______________ ?

d) Pour les vacances, Laure et son frère vont prendre **l'une des deux valises**. | Toi : ______________ ?

e) Louise a trouvé **deux jolis films** d'Eric Rohmer sur DVD. | Toi : ______________ ?

f) Charlie a acheté **deux sortes de thé** pour sa mère. | Toi : ______________ ?

6.2 Die Intonationsfrage

Die Intonationsfrage ist die einfachste Möglichkeit, im Französischen eine Frage zu formulieren, und wird vor allem in der **gesprochenen Sprache** verwendet.

Wie wird die Intonationsfrage gebildet?
Die Intonationsfrage hat die gleiche Form wie der Aussagesatz (Subjekt – Verb – Objekt) und wird nur durch die **Anhebung der Satzmelodie** (Intonation) am Ende des Satzes zu einer Frage.

Beispiele: Nicole est là ? Tu l'as vue ?

Das **Fragepronomen** wird in der Intonationsfrage an das Satzende gestellt.

Beispiele: Tu pars quand ?
Elle fait quoi ?

fgabe 70 **Questions à une connaissance de vacances.** Pendant les vacances, tu fais la connaissance d'un garçon/d'une fille de ton âge. Pose-lui des questions. Utilise la langue parlée et mets le mot interrogatif en fin de phrase.

Du möchtest wissen,

a) … wie er/sie heißt. *Tu t'appelles comment ?*

b) … wie alt er/sie ist.

c) … wo er/sie in Frankreich wohnt.

d) … wie lange er/sie hier bleibt.

e) … in welcher Klasse er/sie ist.

f) … mit wem er/sie in den Ferien ist.

g) … wie viele sie (in der Gruppe) sind.

h) … was sie heute machen werden.

i) … wohin sie fahren.

j) … wann sie zu Abend essen werden (*dîner*).

k) … um wie viel Uhr man sich wieder trifft (*se donner rendez-vous*).

6.3 Die Frageformeln *est-ce qui* und *est-ce que*

Der Fragesatz mit *est-ce qui* und *est-ce que* wird sowohl in der **geschriebenen** als auch in der **gesprochenen Sprache** benutzt.

Wie unterscheidet sich die Verwendung von *est-ce qui* und *est-ce que*?
Bei *qui* und *que* handelt es sich ursprünglich um Relativpronomen, die mit *est-ce* verschmolzen sind. Daher steht

- ***est-ce qui*** bei der Frage nach dem **Subjekt**,
- ***est-ce que*** bei der Frage nach dem **Objekt**.

Beispiele: Qu'est-ce qui s'est passé ? (Subjekt)
Qu'est-ce que tu écris ? (Objekt)

Aufgabe 71 Tu as vu un accident. L'agent de police te pose des questions. Complète les phrases en utilisant *est-ce qui* et *est-ce que*.

a) Qu' ____________________ s'est passé ici ?

b) Qui ____________________ a vu cet accident ?

c) Qu' ____________________ vous avez vu exactement ?

d) Qui ____________________ vous avez vu ?

e) Qui ____________________ a aidé la cycliste ?

f) Qu' ____________________ le conducteur de la voiture a fait après l'accident ?

Mit welchen Fragepronomen können *est-ce qui* und *est-ce que* verbunden werden?
Für die Verwendung von Fragepronomen zusammen mit *est-ce qui* und *est-ce que* gilt:

- Da *est-ce qui* bei der Frage nach dem Subjekt verwendet wird, kann es nur in Verbindung mit ***qui*** (Personen) und ***que*** (Sachen) stehen: *qui est-ce qui/qu'est-ce qui.*

  Beispiele: Qui est-ce qui a trouvé la clé ? (Wer?)
  Qu'est-ce qui t'intéresse ? (Was?)

  Beachte: Statt *qui est-ce qui* steht häufig nur das Fragewort ***qui***.

  Beispiel: Qui (est-ce qui) a écrit cette lettre ?

Aufgabe 72 **Traduis.** Utilise l'interrogation avec *est-ce qui.*

a) Wer hat das getan?

Qui (est-ce qui) a fait cela ?

b) Was gefällt *(plaire à qn)* den Kindern?

______

c) Wer gefällt den Kindern?

______

d) Was beunruhigt *(inquiéter qn)* dich?

______

e) Was hat dich motiviert *(motiver qn à faire qc)*, dieses Buch zu lesen?

______

f) Wer hat dich motiviert, dieses Buch zu lesen?

______

- Da **est-ce *que*** bei der Frage nach dem Objekt steht, kann es mit allen Fragepronomen verbunden werden.

  Beispiele: Pourquoi est-ce que tu ris ?
  Qu'est-ce que tu cherches ?
  Qui est-ce que tu as rencontré au cinéma ?

  Beachte: Wird das Fragepronomen mit Präposition verbunden, dann steht bei **Personen *qui***, bei **Sachen *quoi***.

  Beispiele: A qui est-ce qu'il a envoyé ces photos ?
  A quoi est-ce que tu penses ?

  Natürlich kann *est-ce que* auch in Entscheidungsfragen ohne Fragepronomen stehen.

  Beispiel: Est-ce que tu as vu mes lunettes ?

Aufgabe 73 **Juste ou faux?** Est-ce que les questions suivantes sont correctement formulées ? Corrige-les si elles sont fausses.

	juste	faux
a) Qu'est-ce qui il a acheté ?	☐	☒
Qu'est-ce qu'il a acheté ?		
b) Qu'est-ce que tu veux faire ?	☐	☐
______		
c) De que est-ce que tu as rêvé ?	☐	☐
______		

d) Qui est-ce que Margot a rencontré hier? ☐ ☐

____

e) A qui est-ce qui il a parlé? ☐ ☐

____

f) Qu'est-ce qu'il raconte? ☐ ☐

____

g) Quel film est-ce que vous avez vu? ☐ ☐

____

h) Qu'est-ce qui tu attends? ☐ ☐

____

ufgabe 74 **Exercice combiné : Maxime découvre le monde.** Le petit Maxime fait une excursion en bateau avec ses parents. Il a beaucoup de questions. Qu'est-ce que Maxime veut savoir ? Complète les phrases en utilisant *est-ce qui* ou *est-ce que/qu'*.

Maman, papa,
pourquoi _est-ce que_ le bateau flotte sur l'eau? Qui ______________ a construit ce bateau? Où ______________ le capitaine se trouve? Moi aussi, je veux devenir capitaine. Regardez, un matelot (Matrose)! Qu' ______________ ils font, les matelots? Peut-être que je veux devenir matelot. Regardez, un oiseau! Comment ______________ on appelle cet oiseau? Qu' ______________ il mange? Combien de poissons ______________ il y a dans l'océan? Cette dame là-bas a l'air bizarre. Avec qui ______________ elle parle? Mais qui ______________ vous regardez? Regardez plutôt la dame. Pourquoi ______________ elle pose des questions à ce monsieur? Qu' ______________ l'intéresse? Derrière elle, qu' ______________ c'est? Une bouée de sauvetage (Rettungsring)? Où ______________ il y a des bateaux de sauvetage (Rettungsboote)? Je veux y aller. Et vous, qu' ______________ vous intéresse? J'ai faim. Quand ______________ on va déjeuner?

Aufgabe 75* **Exercice combiné : Versailles.** M. Martin travaille comme guide au château de Versailles. Aujourd'hui, une classe visite le château et les élèves ont beaucoup de questions. Formule les questions qui correspondent aux réponses de M. Martin.

a) Qui est-ce qui a résidé dans ce château ?

Les rois Louis XIV, Louis XV et Louis XVI ont résidé dans ce château.

b) ____________________

Le château de Versailles a été construit aux XVIIe et XVIIIe siècle.

c) ____________________

Avant, il y avait déjà un petit château construit sous Louis XIII : le Pavillon de Chasse.

d) ____________ s'est passé ____________

Pendant la révolution, une grande partie du mobilier royal a été vendue aux enchères *(wurde versteigert)*.

e) ____________________

Oui, bien sûr, je peux vous montrer les appartements du Roi.

f) ____________________

Le traité de Versailles a été signé dans la galerie des Glaces.*

* La galerie des Glaces, c'est une galerie de style baroque dans laquelle il y a environ 400 miroirs.

6.4 Die Inversionsfrage

Die Inversionsfrage (*l'interrogation marquée par l'inversion du sujet*) wird hauptsächlich in der Schriftsprache verwendet. „Inversion" bedeutet „Umkehrung". Es wird zwischen der **einfachen** und der **komplexen** Inversion (*l'inversion simple et complexe*) unterschieden.

Wie wird die einfache Inversionsfrage gebildet?

Bei der einfachen Inversionsfrage steht das **Subjekt** in Form eines Nomens oder Pronomens **hinter dem konjugierten Verb**. Das Pronomen wird mit diesem durch einen **Bindestrich** verbunden.

Beispiele: Est-ce possible ?
Ont-ils acheté le livre ?

Das **Fragepronomen** steht am Beginn der Frage.

Beispiele: Où va Amandine ?
Qui est-ce ?

Beachte: Bei den Personalpronomen *il*, *elle* und *on* wird zwischen Verb und Pronomen ein **-t-** eingefügt, wenn das Verb auf *-e* oder *-a* endet.

Beispiel: Y a-t-il du pain ?

Aufgabe 76 Trouve les questions qui correspondent aux réponses en utilisant l'inversion simple.

a) *Fait-il les courses ?* ______ ?
Oui, **il fait** les courses.

b) ______ ?
Oui, **elles vont** au théâtre.

c) Qui ______ ?
C'est Luc, un copain de mon frère.

d) Où ______ ?
Il va au marché.

e) Et ta mère ? Quand ______ ?
Elle reviendra demain.

Aufgabe 77* **Un e-mail.** Tu écris un e-mail à ta correspondante Eliane. Traduis. Utilise l'interrogation marquée par l'inversion du sujet (l'inversion simple).

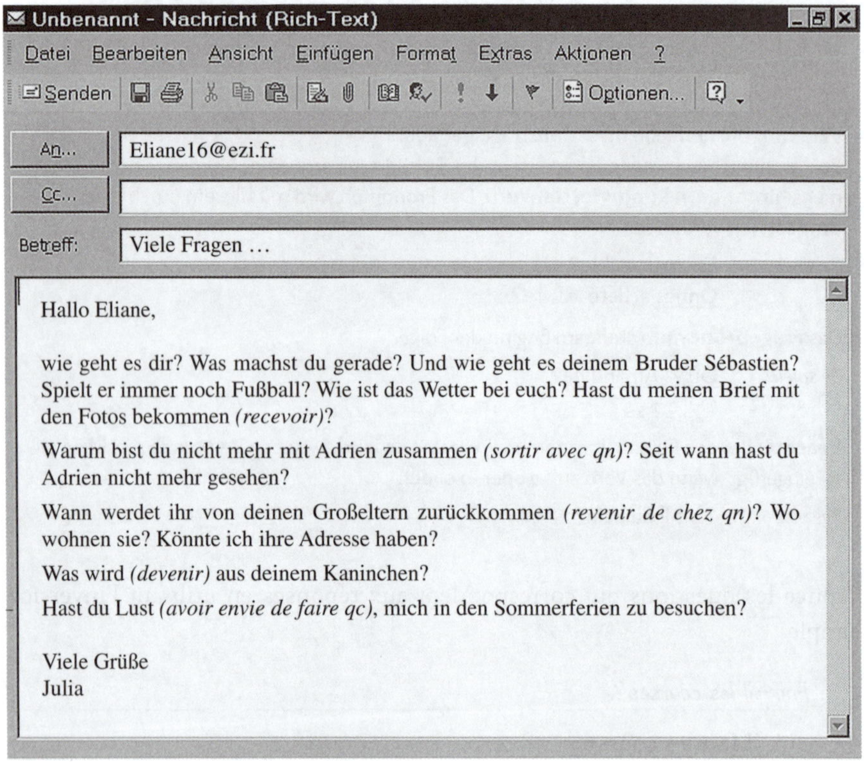

Unbenannt - Nachricht (Rich-Text)

Datei Bearbeiten Ansicht Einfügen Format Extras Aktionen ?

Senden Optionen...

An... Eliane16@ezi.fr

Cc...

Betreff: Viele Fragen …

Hallo Eliane,

wie geht es dir? Was machst du gerade? Und wie geht es deinem Bruder Sébastien? Spielt er immer noch Fußball? Wie ist das Wetter bei euch? Hast du meinen Brief mit den Fotos bekommen *(recevoir)*?

Warum bist du nicht mehr mit Adrien zusammen *(sortir avec qn)*? Seit wann hast du Adrien nicht mehr gesehen?

Wann werdet ihr von deinen Großeltern zurückkommen *(revenir de chez qn)*? Wo wohnen sie? Könnte ich ihre Adresse haben?

Was wird *(devenir)* aus deinem Kaninchen?

Hast du Lust *(avoir envie de faire qc)*, mich in den Sommerferien zu besuchen?

Viele Grüße
Julia

Salut Eliane, comment vas-tu ?

ufgabe 78* **Une interview avec MC Solaar.** Tu as l'occasion de poser des questions à un des rappeurs les plus connus de France : MC Solaar. Pose-lui les questions que tu as notées. Utilise l'interrogation marquée par l'inversion du sujet.

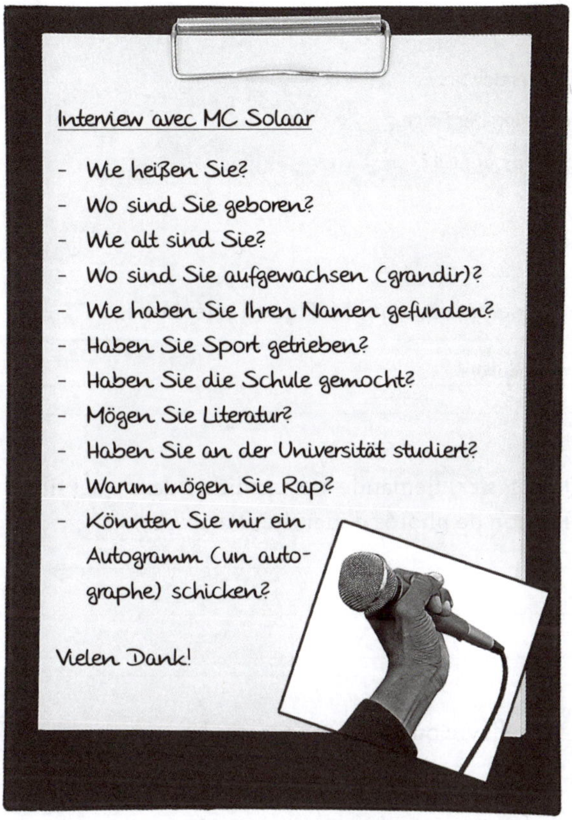

Comment vous appelez-vous?

ifgabe 79* **Une interview avec le rappeur français MC Solaar.** Essaie de répondre aux questions en cherchant des informations sur MC Solaar sur internet (si tu n'en trouves pas sur Internet, tu trouveras les réponses à la page 209).

MC Solaar s'appelle...

Wie wird die komplexe Inversionsfrage (absolute Frage) gebildet?
Bei der komplexen Inversionsfrage *(l'inversion complexe)* steht das Subjekt in Form eines **Nomens vor dem Verb** und wird **hinter dem Verb** in Form eines **Personalpronomens** wiederholt. Wie bei der einfachen Inversionsfrage wird das Personalpronomen durch einen Bindestrich mit dem konjugierten Verb verbunden. Diese Form der Frage ist sehr förmlich.

Beispiel: Les élèves font-ils leurs devoirs ?

Das **Fragepronomen** steht am Beginn der Frage.

Beispiel: Quand votre frère reviendra-t-il ?

Aufgabe 80 Utilise l'inversion complexe.

a) Le directeur demande à sa secrétaire à qui M. Pigou a téléphoné.

A qui M. Pigou a-t-il téléphoné ?

b) L'animateur de jeu *(Quizmaster)* demande aux candidats dans quel film M. Kassovitz fait la collection de photos d'identité *(Passbilder)*.

___

c) M. Sardou demande à M. Lelièvre où sa femme a travaillé.

___

d) Le professeur demande aux élèves comment l'auteur du roman arrive à créer du suspense *(Spannung)*.

___

e) La journaliste fait une interview et veut savoir pourquoi le ministre ne va pas démissionner *(zurücktreten)*.

f) Le journaliste demande au réalisateur *(Filmregisseur)* si l'acteur Vincent Cassel a tourné d'autres films.

g) Mme Dupré veut savoir combien le collier de diamants coûte.

h) Le professeur d'histoire-géo demande aux élèves quand les soldats allemands sont entrés dans Paris.

i) Le malade demande à l'infirmière quand le docteur viendra.

j) Maxime vient chercher son oncle à l'aéroport et il veut savoir où les passagers vont sortir.

Wo stehen bei der Inversionsfrage die Objekt-, Reflexiv- und Adverbialpronomen?
Die Objekt-, Reflexiv- und Adverbialpronomen stehen bei der Inversionsfrage an ihrem normalen Platz **vor dem konjugierten Verb**.

Beispiele: J'aime le film « Les choristes ». L'avez-vous vu ?
Se lève-t-elle toujours à six heures ? – Oui, elle se lève toujours à six heures.
Je n'ai pas de monnaie. En as-tu ?

Aufgabe 81 Transforme la question. Utilise l'interrogation marquée par l'inversion du sujet.

a) Est-ce que tu l'as fait ?	⇨ L'as-tu fait? ?
b) A qui est-ce que vous le dites ?	⇨ _______________ ?
c) Comment est-ce qu'il s'appelle ?	⇨ _______________ ?
d) Est-ce que vous vous souvenez ?	⇨ _______________ ?
e) Pour qui est-ce que tu me prends ?	⇨ _______________ ?

Aufgabe 82 **Un séjour à Chamonix.** Tu passes tes vacances à Chamonix avec quelques amis pour faire du ski. Les soirées sont très agréables : vous buvez du chocolat chaud et vous bavardez. Utilise l'interrogation marquée par l'inversion du sujet et mets le pronom à la bonne place.

a) Tu demandes à ton copain s'il t'a vu(e) sauter.
Toi : M'as-tu vu(e) sauter? ?

b) Tu parles de ton moniteur de ski. Tu demandes au patron de l'hôtel s'il le connaît.
Toi : _______________ ?

c) Tu parles de la jolie Delphine. Tu demandes à ton copain s'il l'a vue tomber.
Toi : _______________ ?

d) Tu parles du Téléphérique de l'Aiguille du Midi et tu demandes à tes amis s'il leur a plu.
Toi : _______________ ?

e) Tu demandes à tes copains s'ils ont pris le Mont Blanc en photo.

Toi : ____ ?

Der Mont Blanc liegt in der Nähe des französischen Wintersport-Ortes Chamonix und ist mit 4810 m der höchste Berg Europas (wenn der Elbrus im Kaukasus nicht gezählt wird.) Der Mont Blanc wurde bereits 1786 zum ersten Mal bestiegen. Heute führt eine Seilbahn *(le Téléphérique)* auf den Nebengipfel, die Aiguille du Midi, von dem aus die Bergsteiger den Mont Blanc erklimmen.

Wann wird die einfache und wann die komplexe Inversion verwendet?

Für die Verwendung gelten folgende Regeln:

- Die **einfache** Inversion muss verwendet werden, wenn das Subjekt der Frage ein **Pronomen** ist.

  Beispiele: Où est-il ?
  Vient-il ce soir ?

- Die **komplexe** Inversion muss verwendet werden, wenn das Subjekt der Frage ein **Nomen** ist und es sich entweder um eine **Entscheidungsfrage** handelt oder um eine **Ergänzungsfrage** mit direktem Objekt oder mit *pourquoi* (egal, ob mit oder ohne direktem Objekt).

  Beispiele: Marcel va-t-il à Rome ? (Entscheidungsfrage)
  Quand Marcel a-t-il lu ce livre ? (Ergänzungsfrage mit direktem Objekt)
  Pourquoi Nicole n'est-elle pas venue ? (Ergänzungsfrage mit *pourquoi*)

- Die einfache **oder** die komplexe Inversion stehen, wenn das Subjekt ein **Nomen** ist und es sich um eine **Ergänzungsfrage ohne direktes Objekt** handelt.

  Beispiele: Où habite ton amie ?
  Où ton amie habite-t-elle ?

Aufgabe 83* **En lisant le journal.** Utilise l'interrogation marquée par l'inversion du sujet. Utilise soit l'inversion simple, soit l'inversion complexe.

Le journaliste demande au Prix Nobel pourquoi son premier roman s'appelle « Le carnet d'or ».

Pourquoi votre premier roman s'appelle-t-il « Le carnet d'or » ?

Le journaliste demande au porte-parole de la CGT *(Sprecher der Gewerkschaft CGT)* pourquoi les ouvriers font la grève *(Streik)*.

Le journaliste demande au compositeur quand il a créé cet opéra.

Le procureur *(Staatsanwalt)* demande à l'accusé ce qu'il a fait.

L'agent de police demande au conducteur d'où il vient.

Les organisations humanitaires demandent pourquoi les gens ne font pas de dons *(spenden)*.

Un citoyen demande à un homme politique *(Politiker)* si son parti se souvient de ses promesses.

Le journaliste demande à l'entraîneur si les joueurs ont toujours cru à la victoire.

ufgabe 84*

Exercice combiné : A la gare.

Tu es au guichet pour acheter un billet de train. Un jeune homme devant toi ne parle pas français. Tu lui proposes de faire l'interprète. Utilise plusieurs formes de l'interrogation (l'interrogation marquée par l'intonation, avec *est-ce que*, avec l'inversion du sujet ou avec le mot interrogatif en fin de phrase).

Le jeune homme :

a) „Um wie viel Uhr fährt der nächste Zug von hier nach Rouen?"
Toi : À quelle heure le prochain train pour Rouen partira-t-il d'ici ?

b) „Wann kommt er in Rouen an?"
Toi : ____________________

c) „Gibt es einen TGV?"
Toi : ____________________

d) „Von welchem Gleis *(le quai)* fährt er ab?"
Toi : ____________________

e) „Muss ich umsteigen *(il faut/changer de train)*?"
Toi : ____________________

f) „Wieviel Stationen gibt es?"
Toi : ____________________

g) „Ist es notwendig, einen Platz zu reservieren *(faire une réservation)*?"
Toi : ____________________

h) „Wieviel kostet das?"
Toi : ____________________

i) „Kann ich mit meiner Kreditkarte *(la carte de crédit)* zahlen?"
Toi : ____________________

j) „Wo fährt der Zug um 13.42 Uhr ab?"
Toi : ____________________

k) „Wann kann man einsteigen *(monter)* ?"
Toi : ____________________

7 Indirekte Aussage- und Fragesätze

Sowohl Aussage- als auch Frage- und Befehlssätze können in der indirekten Rede *(le discours indirect)* wiedergegeben werden.

7.1 Indirekte Aussagesätze

Wie wird ein indirekter Aussagesatz gebildet?
Der indirekte Aussagesatz wird immer durch ein Verb des Sagens, Denkens, Wissens oder Meinens + *que/qu'* eingeleitet. Daran schließt der Aussagesatz an (der in der direkten Rede in Anführungszeichen steht).

Beispiele: Paul dit : « Je répare mon vélo. » → Paul dit qu'il répare son vélo.
Sylvie dit : « J'irai à New York. » → Sylvie dit qu'elle ira à New York.

Folgende einleitende Verben *(les verbes introducteurs)* solltest du dir einprägen:

dire (sagen)	*souligner* (unterstreichen)	*trouver* (finden)
ajouter (hinzufügen)	*remarquer* (bemerken)	*constater* (feststellen)
penser (denken)	*répondre* (antworten)	*être d'avis* (der Meinung sein)
croire (glauben)	*expliquer* (erklären)	*annoncer* (ankündigen)
prétendre (behaupten)	*raconter* (erzählen)	*déclarer* (erklären)

Aufgabe 85 **Le papa de Lucie.** Rapporte les paroles et pensées au discours indirect. N'utilise pas toujours le verbe *dire* ou *penser*. Choisis parmi les verbes introducteurs celui qui convient le mieux.

Lucie ___dit___ à son père qu'elle va rentrer tard ce soir et elle ______________ qu'elle est invitée chez sa copine Cléo. Le père de Lucie ______________ qu'il ne veut pas qu'elle rentre trop tard.

Lucie ______________ qu'elle a toujours des ennuis *(Schwierigkeiten)* avec papa. Elle ________________ qu'elle ne va pas rentrer trop tard et elle ______________ que toutes ses copines restent jusqu'à minuit. Le père __________________ que c'est beaucoup trop tard. Il ______________________ qu'il ne veut pas que Lucie rentre seule la nuit. Il ______________________ qu'il ne le veut pas parce que c'est dangereux. Lucie ___________________ que son père a plus peur que jamais. Elle __________________ que Jean-Christophe et Philippe vont rentrer aussi. Le père _________________ que Philippe est malhonnête et il _______________________ que Philippe ne devrait pas rentrer avec sa fille. Le père ______________________ qu'il a confiance en Jean-Christophe et il _____________________ que Lucie peut rentrer avec lui.

Welche Angaben müssen in der indirekten Rede angepasst werden?
Da die indirekte Rede automatisch einen **Perspektivwechsel** mit sich bringt, müssen folgende Angaben angepasst werden:

- **Subjektpronomen, Possessivbegleiter und Objektpronomen**

  Beispiel: Sylvie dit : « J'adore ma grand-mère. Elle m'a appris beaucoup de choses. »
  Sylvie dit qu'elle adore sa grand-mère. Elle lui a appris beaucoup de choses.

- **Zeit- und Ortsangaben** (zeit- und ortsfern wiedergegeben)

direkte Rede	indirekte Rede
hier (gestern)	*la veille* (tags davor)
aujourd'hui (heute)	*ce jour-là* (an jenem Tag)
demain (morgen)	*le lendemain* (tags darauf)
la semaine dernière (letzte Woche)	*la semaine précédente* (in der Woche davor)
la semaine prochaine (nächste Woche)	*la semaine suivante* (in der Woche darauf)
maintenant (nun)	*à ce moment-là* (in jenem Moment)
ici (hier)	*là-bas* (dort)

Beachte: Wird die Rede **zeit- und ortsnah** wiedergegeben, dann bleiben die Zeit- und Ortsangaben der direkten Rede erhalten.

Aufgabe 86 **La surprise d'anniversaire.** C'est l'anniversaire de Cécile. Ses copines et copains organisent une fête surprise. Mets au discours indirect ce que les jeunes disent.

a) Maurice :

Maurice dit qu'il lui fait son gâteau préféré.

b) Chantal :

c) Robert :

d) Maxime :

e) Olivier :

f) Fabienne et Françoise :

g) Fatima et Nicole :

h) Sonia :

Was geschieht, wenn das einleitende Verb in einer Form der Vergangenheit steht?
Wenn das einleitende Verb in einer Form der Vergangenheit steht, muss die Zeitform des Verbs/Hilfsverbs in der indirekten Rede so angepasst werden, dass die **Endung des konjugierten Verbs** der des ***imparfait*** (*-ais/-ais/-ait/-ions/-iez/-ent*) entspricht:

- *présent* → *imparfait*

  Beispiel: Nicolas dit : « J'écris une lettre. » → Il a dit qu'il écrivait une lettre.
- *futur composé* → *futur périphrastique du passé*

  Beispiel: Nicolas dit : « Je vais écrire une lettre. » → Il a dit qu'il allait écrire une lettre.
- *passé composé* → *plus-que-parfait*

  Beispiel: Nicolas dit : « J'ai écrit une lettre. » → Il a dit qu'il avait écrit une lettre.
- *futur simple* → *conditionnel*

  Beispiel: Nicolas dit : « J'écrirai une lettre. » → Il a dit qu'il écrirait une lettre.

Beachte: Das *plus-que-parfait* und das *conditionnel* bleiben **unverändert**, weil die Endungen des konjugierten Verbs bereits denen des *imparfait* entsprechen (das gilt natürlich auch für das *imparfait* selbst).

Beispiel: Nicolas dit : « J'écrirais une lettre, si j'avais le temps. »
Il a dit qu'il écrirait une lettre, s'il avait le temps.

Aufgabe 87

Discussion sur la « loi sur la laïcité » *(Gesetz zur Trennung von Kirche und Staat)*. Dans la classe de Martine, on discute sur la loi qui interdit de porter des signes religieux trop visibles *(religiöses Zeichen/Symbol)*.

Les parents de Martine sont très intéressés par la discussion. Martine leur raconte ce que ses camarades de classe ont dit. Ecris ce que Martine raconte en mettant les phrases des élèves au discours indirect.

SÉLIMA : « Les filles musulmanes devraient décider librement. Je comprends les filles qui veulent porter le voile ou le foulard islamique. »

PATRICE : « Je suis pour cette loi. Il faut penser aux filles qui sont forcées par leurs parents de porter le voile. La loi soutient les filles qui ne veulent pas porter le foulard. »

LEILA : « La loi me permet de m'habiller comme mes copines françaises. Mon père doit accepter cela. Je mène une double vie *(Doppelleben)* : au collège, je suis Française, mais chez moi, je suis musulmane. C'est très difficile. »

TAHAR : « Le port *(Tragen)* du voile, c'est la tradition. Le voile et le foulard protègent *(schützen)* les filles parce que les garçons les draguent *(anbaggern)* moins souvent. »

TIPHAINE : « Je crois que la loi aide les filles musulmanes à s'intégrer dans la société française. »

MARTINE : « J'ai l'impression que les musulmans se sentent discriminés par cette loi. »

NATHALIE : « Le voile est un symbole de l'oppression *(Unterdrückung)* de la femme. Il est donc contraire aux principes de la France, surtout au principe de l'égalité. »

BENOÎT : « Je suis de ton avis, Nathalie. Hier, j'ai lu une phrase intéressante. L'auteur a dit qu'à l'école, il y avait des *élèves* et non des juifs, des musulmans, des chrétiens. »

TAHAR : « J'ai le sentiment qu'on a interdit le port du voile parce qu'on considère *(betrachten als)* l'islam comme la ‹ mauvaise religion ›».

PATRICK : « En France, il faut accepter les traditions occidentales *(westlich; Ggs.* oriental*)* et chacun doit s'adapter aux coutumes *(Bräuche, Sitten)* de notre société. »

ODILE : « Certaines personnes considèrent le voile comme un symbole politique. J'ai peur de la rivalité entre les deux cultures. Mais grâce à *(dank)* cette loi, les gens vivront ensemble sans rivalité. »

Sélima a dit que les filles musulmanes devraient décider librement et qu'elle…

ufgabe 88* **Lilian Thuram.** Adrien adore le football. Dans un journal, il a lu un article sur son joueur préféré : Lilian Thuram. Voilà l'article :

La tête de Lilian Thuram va être moulée *(nachbilden)* pour être exposée au Musée de l'Homme à Paris. On va montrer les crânes *(Schädel)* d'un homme ancien, d'un homme moderne et d'un homme vivant : on a choisi les têtes de l'homme de Cro-Magnon, qui date de 30 000 ans environ *(ungefähr)*, de René Descartes (1596–1650), un des plus grands philosophes français, et le crâne en plastique de Lilian Thuram.
Thuram a expliqué : « Le but de l'exposition est de montrer l'évolution de l'homme et que tous les hommes ont la même origine. Pour moi, l'exposition fait partie de l'éducation contre le racisme. » En 2006, Thuram, né en Guadeloupe *(karibische Insel)* a fait un voyage au Sénégal et au Bénin *(beides Staaten in Westafrika).* Thuram a expliqué : « Je me suis promis de retrouver mes origines familiales. Depuis que je suis petit, j'ai le sentiment que les Thuram viennent du Bénin. » Entre les XVIe et XIXe siècles, beaucoup de Noirs ont été déportés vers le Brésil et les Antilles. Thuram a dit : « Je suis à la fois Français, né en Guadeloupe et je suis un Européen noir qui a vécu à Monaco, en Italie et en Espagne ». On a demandé à Thuram de passer le diplôme d'entraîneur *(Trainer).* Thuram a répondu : « Moi, je me verrais plutôt travailler pour éduquer les enfants et combattre le racisme. »

Compréhension.

a) Une des têtes exposées au Musée de l'Homme est celle de René Descartes.
Descartes était
☐ peintre ☐ philosophe
☐ romancier ☐ acteur

b) Selon Thuram, l'exposition montre que ______________________________

____

c) Thuram trouve l'exposition importante parce que ______________________

____

ufgabe 89* Deux semaines plus tard, Adrien et un copain parlent de Thuram. Adrien lui raconte l'article qu'il a lu. Ecris ce qu'Adrien lui dit en mettant le texte au discours indirect.

Tiens, à propos Thuram. Il y a quinze jours, j'ai lu un article sur Thuram. Le journaliste écrivait que la tête de Thuram allait être moulée pour être exposée au Musée de l'Homme à Paris.

7.2 Indirekte Fragesätze

Was muss bei der Bildung eines indirekten Fragesatzes beachtet werden?
Bei der Bildung eines indirekten Fragesatzes *(l'interrogation indirecte)* muss unterschieden werden, ob es sich um eine Frage **ohne Fragepronomen** (Entscheidungsfrage) oder um eine Frage **mit Fragepronomen** (Ergänzungsfrage) handelt (siehe auch Kapitel 6 Fragesätze).

Wie wird ein indirekter Fragesatz ohne Fragepronomen gebildet?
Zur Bildung eines indirekten Fragesatzes **ohne Fragepronomen** wird die indirekte Frage mit ***si*** an das einleitende Verb angeschlossen. Die Frageformel *est-ce que* (falls vorhanden) entfällt. Die Wortstellung entspricht der im Aussagesatz (Subjekt – Verb – Objekt).

Beispiel: Manon demande : « Hélène, (est-ce que) tu habites à Bordeaux ? »
Manon demande si Hélène habite à Bordeaux.

Aufgabe 90 **A table.** C'est l'heure du dîner. Toute la famille est à table. Le grand-père d'Aurélie et de Sylvain est dur d'oreille *(schwerhörig sein)*. Leur mère est assise à côté de lui. Elle répète ce qu'Aurélie et Sylvain demandent au grand-père. Ecris ce qu'elle dit en utilisant l'interrogation indirecte.

a) AURÉLIE : « Grand-père, est-ce que tu peux me passer le sel *(Salz)* ? »
LA MÈRE : Elle te demande si tu peux lui passer le sel.

b) SYLVAIN : « Grand-père, tu veux du poivre *(Pfeffer)* ? »
LA MÈRE : ____________________

c) AURÉLIE : « Grand-père, est-ce que tu as aimé ma salade ? »
LA MÈRE : ____________________

d) SYLVAIN : « Grand-père, tu as encore faim ? »
LA MÈRE : ____________________

e) AURÉLIE : « Grand-père, pourrais-tu me donner le jus d'orange ? »
LA MÈRE : ____________________

f) SYLVAIN : « Grand-père, tu veux goûter à notre dessert ? »

LA MÈRE : ______________________________

____

g) AURÉLIE : « Grand-père, tu vas nous raconter une histoire après le repas ? »

LA MÈRE : ______________________________

____

h) SYLVAIN : « Grand-père, est-ce que tu nous emmèneras au cirque demain ? »

LA MÈRE : ______________________________

____

ufgabe 91 **Exercice combiné : Chantal veut sortir ce soir.** Chantal et quelques copains veulent passer la soirée chez Marc. Chantal veut prendre la mobylette pour y aller. Son père met le couvert quand Chantal lui demande. Mais il ne veut pas décider seul. Sa femme Manon travaille dans la cuisine et entend mal ce que Chantal dit. Le père répète tout à sa femme. Ecris ce que le père dit à Manon.

Die **Mobylette** wurde von der französischen Firma Motobécane von 1949 bis 1983 hergestellt.

CHANTAL : Papa, est-ce que je peux avoir la mobylette ce soir ?

PAPA *(crie)* : Manon, écoute, Chantal demande si elle peut avoir la mobylette ce soir.

MAMAN : Pourquoi ?

CHANTAL : Marc nous a invités, Serge, Elodie et moi.

PAPA : Elle dit que Marc ______________________________

____

MAMAN : Marc ? Qui est-ce ?

CHANTAL : Mais vous le connaissez.

PAPA : Elle dit que nous ______________________________

MAMAN : Je ne me rappelle plus.

CHANTAL : Il m'a aidée à préparer ma fête samedi dernier.

PAPA : Chantal dit qu'il ________________________________

____

MAMAN : Ah bon !

CHANTAL : Il a un nouveau lecteur DVD et nous allons voir un film ensemble.

PAPA : Elle dit que Marc ________________________________

____

MAMAN : Mais le prof d'anglais a annoncé une interrogation écrite.

CHANTAL : Notre prof a remis l'interrogation à la semaine prochaine.

PAPA : Chantal dit que ________________________________

____

MAMAN : Mais, aller en mobylette la nuit est dangereux.

CHANTAL : Papa, tu ne peux pas m'emmener ?

PAPA : Elle demande si ________________________________

MAMAN : C'est une bonne idée. Et à dix heures tu vas la ramener.

CHANTAL : Ecoute, maman ! J'ai seize ans.

PAPA : Elle dit ________________________________

Le portable de Chantal sonne. Chantal reçoit un SMS.

CHANTAL : Mince alors. Marc m'a envoyé un SMS. Il n'a pas le temps ce soir. Il nous propose de voir le film samedi. Dommage.

PAPA : Chantal dit que Marc ________________________________

Il écrit qu'il ________________________________

____

ufgabe 92 **Exercice combiné : Sandrine et Amandine (I).** Amandine est dans la chambre de sa copine Sandrine. Elles parlent de Daniel, l'ami d'Amandine. Lis le texte :

SANDRINE : Ça va avec Daniel ?
AMANDINE : On s'est séparés.
SANDRINE : La semaine dernière, je t'ai vue au cinéma avec lui.
AMANDINE : Je l'ai quitté hier.
SANDRINE : Tu n'es pas trop malheureuse ?
AMANDINE : Hier, j'ai pleuré toute la journée. Mais ça n'allait plus avec Daniel.
SANDRINE : Est-ce qu'il t'a trompée avec une autre fille ?
AMANDINE : Je ne sais pas. Daniel pensait seulement à son hobby.
SANDRINE : Vous vouliez partir en Espagne ensemble.
AMANDINE : Daniel m'a envoyé un SMS. Il m'a dit qu'il préférait faire du canoë avec ses copains. Hier, nous avons longuement discuté sur notre avenir *(Zukunft)*.
SANDRINE : Tu me fais pitié (faire pitié à qn : *jemandem leid tun*).
AMANDINE : J'ai mon chat Hercule. Je suis contente d'être seule.
SANDRINE : Je pourrais te donner le numéro de téléphone de Lucien. Nous pourrions sortir ce soir, tous les quatre. Lucien est un peu macho, mais il t'adore.
AMANDINE : Je n'aime pas ce dragueur *(Anbaggerer, Frauenheld)*. Tu peux m'inviter au cinéma, si tu veux.

Thierry, le petit frère de Sandrine, écoute à la porte et raconte à son ami Gérard ce que les jeunes filles disent. Ecris ce que Thierry dit à Gérard. Utilise différents verbes introducteurs.

Sandrine demande à Amandine si ça va avec Daniel. Amandine répond que

ufgabe 93 **Exercice combiné : Sandrine et Amandine (II).** Quelques jours plus tard, Gérard raconte à sa sœur ce que Sandrine et Amandine ont dit.

Sandrine a demandé si ça allait avec Daniel.

Wie wird ein indirekter Fragesatz mit Fragepronomen gebildet?

Bei der Bildung einer indirekten Frage **mit Fragepronomen** werden unterschieden:

- Fragen mit den **Fragepronomen *où, quand, qui, pourquoi*** etc.
  Die Fragepronomen werden an das einleitende Verb angeschlossen (die Frageformel *est-ce que*, falls vorhanden, entfällt).

  Beispiel: Marie demande : « Jean, pourquoi est-ce que tu m'as téléphoné hier ? »
  Marie demande pourquoi Jean lui a téléphoné hier.

- Fragen mit ***qu'est-ce qui***
  Qu'est-ce qui fragt nach dem **Subjekt**. In der indirekten Frage wird es durch ***ce qui*** ersetzt.

  Beispiel: Il demande à son fils : « Qu'est-ce qui te plaît ? »
  Il demande à son fils ce qui lui plaît.

- Fragen mit ***qu'est-ce que***
  Qu'est-ce que fragt nach dem **Objekt**. In der indirekten Frage wird es durch ***ce que*** ersetzt.

  Beispiel: Il demande à son fils : « Qu'est-ce que tu fais ? »
  Il demande à son fils ce qu'il fait.

Beachte: Die Satzstellung in der indirekten Frage ist dieselbe wie im Aussagesatz (Subjekt-Verb-Objekt).

Beispiel: Marie demande : « D'où viens-tu? »
Marie demande d'où tu viens.

Aufgabe 94 **Comment trouver le criminel ?** Le commissaire explique à un jeune sergent quelles questions il faut poser pour avoir les informations nécessaires sur un suspect *(Verdächtiger)*.

Pour trouver le criminel, il faut savoir
- ce qui s'est passé exactement.
- ce que le suspect a fait au moment du crime.
- ce qu'il aime bien.
- ce qui l'intéresse.
- ce qu'il déteste.
- ce que les voisins pensent de lui.

« Alors, sergent, posez-moi des questions. Je suis le suspect. » Ecris les questions que le sergent va poser au commissaire. Utilise *qu'est-ce que* et *qu'est-ce qui*.

Qu'est-ce qui s'est passé exactement ?

fgabe 95* **Exercice combiné : Au commissariat de police.** Quelqu'un a cambriolé *(einbrechen in)* la maison de Mme et M. Loisel. On a volé les bijoux *(Schmuck)* de Mme Loisel. Le commissaire l'interroge *(verhören)*.

- Vous vous appelez Mme Loisel ?
- Quelle est votre adresse ?
- Qu'est-ce qui s'est passé ?
- A quelle heure est-ce que vous êtes rentrée ?
- Qu'est-ce qui vous a fait peur ?
- Est-ce que vous avez vu quelqu'un ou entendu quelque chose ?
- Qu'est-ce que vous avez fait après avoir entendu le bruit ?
- Alors, vous avez pris un club de golf (*Golfschläger*). Où est-ce que vous l'avez trouvé ?
- A votre avis, comment est-ce que le cambrioleur est entré dans la maison ?

- Quand est-ce que vous avez remarqué que vos bijoux n'étaient plus là ?
- A qui est-ce que vous avez parlé de vos bijoux ?
- Quand est-ce que vous allez informer l'assurance (*Versicherung*) ?
- Pourquoi est-ce que votre mari n'a rien remarqué ?
- Ah bon. Il est parti en Angleterre. Est-ce qu'il part souvent seul jouer au golf en Angleterre ?
- Qu'est-ce que vous en pensez ?
- Pourquoi est-ce que vous ne jouez pas au golf ?
- Est-ce que votre mari loue (*mieten, leihen*) l'équipement de golf en Angleterre ?
- Pourquoi est-ce que votre mari prend toujours ses propres clubs avec lui ?

Après l'interrogatoire *(Verhör)*, le commissaire est sûr que Mme Loisel n'a pas dit la vérité. Rentré à la maison, le commissaire raconte à sa femme ce qu'il a demandé à Mme Loisel. Ecris ce qu'il lui dit en mettant le texte au discours indirect.

Je lui ai demandé si elle s'appelait Mme Loisel.

Aufgabe 96* Rentrée chez elle, Mme Loisel téléphone à son mari Roger. Elle lui rapporte ce qu'elle a répondu. Voilà les réponses que Mme Loisel a données au commissaire. Transforme-les en discours indirect (n'oublie pas d'utiliser différents verbes introducteurs).

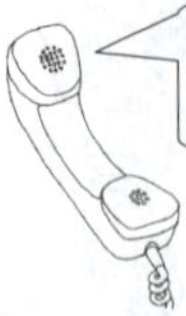

Je suis rentrée vers 21 heures. J'ai tout de suite remarqué que quelqu'un avait cambriolé notre appartement. Une fenêtre était cassée.

J'ai répondu au commissaire que j'étais rentrée vers 21 heures. J'ai ajouté que...

J'ai entendu du bruit et j'ai pris le club de golf de mon mari. Les clubs de golf se trouvent toujours à côté de l'entrée. J'informerai l'assurance aussitôt que possible.

Mon mari est parti en Angleterre pour jouer au golf. Je trouve normal qu'il soit parti seul parce que je ne joue pas au golf.

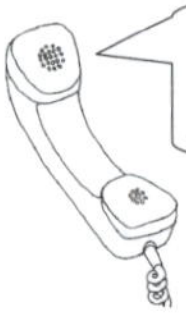

Les joueurs de golf prennent toujours leurs propres clubs parce qu'ils préfèrent leur équipement.

Aufgabe 97* Après l'interrogatoire, le commissaire dit au sergent qu'il est sûr que Mme Loisel n'a pas dit la vérité. Elle a fait une faute. Est-ce que tu sais quelle faute Mme Loisel a faite ? Ecris ta solution.

ufgabe 98 **L'explication du commissaire.** Transforme le texte en français.

„Sergent, Mme Loisel hat gesagt, ihr Mann sei nach England zum Golfspielen gefahren. Sie erklärte, dass Golfspieler immer ihre Ausrüstung mitnähmen. Mir hat sie erzählt, dass sie in ihre Wohnung gekommen sei und ein Geräusch gehört habe. Sie habe dann einen Golfschläger genommen, um sich zu verteidigen *(se défendre)*. Wenn M. Loisel tatsächlich in England zum Golf spielen wäre, hätte Mme Loisel keinen Golfschläger neben der Tür gefunden. Ihr Ehemann ist also nicht in England. Die Loisel haben so getan *(faire semblant de)*, als ob man bei ihnen eingebrochen hätte *(être cambriolé)*, um das Geld von der Versicherung zu bekommen *(se faire rembourser par)*."

gabe 99* **Exercice combiné : La lettre.** Il y a quelques semaines, Magdalena Schröder avait écrit une lettre à la famille Lelièvre qui cherchait une fille au pair. Julie, l'amie française de Magdalena, veut postuler pour un travail de jeune fille au pair en Allemagne. Elle dit à Mme Schröder qu'elle aimerait savoir comment Magda a écrit sa lettre de candidature *(Bewerbungsbrief)*. Mme Schröder lui explique au téléphone ce que sa fille avait écrit :

Magdalena a écrit qu'elle avait 18 ans et qu'elle venait de passer le baccalauréat au lycée Johanneum à Lüneburg. Elle leur a expliqué qu'elle était à la recherche d'un emploi de jeune fille au pair pour une durée d'un an pour perfectionner son français avant de commencer ses études de français.

Elle avait trouvé leur adresse sur une liste publiée par l'Office Franco-Allemand pour la Jeunesse. Leur offre l'intéressait beaucoup.

Elle a écrit qu'elle aimait beaucoup s'occuper d'enfants et qu'elle l'avait déjà fait en d'autres occasions (babysitting chez des amis).

Elle a demandé si les Lelièvre pourraient lui donner quelques précisions concernant le travail. Elle aimerait savoir en quoi consisteraient ses tâches *(Aufgaben)* familiales.

Elle voulait savoir aussi si elle aurait la possibilité de suivre des cours de français dans leur ville.

Elle a écrit que nous, les parents, aimerions savoir si elle serait couverte par une assurance en cas de maladie ou d'accident.

Elle leur a dit qu'elle serait libre à partir du 15 juillet et qu'elle était prête à commencer après cette date.

Ecris la lettre de Magdalena.

Magdalena Schröder
Theodor-Heuss-Straße 2
21337 Lüneburg
Allemagne

M. et Mme Lelièvre
13, rue Lepic
75012 Paris

Lüneburg, le 30 avril 2008

Madame, Monsieur,

Dans l'attente de votre réponse, je vous prie d'agréer, Madame, Monsieur, mes salutations respectueuses.

Magdalena Schröder

gabe 100 **Exercice combiné : A la pharmacie.**

Ton copain français te rend visite en Allemagne. Vous allez au bord de la mer où vous passez une belle journée au soleil. Le lendemain, ton copain ne se sent pas bien. Comme il ne parle pas allemand, il te prie de l'accompagner à la pharmacie.

Traduis ce que le pharmacien dit.

a) „Seit wann fühlst du dich schlecht?" — *Depuis quand est-ce que tu te sens mal ?*

b) „Habt ihr den ganzen Tag am Strand verbracht?" ______

c) „Ich glaube, du bist zu lange in der Sonne geblieben *(rester au soleil)*." ______

d) „Kann ich bitte deine Brust, deinen Bauch, deine Arme und deinen Rücken sehen?" ______

e) „Deine Haut ist ganz rot." ______

f) „Du hast dir einen Sonnenbrand geholt *(attraper un coup de soleil)*." ______

g) „Meiner Meinung nach solltest du zu einem Arzt gehen für den Fall *(au cas où)*, dass es ein Sonnenstich ist *(une insolation)*. Er wird dir Medikamente verschreiben *(prescrire)*." ______

h) „Ich gebe dir eine Sonnencreme *(crème solaire)*. Aber du musst *(il faut absolument)* die Sonne meiden.“

i) „Wenn du mir das Rezept *(l’ordonnance)* bringst, gebe ich dir die Medikamente.“

j) „Ich wünsche dir gute Besserung *(un bon rétablissement)*.“

Aufgabe 101* Rentré en France, ton copain raconte. Ecris au discours indirect ce qu’il dit à ses parents.

D’abord, le pharmacien m’a demandé depuis quand je me sentais mal.

Aufgabe 102* **Exercice combiné : L’interview.** Un journaliste d’un magazine allemand a interviewé de jeunes Françaises et Français qui passent une année scolaire en Allemagne. Ta copine française/ton copain français aimerait savoir ce que les jeunes ont dit. Raconte-lui l’interview de Julie en mettant le texte au discours indirect. (L’exercice est un peu plus facile si tu écris l’interview au discours direct avant de le transformer en discours indirect.)

JOURNALIST: Julie, kannst du mir einige Details zu *(concernant)* deiner Person geben?

JULIE: Ich heiße Julie, bin 16 Jahre alt und komme aus Châteauroux.

JOURNALIST: Welche Länder hast du schon besucht?

JULIE: Ich bin nach Italien, England und Spanien gefahren.

JOURNALIST:

Magst du Deutschland?

JULIE:

Ich mag es sehr gern. Sonst *(sinon)* wäre ich nicht hier.

JOURNALIST:

Hattest du Vorurteile *(un préjugé)*?

JULIE:

Man sagt, dass die Deutschen die Disziplin und Ordnung lieben und dass sie alles sehr Ernst nehmen *(prendre tout au sérieux)*. Ich mag die Deutschen. Das gefällt mir hier.

JOURNALIST:

Beabsichtigst du *(compter faire qc)*, später nach Deutschland zurückzukommen? Zum Beispiel: Würdest du annehmen *(accepter)*, wenn man dir eine Arbeit anböte *(proposer)*?

JULIE:

Ich würde gern wiederkommen und vielleicht würde ich sie annehmen *(accepter)*.

JOURNALIST:

Was magst du nicht in Deutschland?

JULIE:

Ich mag die Würste *(les saucisses)* und das Sauerkraut *(la choucroute)* nicht.

JOURNALIST:

Was gefällt dir an *(dans)* der deutschen Musik?

JULIE:

Ich kenne Herbert Grönemeyer und Tokio Hotel. Diese Gruppe hat mich für die deutsche Sprache interessiert.

JOURNALIST:

Danke für das Interview.

JULIE:

Bitte.

D'abord, le journaliste a demandé si Julie pouvait lui donner quelques détails concernant sa personne.

8 Adverbialsätze

Adverbialsätze (*les propositions circonstancielles*) werden durch Konjunktionen (*les conjonctions*) eingeleitet. Nach ihrem inhaltlichen Bezug zum Hauptsatz kann man verschiedene Arten von Adverbialsätzen unterscheiden:

- Temporalsätze (*les propositions circonstancielles de temps*)
- Kausalsätze (*les propositions circonstancielles de cause*)
- Finalsätze (*les propositions circonstancielles de but*)
- Konsekutivsätze (*les propositions circonstancielles de conséquence*)
- Konzessivsätze (*les propositions circonstancielles de concession*)
- Adversativsätze (*les propositions circonstancielles d'opposition*)
- Konditionalsätze (*les propositions circonstancielles de condition*)

8.1 Temporalsätze

Was drücken Temporalsätze aus?

Temporalsätze drücken eine **zeitliche Beziehung** aus. Sie können eingeleitet werden durch:

quand	als/wenn
au moment où	in dem Moment, als
lorsque	als/wenn
avant que (+ subj.)	bevor
après que	nachdem
depuis que	seitdem
pendant que	während
jusqu'à ce que (+ subj.)	bis

Beispiele: J'attends jusqu'à ce qu'il revienne.
Depuis que Julie fait du sport, elle se sent mieux.

Aufgabe 103 **Lucie et Sophie (I).** C'est typique : les sœurs se disputent. Complète les phrases en mettant la conjonction qui convient.

a) Lucie fait un beau rêve, *quand* ______ le réveil sonne. — ALS

b) ______ sa mère est entrée dans la chambre, Lucie se lève. — NACHDEM

c) ______ elle prend sa douche, sa sœur Sophie entre dans la salle de bains et commence à faire sa toilette. — WÄHREND

d) Sophie demande à Lucie si elle peut prendre son eau de toilette. **BEVOR**
______________ Lucie puisse répondre, Sophie prend le petit flacon.

e) ___________________ Lucie a sa nouvelle eau de toilette, Sophie, elle aussi, sent le parfum *(nach Parfüm riechen)*. Maintenant, Lucie comprend pourquoi. **SEITDEM**

f) ___________________ Lucie sort de la douche, Sophie laisse tomber le flacon. **IN DEM MOMENT, ALS**

g) ____________________ le flacon tombe sur le carrelage *(die Fliesen)*, une forte odeur d'eau de toilette se répand *(sich ausbreiten)* dans la salle de bains. **ALS**

h) ______________ Sophie ramasse le flacon brisé, Lucie crie de colère. **WÄHREND**

i) Lucie crie __________________________ leur mère arrive. **BIS**

gabe 104 **Lucie et Sophie (II).** Dis-le autrement. Relie les deux phrases en utilisant la conjonction qui convient.

a) Lucie rentre de l'école. Sa mère lui dit de faire vite ses devoirs parce qu'elle veut aller en ville avec elle.

Quand Lucie rentre de l'école, sa mère lui dit de faire vite ses devoirs parce qu'elle veut aller en ville avec elle.

b) Lucie essaie de faire ses devoirs. En même temps, Sophie écoute de la musique dans la chambre d'à côté.

____
____
____

c) Lucie continue à travailler. Mais au bout de quelques minutes, elle n'arrive plus à se concentrer.

____
____
____

d) Sa sœur a mis un CD de Metallica. Après, Lucie se lève.

____
____
____

e) Elle entre furieusement dans la chambre de sa sœur et dit : « Sophie, je travaille. Et tu écoutes de la musique. Depuis, je ne peux plus me concentrer. »

____
____
____
____

f) « Je ne veux plus rien entendre jusqu'au moment où mon travail est terminé. »

____
____
____

8.2 Kausalsätze

Was drücken Kausalsätze aus?

Kausalsätze drücken eine **ursächliche Beziehung** aus. Sie können eingeleitet werden durch:

comme	da
puisque	da, da ja
parce que	weil
car	denn
Beispiel:	Comme il n'est pas là, on va commencer sans lui.

Beachte: Bei der Verwendung von *puisque, parce que* und *car* gibt es Bedeutungsunterschiede.

Beispiele:	Il ne viendra pas, puisqu'il est malade.	→ Grund ist bekannt/offensichtlich.
	Il ne viendra pas parce qu'il est malade.	→ Grund wird betont.
	Il ne viendra pas, car il est malade.	→ Grund wird erklärend erwähnt.

fgabe 105 **Lucie et Sophie (III).** Lucie va tout de suite dans sa chambre. Elle n'a pas beaucoup de temps. Traduis. Emploie *comme, car, parce que* et *puisque.* Choisis la conjonction qui convient le mieux.

a) Da Lucie nicht viel Zeit hat, geht sie sofort in ihr Zimmer.

____

b) Lucie geht sofort in ihr Zimmer, weil sie nicht viel Zeit hat.

____

c) Lucie geht sofort in ihr Zimmer, da sie ja sie nicht viel Zeit hat.

____

d) Lucie geht sofort in ihr Zimmer, denn sie hat nicht viel Zeit.

____

8.3 Finalsätze

Was drücken Finalsätze aus?
Finalsätze drücken eine **Absicht** aus. Sie können eingeleitet werden durch:
pour que (+ subj.) damit
afin que (+ subj.) damit
Beispiel: Tu peux me prêter un stylo pour que je puisse prendre des notes?

gabe 106 Trouve les phrases qui vont ensemble et relie-les en utilisant *pour que* et *afin que.* Fais attention au subjonctif.

1. Tes parents t'offrent un livre sur Paris. 2. Ton correspondant français te donne des informations sur lui. 3. Le professeur parle d'un ton sévère. 4. Les Tibéry passent leurs vacances d'hiver à la montagne. 5. Tu es très gentil avec la belle Christine. 6. Ta mère te réveille dès 6 heures. 7. Tu lis une histoire à ta petite sœur. 8. Mme Bruel achète un dictionnaire à son fils Kevin. 9. Le médecin te donne un médicament. 10. Tu aides Charlotte à faire ses devoirs.	A. Elle va au cinéma avec toi. B. Il comprend le livre en allemand. C. Tu es à l'heure. D. Elle a une meilleure note. E. Tu sais qui il est. F. Tu peux préparer ton voyage. G. Tu te sens mieux. H. Leur fils apprend le ski. I. Vous faites correctement les devoirs. J. Elle s'endort tranquillement (*einschlafen*, wie: *dormir*).

Tes parents t'offrent un livre sur Paris pour que tu puisses préparer ton voyage.

8.4 Konsekutivsätze

Was drücken Konsekutivsätze aus?
Konsekutivsätze drücken eine **Folge** aus. Sie können eingeleitet werden durch:

de (telle) sorte que	sodass
si bien que	sodass
tellement/si (adj.) que	so (Adj.) …, dass

Beispiele: Il travaille bien, de sorte que tout le monde est content de lui.
Elle chante tellement fort que le voisin ne peut pas dormir.

Beachte: Zwischen diesen Sätzen gibt es einen Bedeutungsunterschied:

Vergleiche: Elle l'a déjà fait, si bien que le travail est terminé maintenant. → sodass
Elle l'a fait si bien que le chef l'a louée pour son travail. → so gut, dass

Aufgabe 107 Choisis la phrase qui exige *de (telle) sorte que/si bien que* ou *si/tellement… que* et relie les deux phrases qui vont ensemble.

a) Il fait beaucoup de sport… → … on ne lui donne pas son âge *(jünger scheinen)*.
→ … ~~il veut être en forme.~~

Il fait beaucoup de sport, si bien qu'on ne lui donne pas son âge.

b) Papa roule toujours vite… → … il aime la vitesse *(Geschwindigkeit)*.
→ … maman a très peur.

____

c) Le camion ne pouvait plus freiner… → … il a renversé la moto.
→ … il était trop vite.

____

d) Maurice a lu son roman policier jusqu'à trois heures du matin… → … il n'a pas entendu le réveil à 7 heures.
→ … il voulait savoir qui était le meurtrier *(der Mörder)*.

____

e) Il a neigé toute la nuit… → … le lendemain, M. Cabesos a fait de la luge *(Schlitten fahren)* avec ses enfants.
→ … la météo a annoncé de la pluie.

____

8.5 Konzessivsätze

Was drücken Konzessivsätze aus?
Konzessivsätze drücken eine **Einschränkung** aus. Sie können eingeleitet werden durch:
bien que (+ subj.) obwohl
quoique (+ subj.) obgleich

Beispiele: Jacques n'a pas préparé le repas bien qu'il l'ait promis.
Quoique Mme Laurent ait déjà 73 ans, elle joue régulièrement au tennis.

fgabe 108 Ta copine aime bien cancaner *(tratschen)*. Aujourd'hui, elle te raconte tout sur Claude, un camarade de classe. Relie les deux phrases en utilisant *bien que/quoique*. Fais attention au subjonctif.

Claude n'est pas venu à la fête. ↔ Nous l'avons invité.
Il a beaucoup de travail. ↔ Claude passe beaucoup de temps avec ses jeux vidéo.
Il fait beau. ↔ Claude n'aime pas sortir.
Il ne fait pas de sport. ↔ Il sait que c'est bon pour la santé.
Son frère est plus grand que lui. ↔ Il fait plus jeune *(jünger aussehen)*.
Claude est bizarre. ↔ Je le trouve sympa.

Claude n'est pas venu à la fête bien que nous l'ayons invité.

8.6 Adversativsätze

Was drücken Adversativsätze aus?

Adversativsätze drücken eine **Gegenüberstellung** aus. Sie können eingeleitet werden durch:

alors que	wohingegen
tandis que	während
Beispiel:	Véro aime le désordre alors que ses frères rangent toujours leurs chambres.

Aufgabe 109 Trouve les phrases qui vont ensemble et relie-les en utilisant *alors que* et *tandis que*.

1. Ils discutent tout le temps
2. Il n'arrête pas de se plaindre
3. Marion est très heureuse à Bruxelles
4. Je me repose
5. J'aime la musique classique
6. Sa femme préfère passer les vacances à la maison
7. Pour moi, c'est très important
8. Nicolas a bien joué
9. Ma copine aime les peintres impressionnistes
10. Vingt-trois élèves veulent visiter l'aquarium de Saint-Malo
11. Il fait beau chez toi
12. Elle est blonde

A. les autres joueurs de l'équipe n'étaient pas en forme
B. Gérard aime les voyages
C. chez nous, il pleut tout le temps
D. ma sœur préfère le rock
E. sa sœur est brune
F. son mari a beaucoup de problèmes dans cette ville
G. les autres sont très contents
H. moi, j'aime la peinture romantique
I. pour lui, c'est sans importance
J. les autres veulent visiter la ville
K. il faut agir
L. mes copains travaillent

Ils discutent tout le temps alors qu'il faut agir.

8.7 Konditionalsätze

Was drücken Konditionalsätze aus?

Konditionalsätze drücken eine **Bedingung** aus (siehe auch Kapitel 9). Sie können eingeleitet werden durch:

si	wenn/falls
pourvu que (+ subj.)	vorausgesetzt, dass/sofern
à condition que (+ subj.)/de (+ inf.)	unter der Bedingung, dass

Beispiele: Je fais la vaisselle à condition que tu passes l'aspirateur.
Je t'aiderai à condition d'avoir terminé mon travail.

fgabe 110 **La coupe du monde.** Le sélectionneur national *(Nationaltrainer)* français essaie de motiver son équipe pour la finale. Relie les deux phrases en remplaçant les parties *en italique* par la proposition adverbiale indiquée. Fais attention au mode du verbe.

a) Je suis sûr que, cette fois, notre équipe remportera la victoire. Il y aura une grande fête à Paris et vous serez des héros nationaux. *Mais avant, il vous faut gagner la finale!*

à condition que

Il y aura une grande fête à Paris et vous serez des héros nationaux à condition que vous gagniez la finale!

b) Nicolas, je te donnerai le poste d'attaquant. *Mais il faut que* tu coures encore plus vite.

à condition que

____

____

c) Et Willy, tu es un super défenseur, *mais* fais attention aux corners *(Eckbälle)*.

si

____

____

d) Ce soir, je vais vous montrer les matchs de l'autre équipe, *si* nous avons le temps.
pourvu que

____

____

e) Nous avons répété le penalty *(Elfmeter)* mille fois. C'est facile. *Il faut que* vous vous concentriez.
pourvu que

____

____

f) Grégory, *tu peux* venir me voir ce soir ? Nous allons parler de la stratégie pour le gardien.
si

____

____

g) Notre équipe peut gagner. Vous n'aurez pas de problèmes *si* vous suivez mes conseils !
à condition de

____

____

Aufgabe 111 **Exercice combiné : Lucie et Sophie (IV).** La querelle des sœurs continue. Traduis. (Attention au subjonctif!)

a) Sophie hört keine Musik mehr, **damit** Lucie arbeiten kann.
Sophie n'écoute plus de musique pour que Lucie puisse travailler.

b) Sie beginnt zu singen, **obwohl** sie weiß, dass Lucie sie hört *(entendre)*.

____

c) Lucie denkt: „Warum muss ich arbeiten, **während** Sophie nichts macht?“

____

d) Sie sollte etwas machen, **damit** sie nicht singt.

e) **Obgleich** sie noch vier Aufgaben machen muss, geht sie in das Zimmer ihrer Schwester.

f) Lucie sagt: „Du singst **so** laut, **dass** ich nicht arbeiten kann."

g) Sophie sagt: „Ich darf weder Musik hören noch singen. Einverstanden, ich arbeite, **unter der Bedingung**, dass du mich in Ruhe lässt *(laisser qn tranquille)*."

h) **Obwohl** Lucie weiß, dass Sophie nicht arbeiten möchte, geht sie in ihr Zimmer zurück.

i) Jetzt spielt Sophie Geige *(jouer [bien, mal] du violon)*, aber sie spielt **so** schlecht, **dass** Lucie in das Zimmer ihrer Schwester läuft.

j) Lucie ruft: „Ich kann meine Hausaufgaben nicht machen, **wenn** du nicht die Tür schließt."

k) Sophie schließt die Tür, **sodass** Lucie nichts mehr hört.

Aufgabe 112 **Exercice combiné : Comment s'habiller à l'école ?** Vêtements de marque ou uniforme ? Quelques élèves discutent sur cette question. Relie les deux phrases en utilisant la conjonction indiquée entre parenthèses. Remplace les expressions *en italique* ou les deux points.

a) SÉGOLÈNE : J'aime mes vêtements de marque. Je suis pour l'uniforme : je trouve que les vêtements jouent un rôle trop important à l'école. *(obwohl)/(weil)*

Bien que j'aime mes vêtements de marque, je suis pour l'uniforme parce que je trouve que les vêtements jouent un rôle trop important à l'école.

b) PHILIPPE : *Depuis quelques semaines*, Marc porte des vêtements de marque. Il est devenu arrogant. *(seitdem)*

______

c) HÉLÈNE : Avec l'uniforme, Marc serait comme les autres : l'uniforme efface *(verwischen)* les différences. *(weil)*

______

d) LISA : Non. Il est important que les élèves choisissent librement leurs vêtements. *Comme ça*, chacun peut montrer son individualité. *(damit)*

e) GÉRARD : Beaucoup de jeunes sont contre l'uniforme : ils ont peur de perdre leur personnalité. *(weil)*

f) STÉPHANE : Mon père est au chômage : je ne peux pas me payer des vêtements de marque. *(da)*

g) CLAUDIA : Ceux qui ne portent pas les mêmes vêtements se sentent mal habillés. *Mais*, on peut bien s'habiller sans marques. *(wohingegen)*

h) KAREN : Moi, j'accepterais un uniforme. *Mais il faudrait qu'*il soit chic. *(sofern/falls)*

i) NICOLAS : Je porte des vêtements de marque : *je veux que* mes copains me respectent. *(damit)*

j) PAUL : Toi, tu achètes les vêtements qui plaisent à tes copains. Moi, *par contre*, je n'achète que ce qui me plaît. *(während)*

k) RENÉ : *Depuis deux mois*, mon cousin est dans une école privée au Québec. Il est pour l'uniforme : l'uniforme lui donne le sentiment d'être intégré. *(seit)/(weil)*

Aufgabe 113* **Exercice combiné :** Ce texte n'est pas encore bien écrit. Relie les phrases par une proposition adverbiale.

Le chat perdu

Elise et Alceste, les enfants des Jeannot, rentrent à la maison. Leur mère travaille dans le jardin **(als)**. Le père n'est pas à la maison. Il rentre toujours très tard **(weil)**. Il occupe un poste important dans une entreprise. Il a toujours beaucoup de travail **(da)**. Alceste dit à sa mère : « Maman, donne-moi la pelle *(die Schaufel)*. Je peux t'aider. **(damit)** » La famille Jeannot habite dans cette maison avec le grand jardin. Alceste aime aider sa mère **(seitdem)**. Mme Jeannot trouve l'idée de son fils très sympa. Elle lui dit de jouer avec Elise **(obgleich)**.
Elise aimerait jouer au badminton. Alceste veut jouer au foot **(während/wohingegen)**. Ils jouent au badminton. Alceste n'en a pas tellement envie **(obwohl)**. Ils jouent. Alceste entend un miaulement *(Miauen)* **(während)**. Il arrête de jouer. Il est en train de gagner **(obwohl)**. Alceste dit à Elise qu'il a entendu quelque chose. Elle entend le miaulement **(nachdem)**. Ils se mettent tout de suite à chercher. Ils ont l'impression que c'est un chat qui a besoin d'aide **(denn)**. Ils cherchent partout. Ils ne voient rien **(obgleich)**. Alceste cherche dans les buissons *(f., Busch)*. Elise voit un petit chat sur un arbre **(während)**. Ils ne savent pas quoi faire. Ils appellent leur mère **(da)**. Elle propose d'attendre. Les enfants veulent faire quelque chose **(wohingegen)**. Mme Jeannot dit : « Attendez papa. Il va vous aider. Le chat est toujours là **(vorausgesetzt, dass)**. » Ils attendent. Leur père rentre à la maison **(bis)**. Le père arrive. Elise dit **(als)** : « Papa, sur notre arbre, il y a un chat qu'il faut sauver *(retten)*. » M. Jeannot cherche une échelle *(Leiter)*. On peut monter sur l'arbre **(damit)**.
L'échelle est très longue. M. Jeannot peut monter prendre le chat **(sodass)**. Il descend avec le petit chat. Elise et Alceste sont très contents **(nachdem)**.

Quand Elise et Alceste, les enfants des Jeannot, rentrent à la maison, leur mère travaille dans le jardin.

9 Bedingungssätze

Welche Arten von Bedingungssätzen gibt es?
Bei den Bedingungssätzen wird unterschieden zwischen
- **erfüllbaren Bedingungen** und
- **unerfüllten** bzw. **unerfüllbaren Bedingungen**.

Der Bedingungssatz (eingeleitet durch *si*) kann vor oder nach dem Hauptsatz stehen.

9.1 Die erfüllbare Bedingung

Welche Verbformen werden für den erfüllbaren Bedingungssatz benötigt?
Für die erfüllbare Bedingung brauchst du die Formen des **Präsens** und des ***futur simple***, die du daher gut beherrschen solltest.

Wie wird der erfüllbare Bedingungssatz gebildet?
Beim erfüllbaren Bedingungssatz steht das Verb
- im **Bedingungssatz** im *présent*,
- im **Hauptsatz** im *futur simple*.

Beispiel: Si mon ami vient me voir samedi prochain, je lui montrerai la ville.

Aufgabe 114 Simon va aller à Paris. Son correspondant Jérôme l'a invité. Jérôme lui écrit une lettre pour lui dire ce qu'ils feront quand il sera là. Mets la forme correcte du verbe (*si* + présent, futur simple).

Paris, le 13 mai 2008

Cher Simon,

je suis très content de te voir samedi. Tout est préparé pour toi. Mais il y a un petit problème : samedi après-midi, j'ai un match de foot. Si nous gagnons (gagner) le match, il y aura (avoir) une petite fête après. Alors, si je ______ (ne pas être) à la gare à 18 heures, mes parents ______ (venir) te chercher.
Si la fête ______ (ne pas durer) trop longtemps, nous ______ (prendre) un pot chez Dino après le dîner. Si je ______ (aller) directement chez Dino, je ______ (t'appeler). Si tu ______ (vouloir), mon père ______ (t'accompagner).

Nous nous sommes demandé ce que tu veux voir à Paris. Est-ce que tu connais la Cité des sciences à La Villette? C'est super intéressant. Si mon père ______________ (avoir) le temps, il ______________ (aller) à La Villette avec nous. Et si tu ______________ (ne pas encore connaître) le musée d'Orsay, nous ______________ (devoir) absolument y aller. Tu sais, moi et les musées... Mais le musée d'Orsay, c'est autre chose. Si tu ______________ (faire) bien attention à l'architecture, tu ______________ (voir) que c'est une ancienne gare qu'on a transformée en musée. Si tu ______________ (aimer) les peintres impressionnistes comme Monet, Renoir ou Pissarro, tu ______________ (être) impressionné par ce musée. Ma sœur Martine veut passer quelques jours chez sa copine Muriel. Si elle ______________ (lui rendre visite) à Rouen, sa chambre ______________ (être) libre. Si elle ______________ (être) d'accord, tu ______________ (pouvoir) avoir sa chambre.

A samedi, amicalement,
Jérôme

9.2 Die unerfüllte oder unerfüllbare Bedingung

Welche Verbformen werden für die unerfüllte Bedingung benötigt?
Für die unerfüllte bzw. die unerfüllbare Bedingung brauchst du die Formen des ***imparfait*** und des ***conditionnel*** (vgl. Kapitel 3 „Zeiten" und Kapitel 4 „Modi").

Wie wird die unerfüllte Bedingung gebildet?
Ist der Sachverhalt in der Gegenwart oder in der Zukunft möglich, bleibt aber wahrscheinlich unerfüllt, steht das Verb
- im **Bedingungssatz** im *imparfait*,
- im **Hauptsatz** im *conditionnel présent*.

Beispiel: Si mon ami venait me voir samedi prochain, je lui montrerais la ville.

Aufgabe 115 Fais des phrases avec *si*. Mets les verbes à l'imparfait et au conditionnel présent.

a) Si j'*avais* (avoir) plus d'argent, j'*achèterais* (acheter) ce chien.
b) Si Thérèse ______________ (venir), Benoît ______________ (lui, parler).
c) S'il ______________ (faire) beau, nous ______________ (faire) une belle promenade.

d) Si les Lenain ____________ (me, donner) leur adresse, je ____________ (leur, envoyer) les photos.

e) Si Gérard ____________ (me, appeler), je ____________ (pouvoir) lui demander son avis.

f) Si j' ____________ (avoir) le temps, j' ____________ (aller) la voir.

g) Si Maxime ____________ (réussir), nous ____________ (être) très contents.

h) Si Amandine ____________ (être) plus motivée, elle ____________ (apprendre) l'allemand.

i) Si tu ____________ (avoir) envie de visiter ce musée, nous ____________ (pouvoir) y aller ensemble.

Aufgabe 116 Imagine la vie idéale. Tout est possible. Fais des phrases avec si (imparfait et conditionnel présent) en utilisant les verbes suivants :

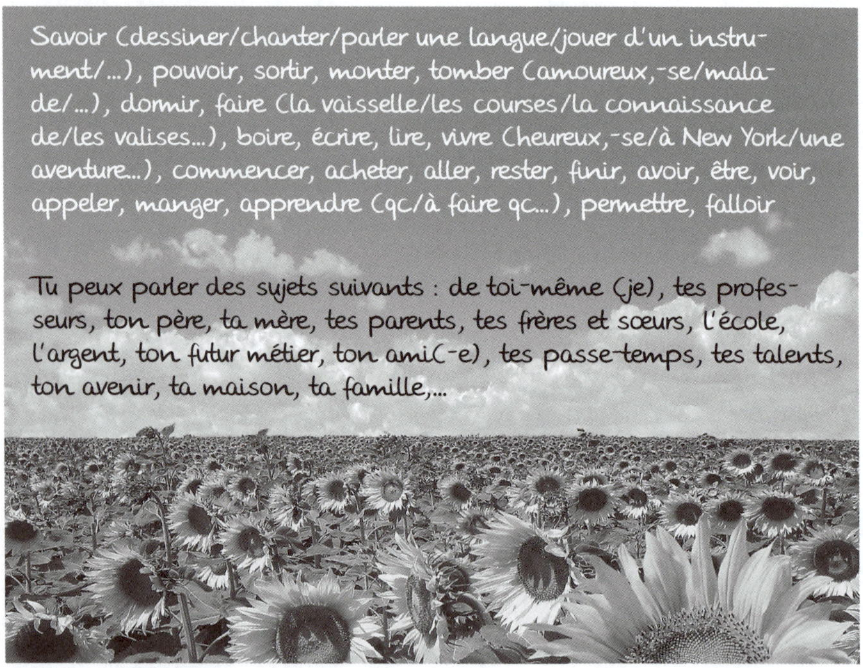

Si je parlais chinois, je pourrais voyager en Chine pour voir la Grande Muraille.

ufgabe 117 Traduis en employant l'imparfait et le conditionnel présent. Utilise les verbes suivants (ils ne sont pas dans le bon ordre) : *être, inviter, savoir, lire, être plus patient(-e), aller, rendre, comprendre, avoir, devoir.*

Si tu l'invitait Mélanie

si j'avais 50 euro, je le rendrais l'argent

Wie wird die unerfüllbare Bedingung gebildet?

Ist der Sachverhalt in der Vergangenheit möglich gewesen, aber unerfüllt geblieben, steht das Verb

- im **Bedingungssatz** im *plus-que-parfait*,
- im **Hauptsatz** im *conditionnel passé* (oder *conditionnel présent*, wenn die Folge bis in die Gegenwart wirkt):

Beispiel: Si mon ami était venu me voir samedi dernier, je lui aurais montré la ville.
oder: Si mon ami était venu me voir samedi dernier, il saurait maintenant où j'habite.

Aufgabe 118 **Simon est malade.** Hélas, rien ne s'est passé comme prévu *(vorhergesehen)*. Simon est tombé malade. Il n'a pas pu aller à Paris. Il relit la lettre et raconte à ses parents ce qu'ils auraient fait si tout s'était passé comme prévu. Complète le texte en mettant les verbes au plus-que-parfait et au conditionnel passé.
Simon raconte :

« Si j'avais pu (pouvoir) aller à Paris samedi dernier, je serais parti (partir) samedi matin. Si j(e) l'avais pris (prendre) le train de 10 heures, je serais arrivé (arriver) vers 18 heures. Si je (ne pas tomber) malade, Jérôme et moi, nous n'étais pas tombé (partir) à la découverte de la ville et j(e) l'aurais visité (visiter) tous les quartiers intéressants. Samedi après-midi, Jérôme a eu un match de foot. S'ils avaient gagné (gagner) ce match, il y aurait eu (avoir) une petite fête après. Et si Jérôme n'avait pas été (ne pas être) à la gare à 18 heures, ses parents ______ (venir) me chercher. Si son père avait eu (avoir) le temps, il serait allé (aller) à La Villette avec nous. Si on avait eu (avoir) le temps, nous aurions visité (visiter) le musée d'Orsay. Si j(e) 'avais bien fait (faire) bien attention à l'architecture, j(e) 'aurais vu (voir) que c'est une ancienne gare qu'on a transformée en musée. Si sa sœur avait rendu visite (rendre visite) à sa copine Muriel, sa chambre aurait été (être) libre. Si elle avait été (être) d'accord, je ______ (pouvoir) avoir sa chambre.
j'aurais pu

fgabe 119* **Si seulement.** Charles, Jean-Loup et Max regrettent ce qu'ils ont fait. Fais des phrases avec *si* + plus-que-parfait et conditionnel passé/présent. Tu peux inventer d'autres phrases si tu veux.

Si Charles/ne pas voler le tableau connu,
ne pas tant aimer ce tableau,
être plus prudent,
Si son copain/lui parler plus tôt des risques du vol,

il/vivre une vie agréable
il/ne pas être en prison maintenant
il/pouvoir visiter le musée du Louvre aujourd'hui
il/ne pas attendre la visite de ses copains chaque dimanche
il/ne pas faire la connaissance d'un gentil gardien de prison il y a trois semaines
la police/ne pas l'arrêter

Si Jean-Loup/ne pas faire de ski,
ne pas tomber lundi soir,
mieux apprendre à faire du ski,
être plus prudent,

il/ne pas avoir la jambe cassée maintenant
il/ne pas rentrer avant les autres
il/être plus heureux maintenant
il/ne pas devoir regarder la télé toute la journée
il/aller au cinéma aujourd'hui
il/sortir avec Chantal samedi dernier

Si Max/ne pas manger trop d'huîtres mardi soir,
ne pas aller au restaurant ce soir-là,
choisir un meilleur restaurant mardi,

il/ne pas avoir mal au ventre ce soir-là
il/aimer toujours les huîtres
il/se sentir mieux ce soir-là
il/ne pas demander l'adresse d'un médecin ce soir-là
son ami/ne pas se faire de soucis mardi soir
le médecin/ne pas devoir l'examiner

Si Charles n'avait pas volé le tableau connu, il vivrait une vie agréable.

Zusammenfassung
Für das *si*-Satz-Gefüge kommen also je nach Aussageabsicht folgende Kombinationen in Frage:

- *Si + présent* → im Hauptsatz *futur,*
- *Si + imparfait* → im Hauptsatz *conditionnel présent,*
- *Si + plus-que-parfait* → im Hauptsatz *conditionnel passé* oder *conditionnel présent.*

Anders als im Deutschen steht im französischen Bedingungssatz (*si*-Satz) nie das *futur* und nie das *conditionnel.*

Aufgabe 120 **Exercice combiné :** Elodie est tombée amoureuse de Frédéric. Il ne le sait pas encore. Elodie discute avec sa meilleure copine Céline. Complète les phrases. Tu dois choisir parmi plusieurs propositions. Toutes les formes existent, mais il y a seulement une forme possible.

ELODIE : Céline, tu connais Frédéric ? Il est super sympa. Mais il ne me regarde pas. Si tu étais (*es, seras, étais*) à ma place, qu'est-ce que tu ferais ?

CÉLINE : Tu es amoureuse de Frédéric, toi ? Alors, si tu mettais ton bikini rouge, il te ________ (*regardait, regarderait, regardera*) certainement.

ELODIE : Céline, tu es bête. Si tu me ________ (*poserais, posais, poseras*) des questions sérieuses, je te répondrais sincèrement.

CÉLINE : Pardon, je suis sérieuse maintenant. Si tu l'________ (*appelleras, appelais, appelles*), il comprendrait peut-être que tu l'aimes bien.

ELODIE : Je ne peux pas lui dire que je l'appelle parce que je l'aime bien, quand même. Et qu'est-ce que tu ________ (*dirais, avais dit*), si ses parents étaient à l'appareil ? De toute façon, moi, je ne peux pas l'appeler.

CÉLINE : D'accord. Et si tu lui ________ (*écrivais, écrirais, écriras*) une lettre, il ________ (*savait, avait su, saurait*) que tu t'intéresses à lui.

ELODIE : Mais s'il montre la lettre à son copain Pascal, les deux ________ (*auraient ri, riront, riaient*) de moi. C'est sûr.

CÉLINE : Si tu lui demandais de t'aider à faire les devoirs de maths, c(e) ________ (*est, était, serait, avait été*) très facile de lui montrer que tu le trouves sympa.

Elodie : Et si nous ____________ *(étions, étaient, seraient, serions)* tous les deux chez lui, je ____________ *(devenais, deviendrais, deviendrai)* rouge comme une tomate. Non, non ! Ça ne va pas.

Céline : Ecoute. Samedi, Xavier fête son anniversaire. Toi, tu es invitée. C'est une belle occasion d'inviter Frédéric.

Elodie : Si j'____________ *(avais, aurais, avais eu)* le courage, je l'aurais invité quand je l'ai vu à la cantine hier.

Céline : Si je ____________ *(demande, demandais, demanderais)* à Xavier, il le ____________ *(faisait, ferait, fera)* pour toi. Et si Frédéric ____________ *(est venu, venait, viendrait)*, tu ____________ *(pouvais, pourras, pourrais)* parler et danser avec lui.

Elodie : Si seulement je n(e) ____________ *(suis, étais, serais, serai)* pas si timide !

gabe 121* **Exercice combiné :** Tu es en train d'organiser une fête. Il faut penser à tout et calculer tous les risques. Fais des phrases avec *si* (présent/futur ou imparfait/conditionnel : décide ce que tu veux dire). Tu peux combiner les deux parties de la phrase comme bon te semble.

Si je/nous/ …	
inviter Simone	(ne pas) être grave
choisir mal la musique	apporter des CD
ne rien apporter à manger	Michel/être triste
ne pas inviter Vanessa	les parents de… /ne pas lui permettre de…
commencer (trop tard, sans…)	ne rien avoir à manger
appeler Vincent	se mettre en colère
faire trop de bruit	devoir (ranger la maison, acheter, chercher…)
finir top tard	la musique/le bruit/la fête/(ne pas) plaire à…
un invité/renverser un verre	l'ambiance/être mauvaise
ne pas faire la vaisselle après la fête	nous/avoir des ennuis avec…
demander à quelqu'un de…	les voisins/venir se plaindre
écouter de la techno	Alexandre/ne pas venir

Si nous invitons Simone, Alexandre ne viendra pas.

10 Infinitiv

Im Französischen werden unterschieden:

- Infinitive, die von Hilfsverben oder anderen Verben abhängen.
- Infinitive, die einen Nebensatz ersetzen.

Wo stehen die Objekt-, Reflexiv- und Adverbialpronomen in einem Satz mit Infinitiv?
Die Pronomen stehen in der Regel **unmittelbar vor dem Infinitiv** (*l'infinitif*).

Beispiele: Il ne veut pas y aller.
Elle n'arrive pas à le lire.

Beachte: Bei *laisser, faire* und bei **Verben der Wahrnehmung** (z. B. *entendre, sentir* etc.) stehen die Objekt- und Adverbialpronomen **vor dem konjugierten Verb**.

Beispiele: Elle lui fait ranger sa chambre.
Je les entends jouer du violon.

Wie wird ein Infinitiv verneint?
Wenn ein Infinitiv verneint wird, steht ***ne pas*** geschlossen **vor** dem Infinitiv.

Beispiele: Elle regrette de ne pas partir en vacances cette année.
Il risque de ne pas réussir à l'examen.

Aufgabe 122 **Juste ou faux ?** Si c'est faux, mets la réponse correcte.

		juste	faux
a)	– Est-ce que tu vas rendre visite à ta grand-mère ? – Oui, je lui vais rendre visite. *Je vais lui rendre visite.*	☐	☐
b)	– Est-ce que tu as vu le garçon faire ses devoirs ? – Non, je ne l'ai pas vu faire ses devoirs. __________	☐	☐
c)	– Monsieur, est-ce que vous voulez me parler ? – Non, je veux ne pas vous parler. __________	☐	☐
d)	– Est-ce que tu vas parler de ta situation ? – Non, j'en ne vais pas parler. __________	☐	☐
e)	– Est-ce que tu vas essayer de parler au directeur ? – Non, je ne vais pas essayer de lui parler. __________	☐	☐

fgabe 123 Trouve le bon pronom et mets-le à la bonne place.

a) Marie – Luc	Elle __–__ va __lui__ parler.
b) Arthur – les enfants	Il ______ va ______ chercher.
c) Catherine – l'exercice	Elle ______ essaie de ______ faire.
d) Patrick – les camarades	Il ______ continue à ______ expliquer le devoir.
e) Le professeur – Annick et moi	Il ______ regarde ______ travailler.
f) Je – les filles	Je ______ ai entendues ______ bavarder.
g) M. Péguin – les chats	Il ______ laisse ______ jouer dans le jardin.
h) Suzanne – le rendez-vous	Elle ______ va ______ penser.

10.1 Infinitive nach Hilfsverben und anderen Verben

Im Allgemeinen werden drei Gruppen von Hilfsverben oder anderen Verben mit Infinitivergänzung unterschieden:

- Verben, die den Infinitiv **ohne Präposition** anschließen,
- Verben, die den Infinitiv mit der **Präposition *à*** anschließen,
- Verben, die den Infinitiv mit der **Präposition *de*** anschließen.

Welche Verben schließen den Infinitiv ohne Präposition an?

Zu den Verben, die den Infinitiv ohne Präposition anschließen, gehören unter anderem:

devoir faire qc	(etwas tun müssen)
savoir faire qc	(etwas tun können) (aufgrund seines Könnens/Wissens)
pouvoir faire qc	(etwas tun können) (aufgrund der äußeren Umstände)
sembler être/faire qc	(scheinen zu sein/tun)
oser faire qc	(wagen, etwas zu tun)

Beispiele: Lili <u>sait jouer</u> du piano.
Jean est amoureux de Sylvie, mais il n'<u>ose</u> pas <u>danser</u> avec elle.

Aufgabe 124 **Un devoir difficile.** Tu as un devoir difficile à faire. Tu en parles avec un copain/une copine.

Du sagst, dass …
- du einen schwierigen Text auf Französisch lesen musst.
- er zu schwierig für dich zu sein scheint.
- Catherine, die Tochter deines Lehrers, sehr gut Französisch sprechen kann.
- sie sehr begabt *(être doué,-e)* zu sein scheint.
- Catherine dir gewiss *(certainement)* helfen kann.
- du dich aber nicht traust, sie zu fragen *(demander à qn)*.

Dis-le en français.

Je dois lire un texte difficile en français.

Weitere Verben, die den Infinitiv ohne Präposition anschließen, sind:
- **Verben der Bewegungsrichtung**

aller faire qc	(gehen, um etwas zu tun)
descendre faire qc	(hinuntergehen, um etwas zu tun)
monter faire qc	(hinaufgehen, um etwas zu tun)
sortir faire qc	(ausgehen, um etwas zu tun)
venir faire qc	(kommen, um etwas zu tun)

Beispiel: Marc descend à la cuisine préparer le repas.

[Auf]gabe 125 **L'après-midi chez Magalie.** Traduis.

b) Die Mädchen gehen in die Stadt, um Einkäufe zu machen (*faire des achats*).

a) Die Freundin von Magalie kommt, um den Nachmittag mit ihr zu verbringen.

c) Papa kommt herunter, um sich einen Kaffee zu machen.

f) Papa sagt: „Magalie, geh deine Hausaufgaben machen!"

d) Die Mädchen kommen, um ihre neuen Sachen anzuprobieren (*essayer les vêtements*).

e) Die Mädchen gehen hinauf, um Musik zu hören.

L'amie de Magalie vient passer l'après-midi avec elle.

- **Verben** des **persönlichen Empfindens** und der **Willensäußerung**

aimer (mieux) faire qc	(etwas gern [lieber] tun)
adorer faire qc	(etwas furchtbar gern tun)
préférer faire qc	(etwas vorziehen; etwas lieber tun)
vouloir faire qc	(etwas tun wollen)
détester faire qc	(verabscheuen, etwas zu tun; etwas sehr ungern tun)
il faut faire qc (falloir)	(man muss etwas tun)
il vaut mieux faire qc (valoir)	(es ist besser, etwas zu tun)

Beispiel: Annick ne veut pas ranger sa chambre. Elle préfère regarder la télé.

Aufgabe 126 **On parle sport.** Les amis parlent de leurs passe-temps préférés. Ecris le dialogue.

Jacques liebt Fußball spielen.
JACQUES : *J'adore jouer au foot.*

Nicolas reitet lieber *(faire du cheval)*.
NICOLAS : ______________________
____

Lisa: „Ich verabscheue Schwimmen *(nager)*. Um fit zu sein *(être en forme)*, muss man joggen *(faire du footing)*."
LISA : ______________________
____

Laure will tauchen *(plonger)*.
LAURE : ______________________
____

Kevin sagt: „(Der) Sport ist gefährlich. Es ist besser, ein Buch zu lesen."
KEVIN : ______________________
____

Julie fährt gern Fahrrad *(faire du vélo)*.

JULIE : ______________________

____

Jean-Luc zieht Windsurfen vor *(faire de la planche à voile)*.

JEAN-LUC : ______________________

____

- **Verben** des **Meinens, Denkens** und der **Wahrnehmung**

croire faire qc	(glauben, etwas zu tun)
penser/compter faire qc	(gedenken/beabsichtigen, etwas zu tun)
espérer faire qc	(hoffen, etwas zu tun)
entendre qn faire qc	(jemanden etwas tun hören)
écouter qn faire qc	(zuhören, wie jemand etwas tut)
voir qn faire qc	(jemanden etwas tun sehen)
regarder qn faire qc	(zusehen, wie jemand etwas tut)

Beispiel: Marie écoute son frère jouer du violon. Il pense participer à un concours.

'gabe 127 **Après le bac** (baccalauréat : *Abitur*). Après les interrogations écrites, Victor et Pierre en parlent. Ecris en français ce qu'ils disent.

a)  Victor denkt, bestanden zu haben *(avoir réussi)*.
Je pense avoir réussi.

b) 

Pierre möchte wissen, was Victor nach dem Abi zu tun gedenkt.

c) 

Victor hofft, bei Airbus eine Ausbildung zu machen *(entrer en apprentissage)*.

d) 

Pierre hat von einem interessanten Beruf bei Airbus gehört *(entendre parler de)*: Testpilot *(pilote d'essai)*.

e) 

Victor hat ein Praktikum bei Airbus gemacht *(faire un stage)* und hat die Mechaniker arbeiten sehen. Er hofft, diese Arbeit später machen zu können.

Welche Verben schließen den Infinitiv mit der Präposition *à* an?

Zu den Verben, die den Infinitiv mit der **Präposition *à*** anschließen, gehören:

apprendre à faire qc	(lernen, etwas zu tun)
commencer à faire qc	(anfangen, etwas zu tun)
continuer à faire qc	(fortfahren, etwas zu tun)
arriver/réussir à faire qc	(gelingen, etwas zu tun)
hésiter à faire qc	(zögern, etwas zu tun)
avoir à faire qc	(etwas zu tun haben)
aider qn à faire qc	(jemandem helfen, etwas zu tun)
encourager qn à faire qc	(jemanden ermutigen, etwas zu tun)
inviter qn à faire qc	(jemanden einladen, etwas zu tun)
forcer qn à faire qc	(jemanden zwingen, etwas zu tun)
se forcer à faire qc	(sich zwingen, etwas zu tun)
s'amuser à faire qc	(sich die Zeit damit vertreiben, etwas zu tun)
s'intéresser à faire qc	(sich dafür interessieren, etwas zu tun)
être prêt(-e) à faire qc	(bereit sein, etwas zu tun)
se mettre à faire qc	(damit beginnen/sich daran machen, etwas zu tun)

Beispiele: Je n'ai pas appris à parler italien. J'hésite toujours à suivre un cours.
Luc a invité un ami à jouer et maintenant ils s'amusent à agacer sa sœur.

gabe 128 **Comment réussir à l'examen ?** Rachid a toujours de bons résultats au lycée. Il explique à son copain Valentin comment il fait pour réussir. Ecris en français ce que Rachid dit à Valentin.

… Um eine Prüfung zu bestehen, hat man viel zu tun.
… Er fängt früh (tôt) an, die Prüfung vorzubereiten.
… Er beginnt nach der Schule damit, ein Programm für den Nachmittag zu machen.
… Er zögert nicht, den Lehrer zu fragen.
… Er zwingt sich, regelmäßig (régulièrement) zu arbeiten.
… Er ist bereit, alles zu wiederholen (réviser), was sie gelernt haben.
… Er lädt ihn (Valentin) ein, mit ihm (Rachid) zu arbeiten.
… Valentin wird ihn zwingen, seine Fragen genau zu beantworten (répondre précisément à).
… Dies (cela) hilft ihm auch, die Prüfung vorzubereiten.

Pour réussir à un examen, on a beaucoup à faire.

Welche Verben schließen den Infinitiv mit der Präposition *de* an?

Zu den Verben, die den Infinitiv mit der **Präposition *de*** anschließen, gehören:

arrêter de faire qc	(aufhören, etwas zu tun)
finir de faire qc	(aufhören, etwas zu tun)
essayer de faire qc	(versuchen, etwas zu tun)
refuser de faire qc	(sich weigern, etwas zu tun)
éviter de faire qc	(vermeiden, etwas zu tun)
risquer de faire qc	(Gefahr laufen, etwas zu tun)
oublier de faire qc	(vergessen, etwas zu tun)
regretter de faire qc	(bedauern, etwas zu tun)
remercier qn de faire qc	(jemanden danken, dass er etwas tut)
demander à qn de faire qc	(jemanden bitten, etwas zu tun)
dire à qn de faire qc	(jemandem sagen, etwas zu tun)
permettre à qn de faire qc	(jemandem erlauben, etwas zu tun)
proposer à qn de faire qc	(jemandem vorschlagen, etwas zu tun)
reprocher à qn de faire qc	(jemandem vorwerfen, etwas zu tun)
être forcé(-e)/obligé(-e) de faire qc	(gezwungen/genötigt sein, etwas zu tun)
être en train de faire qc	(dabei sein, etwas zu tun)
il est interdit de faire qc	(es ist verboten, etwas zu tun)
avoir peur de faire qc	(befürchten, etwas zu tun)
avoir envie de faire qc	(Lust haben, etwas zu tun)
avoir/ne pas avoir le temps de faire qc	(Zeit/keine Zeit haben, etwas zu tun)
décider de faire qc	(beschließen, etwas zu tun)

Beispiele: Nina a arrêté de fumer parce que sa mère lui a demandé de le faire.
Tu as le temps de m'aider ? – Attends un moment, je suis en train de manger.

Aufgabe 129 **Comment gagner de l'argent ?** Claire veut aller au concert de Tokio Hotel. Mais son argent de poche ne suffit pas. Elle est furieuse contre ses parents qui ne veulent pas lui donner l'argent nécessaire. Sa copine Anne lui donne des conseils. Traduis.

CLAIRE : So ein Mist. Meine Eltern weigern sich, mir das Geld für die Karte zu geben. Ich habe wirklich Lust, zu dem Konzert zu gehen.

Mince alors. Mes parents refusent de me donner l'argent pour la place.

ANNE : Claire, hör auf zu schimpfen *(rouspéter, râler)*.

CLAIRE : Ich habe versucht, mit Papa zu reden. Er wirft mir vor, zu faul zu sein *(être paresseux, -se)*. Ich vermeide es, mit Mama zu reden. Sie hasst Tokio Hotel, und ich laufe Gefahr, sie wütend zu machen *(mettre qn en colère)*.

ANNE : Also bist du gezwungen, Geld zu verdienen *(gagner)*. Hast du Zeit, zu arbeiten ?

CLAIRE : Ich habe versucht, Babys zu sitten *(faire du baby-sitting)*. Ich habe Mme Lequellec vorgeschlagen, ihren Hund auszuführen *(promener le chien)*. M. Grosjean hat mir erlaubt, sein Auto zu waschen.

ANNE : Bitte deine Großeltern, dir das Geld zu geben.

CLAIRE : Das ist wahr. Ich habe vergessen, sie zu fragen *(demander à qn)*. Anne, ich danke dir, mir zugehört und mir geholfen zu haben.

abe 130* **Exercice combiné : Faire du baby-sitting.** Qu'est-ce qu'on dit dans ces situations ? Fais des phrases avec le verbe entre parenthèses et l'infinitif.

a) Tu fais du baby-sitting chez une famille. Tu arrives en retard et tu t'excuses. *(regretter)* — Je regrette d'être en retard.

b) La maman dit que la petite Titi ne veut pas manger. La mère veut que tu lui donnes à manger. *(essayer)*

c) La mère dit qu'elle n'a plus le temps de discuter. Il est temps de partir. *(devoir)*

d) La petite Titi pleure tout le temps. Tu veux qu'elle ne pleure plus. *(arrêter)*

e) Titi veut regarder la télé, mais elle ne peut pas parce que tu vas la mettre au lit. *(ne pas pouvoir)*

f) La mère rentre. Elle est heureuse que tu aies gardé Titi et te dit merci. *(remercier)*

Kann der Infinitiv auch in einer Zeit der Vergangenheit verwendet werden?
Der Infinitiv kann in der Vergangenheitsform des *passé composé* verwendet werden. Diese Form wird dann folgendermaßen gebildet: ***être/avoir*** (im Infinitiv) + ***partipice passé***.

Beispiele: Il croit avoir réussi.
Elle remercie son frère d'être venu.

Aufgabe 131 **Exercice combiné : Une journée à l'aérodrome (I).** Vanessa passe une semaine chez sa copine allemande Sophie. Elle habite près de Hambourg. Le week-end, le père de Sophie demande à Vanessa ce qu'elle aimerait faire. Complète les phrases. Il faut mettre l'infinitif sans préposition, avec *à* ou avec *de*.

Le père : « Vanessa, qu'est-ce que tu aimerais faire *(aimer, faire)* ? On peut te proposer une excursion en bateau sur l'Elbe ou une excursion en avion. »
Sophie dit : « Papa a un brevet de pilote *(Fluglizenz)*. Il ____________ *(adorer, voler)*. Moi, je ____________ *(préférer, prendre)* l'avion. »
Vanessa ____________ *(aimer mieux, aller)* en bateau, mais elle ____________ *(ne pas oser, le dire)*. Elle a un peu peur.
Ils vont à l'aérodrome. Il fait beau, mais il y a du vent. Arrivée à l'aérodrome, Vanessa ____________ *(regarder un avion, décoller : starten)*. Le père dit : « Je ____________ *(aller, préparer)* l'avion.
Vanessa ____________ *(regarder le père, contrôler)* l'avion. Puis, il dit : « On ____________ *(avoir encore le temps, boire)* quelque chose. Je ____________ *(vous inviter, boire)* un coca. »
Pendant que les filles boivent leur coca, il prend la carte et ____________ *(se mettre, l'étudier)*. Il ____________ *(essayer, expliquer)* à Vanessa ce qu'il ____________ *(être en train, faire)*, mais Vanessa est trop nerveuse.
Elle ____________ *(ne pas arriver, comprendre)*.

Sophie ________________ *(s'amuser, regarder)* les avions qui décollent et atterrissent *(landen)*. Enfin, son père ________________ *(être prêt, partir)*. Il demande : « On y va ? »

Le père dit à Vanessa : « Il ________________ *(falloir, monter)* sur l'aile *(Tragfläche)*. Vanessa ________________ *(hésiter, monter)*. Sophie ________________ *(essayer, encourager Vanessa, monter)* dans l'avion. Le père dit : « Tu as peur, Vanessa ? On ________________ *(ne pas être obligé(-e), partir)*. Si tu ________________ *(préférer, rentrer)*, on rentre. » Enfin, Vanessa ________________ *(décider, monter)*. Le père lui ________________ *(permettre, prendre place)* à côté de lui. Sophie se met derrière. Le père met le moteur en marche. Puis, il ________________ *(continuer, contrôler)* le bon fonctionnement des instruments de bord.

Vanessa ________________ *(ne pas arriver, attacher)* sa ceinture de sécurité *(Sicherheitsgurt)*. Le père ________________ *(l'aider, boucler)* la ceinture. Après avoir mis le casque *(Helm, hier: Kopfhörer)*, il parle avec quelqu'un. Puis, l'avion roule sur la piste, accélère et décolle. Le père met le cap *(Kurs nehmen auf)* sur Hambourg.

gabe 132* **Exercice combiné : Une journée à l'aérodrome (II).** Traduis.

a) Die Sonne scheint und der Vater bittet Sophie, ihm seine Sonnenbrille zu geben *(les lunettes de soleil)*.
Le soleil brille et le père demande à Sophie de lui donner ses lunettes de soleil.

b) Er sagt: „Vanessa, ich schlage vor, dass wir über unsere Stadt fliegen *(survoler)*. Möchtest du unser Haus sehen?"
____

c) Vanessa hat Lust, die Stadt zu sehen.
____

d) Der Vater beschließt, nach Norden zu fliegen *(prendre la direction de)*.
____

e) Sie sehen die Elbe und Vanessa hört nicht auf zu sagen: „Das ist super!"

____

f) Der Vater schlägt Vanessa vor, Fotos zu machen.

____

g) Aber Vanessa hat vergessen, ihren Fotoapparat mitzunehmen *(emporter)*.

____

h) Vanessa hofft, die Nordsee zu sehen *(la mer du Nord)*.

____

i) Der Vater betrachtet die Wolken *(les nuages, m.)* und sagt, dass man Gefahr läuft, Regen zu haben.

____

j) Es ist besser, umzukehren.

____

k) Vanessa bedauert, die Nordsee nicht zu sehen.

____

Aufgabe 133* **Exercice combiné : Une journée à l'aérodrome (III).** Raconte la fin de l'excursion en traduisant le texte.

Sophie sagt: „Schau, Vanessa, du kannst Hamburg sehen". Vanessa fragt: „Ist es nicht verboten, Hamburg zu überfliegen?" Papa erklärt: „Man muss die Erlaubnis *(la permission)* beim Kontrollturm *(la tour de contrôle)* erbitten." Es beginnt zu regnen und Papa entscheidet, Kurs auf den Flugplatz zu nehmen. Kurz danach beginnt der Vater den Sinkflug *(la descente)* und sie können die Piste sehen.
Der Wind weht jetzt sehr stark und es regnet immer noch. Der Vater hat viel zu tun. Er ist dabei, die Landung *(l'atterrissage)* vorzubereiten. Man muss sich konzentrieren. Aber der Vater scheint sehr ruhig zu sein. Das Flugzeug landet *(atterrir/se poser)* sanft. Vanessa ist glücklich und bedankt sich bei dem Vater, sie mitgenommen *(emmener qn)* zu haben: „Vielen Dank. Der Flug hat mir sehr gefallen. Ich habe die Welt furchtbar gerne von oben gesehen. Wann haben Sie fliegen *(piloter un avion)* gelernt?" – „Im vorigen Jahr *(l'année dernière)*."

10.2 Infinitivkonstruktionen anstelle von Nebensätzen

Wann wird eine Infinitivkonstruktion anstelle eines Nebensatzes verwendet?
Nur wenn **Haupt- und Nebensatz** das **gleiche Subjekt** haben, kann eine Infinitivkonstruktion anstelle eines Nebensatzes verwendet werden.

- Infinitivkonstruktionen mit ***après*** und ***avant***
  Zwei Handlungen, die **nacheinander geschehen**, können mit *avant de + infinitif* oder *après + avoir/être + participe passé* verbunden werden (wenn Haupt- und Nebensatz das **gleiche Subjekt** haben).

Beispiele: Avant qu'il parte en Angleterre, Luc téléphone à Marie. (Subjekt = Luc)
Avant de partir en Angleterre, Luc téléphone à Marie.

Après qu'il est arrivé à Gatwick, Luc lui écrit un SMS. (Subjekt = Luc)
Après être arrivé à Gatwick, Luc lui écrit un SMS.

gabe 134* **La fugue** (faire une fugue : *ausreißen*) **de M. Blois.** Raconte la journée de M. Blois en employant *après avoir fait* et *avant de faire* (si possible) et à l'aide des mots suivants (il faut utiliser certains mots plusieurs fois).

entendre / faire / quitter / fermer / entrer dans / commander / bavarder avec / boire / manger / attendre / prendre / regarder / monter dans / téléphoner à / rentrer chez / aller à / arriver à / s'envoler / partir pour
du sport / l'appartement / le réveil / sa toilette / Jacques, le patron du café / sa valise / un café / un avion / une affiche / la Martinique / la station de métro Trocadéro / la plage / un café et un croissant / le métro / l'aéroport

a) *Après avoir bien dormi, Monsieur Blois entend son réveil.*

b) *Après avoir entendu son réveil, il fait du sport.*

c)

d)

e)

f)

g) ______________________________

____

____

h) ______________________________

____

____

i) ______________________________

____

____

j) ______________________________

____

____

k) ______________________________

____

____

Aufgabe 135* **La fugue de M. Blois (II).** M. Blois raconte sa fugue. Ecris l'histoire de son point de vue. Emploie *après avoir fait* ou *avant de faire* (mais pas trop).

Mon réveil a sonné à six heures et demie. Quelle horreur ! Je me suis réveillé en sursaut. Avant de faire ma toilette, je fais toujours du sport.

- Infinitivkonstruktionen mit ***pour*** und ***sans***
  Mit ***pour*** + *infinitif* wird eine **Absicht** oder ein **Zweck** ausgedrückt; mit ***sans*** + *infinitif* wird die **Art** und **Weise** bezeichnet, wie etwas gemacht wird. Voraussetzung für beide Konstruktionen ist, dass Haupt- und Nebensatz das **gleiche Subjekt** haben.

  Beispiele: Il achète de la farine pour préparer un gâteau.
  Il entre sans dire bonjour.

  Beachte: Die Konstruktion mit ***pour*** kann nur mit dem ***infinitif présent*** gebildet werden, wohingegen die Konstruktion mit ***sans*** auch mit dem ***infinitif passé*** gebildet werden kann.

  Beispiele: Il s'est dépêché pour arriver à l'heure.
  Elle est sortie sans avoir terminé son travail.

Aufgabe 136 Relie les deux phrases. Emploie *pour/sans* + l'infinitif.

a) Il rentre. Il veut travailler. — *Il rentre pour travailler.*

b) Elle lui parle. Elle ne le regarde pas. — ______

c) Il fait des économies *(sparen)*. Il veut acheter une voiture. — ______

d) Hélène va à Paris. Elle veut visiter le musée d'Orsay. — ______

e) Thierry a quitté Paris. Il n'a pas visité le musée d'Orsay. — ______

f) Il ment *(lügen)*. Il ne rougit pas. — ______

g) J'ai acheté le livre. Je veux le lire en voyage. — ______

h) Il parle le français. Il ne fait pas de fautes. — ______

i) Il a rendu le livre. Il ne l'a pas lu. — ______

11 Gérondif

Der *gérondif* ist eine unveränderliche Verbform, für die es im Deutschen keine Entsprechung gibt.

11.1 Die Bildung des *gérondif*

Wie wird der *gérondif* gebildet?
Um den *gérondif* zu bilden, wird an den **Stamm der 1. Person Plural** (Indikativ Präsens) die **Endung -*ant*** angehängt. Der *gérondif* wird immer von der **Präposition *en*** begleitet.

	Verb	1. Person Plural	*gérondif*
Beispiele:	**travailler**	nous travaillons	en travaillant
	finir	nous finissons	en finissant
	prendre	nous prenons	en prenant
	répondre	nous répondons	en répondant

Beachte: Einige Verben haben Sonderformen.

être	en étant
avoir	en ayant
savoir	en sachant

Wo stehen die Reflexiv- und die Objektpronomen beim *gérondif*?
Die Pronomen stehen **zwischen *en* und dem Verb**.

Beispiele: En me couchant, je pense à l'examen de demain.
Il se lève en la regardant.
Il montre le CD à Christine en lui disant que c'est son groupe préféré.

fgabe 137 Mets les verbes au gérondif.

a) RÉFLÉCHIR — Il s'endort en réfléchissant.

b) VOULOIR — ____________ attraper le ballon, il s'est cassé la jambe.

c) CHOISIR — ____________ le meilleur joueur, on pourrait gagner le match.

d) ATTENDRE — ____________, elle écoute de la musique.

e) LIRE — Il m'écoute ____________.

f) APPRENDRE — Tu auras plus de chances ____________ le français.

g)	VOIR	______________ le danger, il freine *(bremsen)*.
h)	LUI ÉCRIRE	Tu peux demander pardon ______________ .
i)	MANGER	Il lit le journal ______________ .
j)	L'APPELER	______________ , il m'a fait signe *(Zeichen geben)* de venir.
k)	COURIR	Il a attrapé le train ______________ .

11.2 Die Verwendung des *gérondif*

Wozu wird der *gérondif* verwendet?
Mit dem *gérondif* kannst du Sätze oder Satzteile elegant verknüpfen. Voraussetzung ist, dass beide Satzteile das **gleiche Subjekt** haben. Da er **zeitlich neutral** ist, kann es in Verbindung mit Verben aller Tempora stehen.

Beispiel: Julien est entré au café et Julien a reconnu Sabine.
En entrant au café, Julien a reconnu Sabine.

Was kann durch den *gérondif* ausgedrückt werden?
Im Wesentlichen drückt der *gérondif* aus:

- **zeitliche Zusammenhänge** (temporaler Gebrauch)

  Beispiele: Quand /au moment où Mme Dupont sort de la maison, elle glisse et tombe.
  En sortant de la maison, Mme Dupont glisse et tombe.

  Pendant qu'elle commande un café, Marie regarde Luc.
  En commandant un café, Marie regarde Luc.

- **die Art und Weise eines Geschehens** (modaler Gebrauch)

  Beispiel: Sabine montre de la sympathie à Julien de la façon suivante : elle lui sourit.
  En souriant à Julien, Sabine lui montre de la sympathie.

- **Bedingungen** (konditionaler Gebrauch)

  Beispiel: Si maman voyait mon pantalon déchiré, elle se mettrait en colère.
  En voyant mon pantalon déchiré, maman se mettrait en colère.

- **Gegensätze** (konzessiver Gebrauch) mit **tout** + *gérondif*

  Beispiel: Bien qu'il soit riche, M. Lafayette vit simplement.
  Tout en étant riche, M. Lafayette vit simplement.

Aufgabe 138 **La journée de Francis commence mal (I).** Emploie le gérondif à la place des expressions soulignées.

a) Le reveil sonne. Quand j'essaie de trouver le réveil, je fais tomber mes lunettes par terre.
En essayant de trouver le réveil, je fais tomber mes lunettes par terre.

b) Quand je saute du lit, je casse mes lunettes.

____

c) Pendant que je cherche mes lunettes cassées, je réalise que je vois très mal.

____

d) Quand j'entre dans la salle de bains, je glisse sur un gant de toilette *(Waschlappen)*.

____

e) Pendant que je tombe, j'essaie de me rattraper au lavabo.

____

f) Quand je ramasse le gant de toilette, je remarque que ma main me fait très mal.

____

g) Pendant que je prends la brosse à dents, je me demande quel tube est le dentifrice *(Zahnpasta)*.

____

h) Pendant que je réfléchis, je laisse couler de l'eau froide sur ma main.

____

i) Quand je m'approche des tubes qui se trouvent devant mes yeux, je crois reconnaître le dentifrice.

____

j) Quand je me lave les dents, je remarque que ce n'est pas le dentifrice.

____

k) Je crache *(ausspucken)* le gel cosmétique de maman. En même temps, je prends l'autre tube.

____

l) Pendant que je me peigne *(sich kämmen)*, je cherche un bandage pour ma main.

____

m) Je descends et je réfléchis à ce qu'il faut faire maintenant.

____

n) Maman va se mettre en colère quand elle verra mes lunettes cassées.

____

o) Quand j'entre dans la cuisine, je décide de ne rien dire à maman.

____

Aufgabe 139 **La journée de Francis commence mal (II).** Francis entre dans la cuisine. Sa mère est en train de préparer le petit-déjeuner. Relie les deux phrases en employant le gérondif à la place des parties soulignées.

Je dis gaiement « bonjour maman »: comme ça, je fais comme si rien ne s'était passé. J'évite toute discussion avec ma mère : pour cela, je me mets tout de suite à table. Quand j'essaie de lire le journal, je me rends compte que je suis vraiment myope comme une taupe *(kurzsichtig wie ein Maulwurf sein)*. Je finis vite mon petit-déjeuner de la manière suivante : je bois rapidement mon chocolat chaud. Je cache ma main bandée de la manière suivante : je la tiens sous la table. Ma mère s'approche de moi. Elle découvre la main bandée. Enfin, je lui raconte ce qui m'est arrivé. Comme ça, je me sens beaucoup mieux. Ma mère me console *(trösten)* de la manière suivante : elle me dit que ce n'est pas grave. Elle m'aide de la manière suivante : elle me donne mes horribles vieilles lunettes.

En disant gaiement « bonjour maman », je fais comme si rien ne s'était passé.

fgabe 140 **La journée de Francis commence mal (III).** Dans la cour du collège, Francis rencontre une copine. Relie les deux phrases. Utilise le gérondif si c'est possible. Sinon, trouve une autre solution.

a) Je me vois dans le miroir. Je décide de ne pas mettre mes vieilles lunettes.
b) Je traverse la cour. Je rencontre une fille que je crois reconnaître.
c) Je dis : « Salut, c'est toi, Lisa ? » Lisa me regarde bizarrement.
d) Elle me dit : « Bien sûr, c'est moi. Tu ne me reconnais plus ?». Elle me sourit.
e) Je lui raconte mon petit malheur. Lisa m'écoute attentivement.
f) Lisa sait que je déteste mes vieilles lunettes. Je dois les lui montrer.
g) Je mets les vieilles lunettes. En même temps, je m'attends à ce que Lisa me trouve ridicule *(lächerlich)*.
h) Elle m'encourage *(ermutigen)* à porter ces lunettes. Elle me dit : « Ça fait très intellectuel. »

En me voyant dans le miroir, je décide de ne pas mettre mes vieilles lunettes.

fgabe 141* **Claire et Xavier.** Claire est tombée amoureuse de Xavier. Malheureusement, Xavier ne la regarde pas. Fais des phrases (voir la page suivante) en utilisant le gérondif.

a)

b)

c)

d)

a) **Claire :** savoir qu'elle devrait faire attention – rêver de Xavier / dessiner – penser à Xavier / dessiner un cœur – sourire / penser à Xavier – ne pas écouter le professeur
Murielle : prendre des notes – suivre attentivement le cours / prendre des notes – écouter le professeur / écrire ce que le professeur dit – suivre le cours

b) **Claire :** écrire « Xavier » sur une feuille de papier – regarder ses cheveux / regarder ses cheveux – se trouver moche *(hässlich)* / changer de coiffure – vouloir impressionner Xavier

c) **Claire :** choisir un coiffeur branché *(angesagt)* – espérer avoir une coiffure plus chic / aller chez le coiffeur – vouloir se faire belle / se faire belle – espérer Xavier tomber amoureux d'elle *(futur proche)*/ Elle pense : me voir – Xavier tomber certainement amoureux de moi *(futur proche)*

Le coiffeur : couper les cheveux – parler avec Claire / regarder les cheveux de Claire – expliquer le nouveau look

Claire : se regarder dans le miroir – ne pas se trouver belle / se regarder – espérer que sa nouvelle coiffure va plaire à Xavier

d) **Xavier :** passer devant le salon de coiffure – Xavier remarquer Claire / voir Claire – Xavier être très surpris
Claire et Xavier : voir Xavier dans le miroir – Claire être désespérée *(verzweifelt)* / regarder sa chevelure *(Haare)* catastrophique – Claire rougir / voir Xavier devant le salon de coiffure – Claire être sûre que Xavier la trouve moche

Tout en sachant qu'elle devrait faire attention, Claire rêve de Xavier.

[Auf]gabe 142* Traduis.

10 conseils pour apprendre le vocabulaire

a) Lerne das Vokabular, indem du für *(pendant)* 10 Minuten alles um dich herum *(autour de toi)* vergisst.

b) Du lernst das Vokabular, indem du es regelmäßig wiederholst.

c) Lerne die schwierigen Wörter, indem du sie schreibst.

d) Indem du ein Wort laut liest *(à voix haute)*, lernst du es besser.

e) Du kannst dir ein neues Wort leichter merken *(retenir)*, indem du es in Sätzen benutzt.

f) Indem du das Vokabular in Themengebiete einordnest *(classer par thèmes)*, wirst du dich besser daran erinnern *(se souvenir de qc)*.

g) Du lernst ein Wort leichter, indem du eine persönliche Idee mit diesem Wort verbindest *(associer)*.

h) Indem du einen englischen oder deutschen Ausdruck *(une expression)* suchst, der dem französischen Wort ähnlich ist *(ressembler à)*, kannst du das neue Wort möglicherweise *(éventuellement)* besser lernen.

i) Sogar beim Bus fahren oder Fahrrad fahren *(aller en bus ou à vélo)* kannst du das Vokabular wiederholen.

j) Indem du dir bewusst wirst *(se rendre compte)*, dass es Mühe kostet *(il faut faire des efforts pour)*, das Vokabular zu lernen, wirst du es gut lernen.

… rund um die Zahlen

12 Die Schreibweise der Grundzahlen

Was muss bei der neuen Schreibweise der Grundzahlen beachtet werden?
Bei der Schreibweise der französischen Grundzahlen (*les numéraux cardinaux*) muss Folgendes beachtet werden:

- Zusammengesetzte Zahlen werden **mit einem Bindestrich** verbunden.

  Beispiele: Ces chaussures coûtent deux-cents euros.
  Marie a vingt-quatre cousins et cousines, c'est une grande famille.

- ***Un/une*** bzw. ***onze*** werden an *vingt, trente, quarante, cinquante* und *soixante* mit **et** angeschlossen.

  Beispiele: Cinquante-et-une filles ont participé au concours.
  Les enfants ont ramassé soixante-et-onze pommes de terre.

- Das **-s** bei *quatre-vingts* und bei *deux-, trois-... cents* **entfällt**, wenn eine weitere Zahl folgt.

  Beispiele: Ma grand-mère a quatre-vingt-huit ans.
  L'hôtel « Bristol » a deux-cent-soixante chambres.

- ***Mille*** ist **unveränderlich**.

  Beispiel: Cette ville a été fondée il y a deux-mille ans.

ufgabe 143 **Qu'est-ce qui s'est passé en… ?** Ecris les dates en chiffres et trouve la réponse correcte.

a) __________ *(Mille-soixante-six)* Le duc de Normandie débarque *(mit Schiffen landen)* en Angleterre, gagne la bataille d'Hastings et devient roi d'Angleterre. Comment s'appelle-t-il ?	RICHARD 1ER CŒUR DE LION ☐ GUILLAUME LE CONQUÉRANT ☐ CHARLES III LE SIMPLE ☐
b) __________ *(Onze-cent-soixante-trois)* A Paris, la construction d'un édifice *(Bauwerk)* très connu commence. De quel édifice s'agit-il ?	LA CATHÉDRALE NOTRE-DAME ☐ L'ARC DE TRIOMPHE ☐ LA BASILIQUE DU SACRÉ-CŒUR ☐
c) __________ *(Mille-quatre-cent-trente-et-un)* L'exécution d'un personnage historique très important a lieu à Rouen. Qui est-ce ?	MAXIMILIEN DE ROBESPIERRE ☐ JEANNE D'ARC ☐ LOUIS XVI ☐
d) __________ *(Mille-cinq-cent-quatre-vingt-dix-huit)* Par l'édit de Nantes, il reconnaît aux protestants la liberté de conscience *(Gewissensfreiheit)* et la liberté du culte *(Glaubensfreiheit)*. Comment s'appelle-t-il ?	LOUIS XVI ☐ LE CARDINAL DE RICHELIEU ☐ HENRY IV ☐
e) __________ *(mille-sept-cent-quinze)* Le Roi-Soleil meurt à Versailles, âgé de 76 ans. Qui est-ce ?	LOUIS XIV ☐ LOUIS XVIII ☐ FRANÇOIS 1ER ☐
f) __________ *(Dix-sept-cent-quatre-vingt-neuf)* La prise de cette forteresse et prison marque le début de la Révolution française (14 juillet). De quel édifice s'agit-il ?	L'ASSEMBLÉE NATIONALE ☐ LA BASTILLE ☐ LA CONCIERGERIE ☐
g) __________ *(Mille-sept-cent-quatre-vingt-dix-neuf)* Naissance d'un écrivain français qui décrit dans les 90 romans de la « Comédie humaine » la société française du XIXe siècle. Qui est cet écrivain ?	ÉMILE ZOLA ☐ HONORÉ DE BALZAC ☐ HENRY BEYLE, DIT STENDHAL ☐

h) ________ *(Mille-huit-cent-quatre)* Qui se fait proclamer empereur *(Kaiser)* des Français ?	NAPOLÉON III ☐ LOUIS-PHILIPPE 1ER ☐ NAPOLÉON BONAPARTE ☐
i) ________ *(Mille-huit-cent-quarante)* Naissance d'un peintre très connu, mort en 1926. Le titre de son tableau « Impression, soleil levant » de 1872 a donné le nom « impressionnisme » à une école de peinture. Comment s'appelle-t-il ?	AUGUSTE RENOIR ☐ CLAUDE MONET ☐ VINCENT VAN GOGH ☐
j) ________ *(Mille-huit-cent-soixante-quinze)* Un compositeur français compose l'opéra « Carmen ». Qui est-ce ?	GEORGES BIZET ☐ HECTOR BERLIOZ ☐ CLAUDE DEBUSSY ☐
k) ________ *(Dix-huit-cent-quatre-vingt-quinze)* Mort du biologiste et chimiste qui a fait des recherches sur les microbes et qui a trouvé une méthode de conservation (la pasteurisation). En plus, il a réussi à trouver un vaccin contre la rage *(Impfung gegen Tollwut)*. Qui est-ce ?	ANDRÉ MARIE AMPÈRE ☐ LOUIS PASTEUR ☐ PIERRE CURIE ☐
l) ________ *(Mille-neuf-cent-quarante-trois)* Depuis 1940, la France est occupée par les troupes allemandes. Le préfet *(chef)* du département Eure-et-Loir refuse de collaborer avec les Allemands et s'enfuit en Angleterre. Il organise la Résistance contre les Allemands. Après son retour en France, il est arrêté et torturé *(gefoltert)* par la Gestapo *(geheime Staatspolizei)*. Il meurt pendant son transport en Allemagne. Comment s'appelle-t-il ?	JEAN MOULIN ☐ CHARLES DE GAULLE ☐ PHILIPPE PÉTAIN ☐
m) ________ *(Mille-neuf-cent-cinquante-neuf)* Cet homme devient président de la République. Il a commencé à développer la coopération entre la France et l'Allemagne et il a favorisé l'amitié franco-allemande. Qui est-ce ?	GEORGES POMPIDOU ☐ FRANÇOIS MITTERRAND ☐ CHARLES DE GAULLE ☐

n) ________ *(Mille-neuf-cent-soixante-et-un)* Le dessinateur Albert Uderzo et son ami publient le premier album de « Astérix le Gaulois ». Ils ont inventé Astérix en 1959 et publié la première aventure dans le premier numéro de « Pilote, Le magazine des jeunes du XXe siècle ». Cet ami est mort en 1977. Comment s'appelle-t-il?	RENÉ GOSCINNY ☐ HERGÉ (GEORGES REMI) ☐ JEAN-JACQUES SEMPÉ ☐
o) ________ *(Deux-mille)* Peu après le décollage *(Start)*, cet avion de transport supersonique *(Überschall)* s'écrase sur un hôtel près de Paris. Quel est le nom de cet avion?	LE CONCORDE ☐ UN AIRBUS A 300 ☐ UN MIRAGE III ☐
p) ________ *(Deux-mille-un)* Jean-Pierre Jeunet sort le film « Le fabuleux destin d'Amélie Poulain » *(Die wunderbare Welt der Amélie)*. Le film remporte un grand succès. Comment s'appelle l'actrice qui a joué le rôle d'Amélie?	JULIETTE BINOCHE ☐ EMMANUELLE BÉART ☐ AUDREY TAUTOU ☐

Aufgabe 144 **Des vols** *(Flüge)* **vers Rome.** Saïd et Anne veulent aller de Toulouse à Rome. Saïd a cherché des vols sur Internet. Il téléphone à Anne pour lui faire des propositions. Ecris ce qu'il lui dit. Ecris en toutes lettres les prix, l'heure de départ et d'arrivée.

a) 364 euros
départ : 12 : 10
arrivée : 16 : 50

Il y a un vol à trois-cent-soixante-quatre euros, départ à douze heures dix, arrivée à seize heures cinquante.

b) 398 euros
départ : 18 : 15
arrivée : 23 : 25

____

____

c) 414 euros
départ: 15 : 15
arrivée: 21 : 20

d) 431 euros
départ: 8 : 55
arrivée: 10 : 45

e) 467 euros
départ: 19 : 50
arrivée: 23 : 20

f) 497 euros
départ: 9 : 10
arrivée: 14 : 30

g) 517 euros
départ: 16 : 55
arrivée: 19 : 05

h) 533 euros
départ: 11 : 20
arrivée: 13 : 20

i) 600 euros
départ: 17 : 50
arrivée: 21 : 05

13 Bruchzahlen

Wie drückt man im Französischen Brüche aus?

Eine Bruchzahl *(une fraction)* wird im Französischen mit einer **Grundzahl im Zähler** und einer **Ordnungszahl im Nenner** ausgedrückt. Steht der **Zähler** im **Plural**, wird an die Zahl im **Nenner** ein ***-s*** angefügt.

$$\frac{\text{Zähler}}{\text{Nenner}} = \frac{\text{Grundzahl}}{\text{Ordnungszahl}}$$

Beispiele: $\frac{1}{5}$ → Un cinquième de mes élèves n'a pas fait ses devoirs.

$\frac{5}{6}$ → Les cinq sixièmes de ses livres sont brûlés.

Beachte: Für $\frac{1}{2}$, $\frac{1}{3}$ und $\frac{1}{4}$ werden *un demi/la moitié, un tiers* und *un quart* verwendet.

Beispiele:
Un demi-litre de lait, s'il vous plaît.
Je ne vois que la moitié des élèves.
Un tiers de la région a été détruit par la pluie.
Le père prend un quart de vin blanc.

Aufgabe 145 Ecris le texte et utilise *demi, tiers, quart* etc.

Au café

Il est 3h15. M. Chabrol est au café. Il commande $\frac{3}{4}$ de litre d'eau minérale. Il attend sa femme. Il attend $\frac{1}{2}$ heure. Il est 3h45. M. Chabrol commande un sandwich.

Après avoir attendu $\frac{1}{4}$ d'heure, il voit sa femme qui arrive. Il a bu $\frac{2}{3}$ de son eau minérale et mangé $\frac{1}{2}$ sandwich.

Mme Chabrol dit : « Excuse mon retard, j'ai mis $\frac{1}{4}$ d'heure à trouver un parking. » « Tu veux boire quelque chose ? » « Oui, je prends un orangina. »

Il est trois heures et quart.

gabe 146* **Exercice combiné : Le questionnaire de M. Chauffard.** A la fin de l'année scolaire, le professeur M. Chauffard questionne ses élèves sur son cours. Dans la classe, il y a 24 élèves. Voici quelques questions et les résultats. Est-ce que M. Chauffard est un bon prof ? Analyse l'opinion de la classe à l'égard du cours de M. Chauffard en utilisant les fractions ou une autre expression numérale.

a)	Les cours étaient toujours très bien organisés et structurés.	Oui : 16	Non : 8
b)	J'avais peur de poser des questions en classe.	Oui : 12	Non : 12
c)	Le professeur était toujours bien préparé.	Oui : 20	Non : 4
d)	Le professeur a bien expliqué la grammaire.	Oui : 18	Non : 6
e)	Les méthodes pour apprendre le vocabulaire m'ont aidé(e).	Oui : 6	Non : 18
f)	J'ai souvent parlé français en classe.	Oui : 16	Non : 8
g)	J'ai appris à comprendre le français parlé.	Oui : 12	Non : 12
h)	Le professeur m'a bien préparé(e) à écrire les contrôles.	Oui : 22	Non : 2
i)	Le professeur m'a donné envie d'apprendre le français.	Oui : 19	Non : 5

Pour comparer les résultats d'une enquête / d'un sondage *(Umfrage)*, on utilise les expressions suivantes :

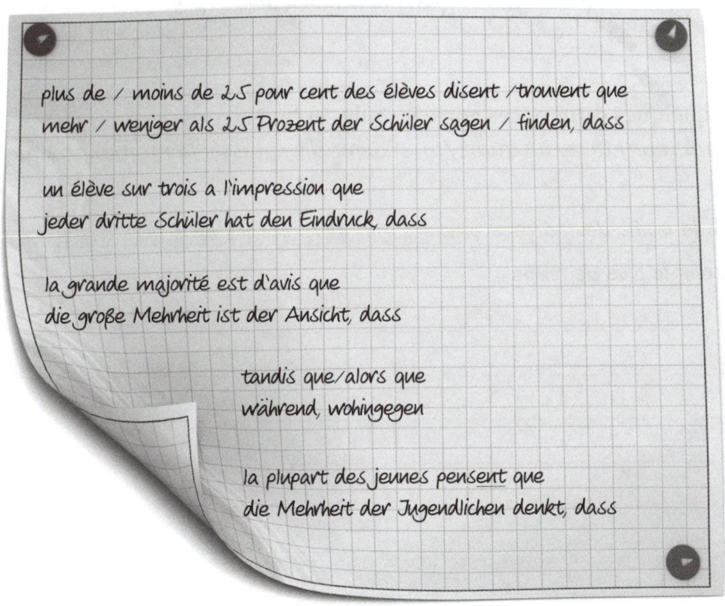

a) Les deux tiers des élèves sont d'avis que les cours de M. Chauffard étaient toujours très bien organisés et structurés. Un tiers des élèves n'est pas de cet avis.

Aufgabe 147* **Exercice combiné : Les activités et les valeurs** *(Werte/Wertvorstellungen)* **des ados (I).** L'institut SOFRES a fait une enquête auprès de 400 jeunes âgés de 13 à 17 ans. Voilà les résultats. Ecris en chiffres.

Quelles sont les activités auxquelles tu consacres (widmen/verbringen) **le plus de temps ?**

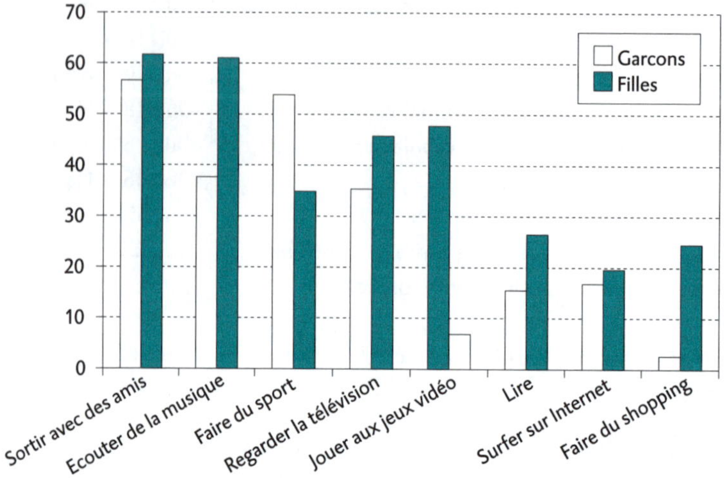

Relève quelques différences entre les filles et les garçons.
Utilise *un (bon) tiers/un quart/un sixième des/plus de la moitié/presque la moitié…*

Plus de la moitié des garçons aiment sortir, alors que les deux tiers des filles y consacrent le plus de temps.

fgabe 148 **Exercice combiné : Les activités et les valeurs des ados (II).** Décris les résultats du sondage en écrivant les chiffres en lettres.

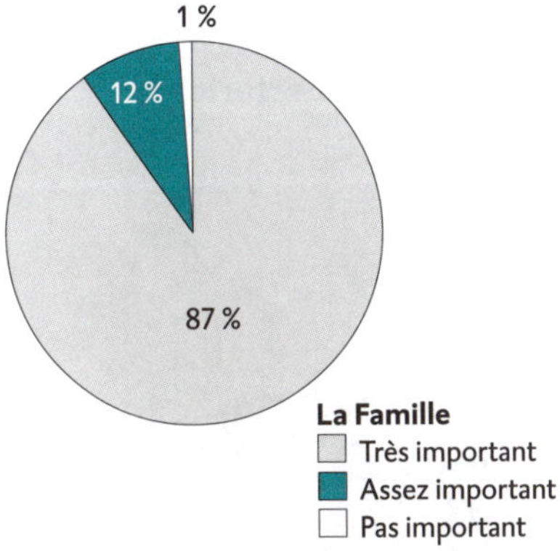

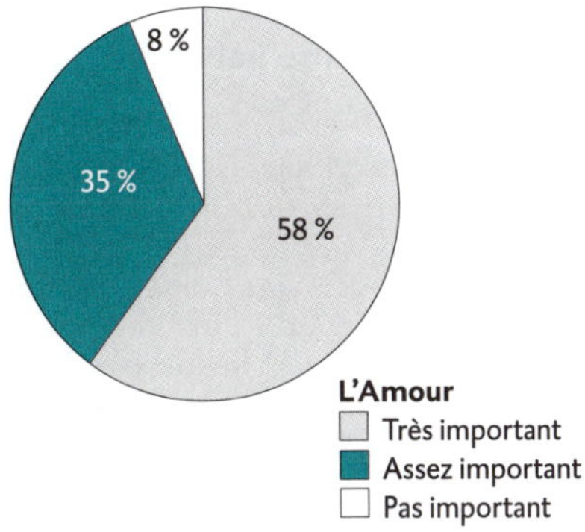

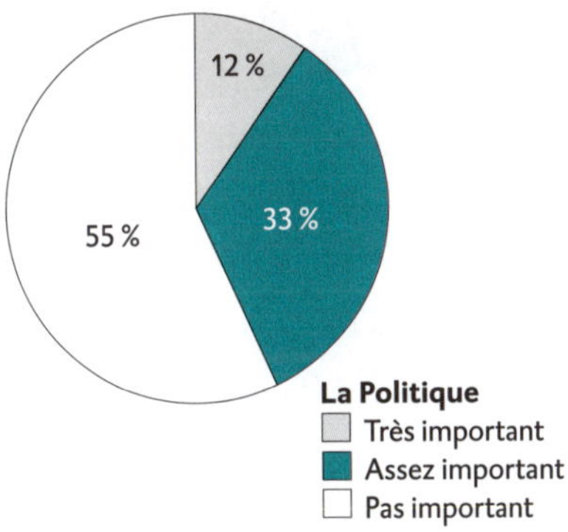

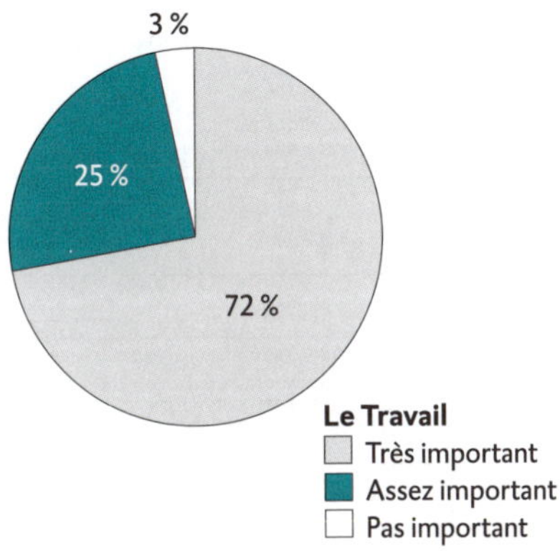

Quelle: www.tns-sofres.com

Quatre-vingt-sept pour cent des jeunes Français trouvent la famille très importante, alors que douze pour cent la trouvent assez importante. Un pour cent seulement…

gabe 149* **Exercice combiné : Les activités et les valeurs des ados (III).** Et toi ? Fais un classement personnel et justifie ton choix *(begründe deine Auswahl).*

Moi, je trouve que la famille est

Aufgabe 150* **Exercice combiné : Die Pläne** *(les projets)* **der Franzosen für die Sommerferien.** Traduis.

Welche Pläne haben die Franzosen für die Sommerferien?

Jeder vierte Franzose plant *(envisager)* keinen Urlaub diesen Sommer. 52 % der über 65-Jährigen *(les plus de 65 ans)* wollen nicht verreisen, wogegen nur *(alors que seul)* ein Drittel der unter 35-Jährigen *(les moins de 35 ans)* nicht verreist. Ein Viertel der Franzosen möchte Freunde besuchen. 36 % der unter 25-Jährigen bevorzugen diesen Typ Ferien. 12 % der Franzosen planen einen Camping-Wohnwagen-Urlaub *(le camping-caravaning)*.

Quelle: www.tns-sofres.com

Lösungen

Aufgabe 1 a) – Dis Maman, c'est vrai que j'ai des grands pieds ?
– Mais non... Au fait, n'oublie pas de sortir tes chaussures du garage ; sinon, papa ne pourra pas **y** ranger la voiture !

b) Le père de David s'étonne de ne pas avoir encore reçu le bulletin scolaire de son fils et lui en demande la raison :
– Et ton bulletin, il n'est pas encore arrivé ?
– Si, si, mais je **l'**ai prêté à Paul pour qu'il fasse peur à son père !

c) A l'opéra :
– Papa, qui est le monsieur qui fait peur à la dame en faisant de grands gestes ?
– Il ne veut pas **lui** faire peur, c'est le chef d'orchestre.
– Alors, pourquoi est-ce que la dame crie ?

d) – Maman, papa a dit que nous descendions tous du singe. C'est vrai ?
– Je n'**en** sais rien, ton père a toujours refusé de me parler de sa famille.

e) Une dame donne 10 euros à Arthur qui vient de **l'**aider à porter quelques provisions du supermarché. Voyant qu'il ne répond rien, elle lui demande :
– Alors, qu'est-ce qu'on dit ?
– Euh... C'est tout ?

Aufgabe 2 Un vieux clochard **nous** a demandé de l'argent. Mon ami Joseph **lui** a donné quelques centimes. Je **le** regarde. Mon ami dit : « Je vais **t'**expliquer pourquoi je **lui** donne de l'argent. » Mon ami **me** raconte :
« Ma famille habitait au Havre. Mon père **y** travaillait, mais ne gagnait pas beaucoup d'argent. Il y a un port au Havre. Nous **y** allions chaque dimanche pour regarder les bateaux. Papa disait invariablement : « Si Jules était là-dedans, quelle surprise ! »
Jules était le frère de mon père. J'avais entendu parler de lui depuis mon enfance. Jules était la bête noire de la famille et on **l'**avait envoyé en Amérique. Il **nous** a écrit deux lettres, disant qu'il avait gagné de l'argent et qu'il reviendrait bientôt au Havre. Mon père disait : « On va avoir de l'argent ! » Papa **y** pensait toujours. On n'**en** parlait pas, mais mon père lisait les lettres régulièrement et il **les** montrait à tout le monde. Mais, pendant dix ans, aucune lettre de Jules.
Puis ma sœur s'est mariée. Le jeune homme n'était pas riche. Je suis sûr qu'on **lui** avait montré les lettres de Jules. Enfin, toute la famille a fait un voyage à Jersey. Nous **en** rêvions depuis longtemps et on **en** parlait depuis des mois.

Sur le bateau, mon père **nous** a montré un vieux matelot qui vendait des huîtres. Mon père a regardé ma mère et ma sœur. Puis, il s'est approché d'elles et il **leur** a demandé : « Voulez-vous que je vous offre quelques huîtres ? » Mon père a cherché le vieux matelot et il s'est approché de lui. Papa est revenu tout pâle et il a dit à ma mère : « Le matelot ressemble à Jules. Je crois que c'est lui. Quelle catastrophe ! Je vais demander au capitaine. » Le capitaine **lui** a raconté que le vieux matelot était un vagabond français qui s'appelait Jules. Il **l'**avait trouvé en Amérique. Mon père **m'**a donné de l'argent. Il avait peur d'être reconnu par Jules. Je **lui** ai donné l'argent. Je **le** regardais en me disant : « C'est mon oncle, le frère de papa. »
Après avoir raconté l'histoire, mon ami dit : « Maintenant tu sais pourquoi je donne de l'argent aux clochards. »

Aufgabe 3

a) Oui, je **l'**ai reçu hier soir.
b) Oui, elle **m'**a invité**(e)** aussi.
c) Je ne **lui** ai pas encore demandé[1].
d) Je **lui** ai acheté des boucles d'oreille.
e) Lili **l'**a vu au cinéma.
f) Elle **les** a tous lu**s**.
g) Demain, je vais **t'**aider[2] à trouver quelque chose.
h) Dooley et Malika ? Ce matin, je **les** ai rencontré**s** au supermarché.
i) Je **leur** ai dit que Lili aimait[3] le couscous.
j) Malika va **lui** faire du couscous.

Hinweise:

1 demander à qn
2 aider qn à faire qc
3 Siehe Kapitel 7 „Indirekte Aussage- und Fragesätze".

Aufgabe 4

a) Oui, elle **nous l'**a raconté.
b) Non, il ne **me l'**a pas montré**e**.
c) Oui, elle **nous l'**a présenté.
d) Pas encore. Mais elle va **me l'**expliquer demain.
e) Non, mais il veut **me les** donner ce soir.

Aufgabe 5
a) Je **la lui** raconte maintenant.
b) Oui, je **le lui** dis tout de suite.
c) Bien sûr, il **le lui** écrit.
d) Oui, je **les lui** ai envoy**é**es hier.
e) Oui, je **le leur** ai dit plusieurs fois.

Aufgabe 6
Quand il **m**'a présenté **à elle**, il ne **m**'a pas dit qu'il était amoureux d'**elle**. Je ne savais pas qu'elle **m**'aime bien. Elle **me l**'a dit hier. J'étais très surpris. Je vais téléphoner à Michel et **le lui** expliquer. Ma sœur **s**'intéresse **à lui**. Peut-être que je vais **la lui** présenter pour qu'il oublie Julie.

Aufgabe 7
a) Oui, il **m'y** a rencontré. / Non, il ne **m'y** a pas rencontré.
b) Oui, je **t'y** attendrai. / Non, je ne **t'y** attendrai pas.
c) Oui, je **lui en** ai parlé. / Non, je ne **lui en** ai pas parlé.
d) Oui, il **l'y** a souvent vue. / Non, il ne **l'y** a jamais vue.

Aufgabe 8
a) Est-ce que Louise **t**'a parlé **de son accident** ?
b) Est-ce qu'il a vu **Carlos et Marion au cinéma** ?
c) Est-ce que tu **te** souviens **du roman « Jean de Florette »** ?
d) Est-ce qu'il peut ramener **Nathalie à la gare** ?

Aufgabe 9
a) Mon oncle va **nous la** montrer.
b) Mon oncle va **te les** montrer.
c) L'année dernière, mon oncle **nous l**'a montré**e**.
d) Mon oncle va sûrement **t'en** parler.
e) Mon oncle a promis de **te le** montrer.
f) Mon oncle va **t'en** donner un bol.
g) Mon oncle **me l**'a montré**e** l'année dernière.
h) Je **le leur** ai écrit.

Aufgabe 10

Maman : Non, ne **me** montre pas ton dessin maintenant.
Maman : Non, ne **lui** montre pas ton dessin maintenant.
Maman : Non, ne **l'**ouvre pas maintenant.
Maman : Non, ne **les** cherche pas maintenant.
Maman : Non, ne **lui** téléphone pas maintenant.
Maman : Non, ne **me** parle pas de son accident maintenant.
Maman : Non, ne **te** lave pas maintenant.
Maman : Mais René, ne **me** regarde pas comme ça. D'accord, je vais te lire quelque chose.

Aufgabe 11

a) Pose-**la**.
b) Oui, appelle-**le**.
c) Très bien, écris-**lui**.
d) Oui, invite-**le**.
e) Bien sûr, demande-**lui**.
f) Mais, aide-**le**.
g) C'est parfait, réponds-**lui**.
h) Il vaut mieux. Dépêche-**toi**.

Aufgabe 12

		juste	faux
a)	Raconte-le-leur !	☒	☐
b)	Montre-moi-les ! ⇨ Montre-**les-moi** !	☐	☒
c)	Souviens-toi-en ! ⇨ Souviens-**t'en** !	☐	☒
d)	Explique-le-moi.	☒	☐
e)	Ecris-le-lui !	☒	☐

Aufgabe 13

a) Vincent, rends-**le-lui**.
b) Claire, montre-**le-lui**.
c) Vincent, donne-**les-lui**.
d) Claire, rends-**la-lui**.
e) Vincent, écoute-**la**.
f) Claire, aide-**le**.
g) Vincent, apporte-**les-lui**.

ufgabe 14 a) Rangez la chambre et montrez-la-moi.
b) Et après, apportez-moi un livre. Je vais vous lire une histoire.
c) S'il te plaît, lis-nous l'histoire tout de suite. (Lis-la-nous.)
d) Lavez-vous, allez au lit et attendez-moi.

ufgabe 15 Individuelle Lösung

SERGE : Pauline a caché ma raquette de tennis.
Toi : **Montre-la-lui**.
PAULINE : Serge a caché mes cartes.
Toi : **Donne-les-lui**.
SERGE : Pauline ne me rend pas mon avion.
Toi : **Rends-le-lui**, Pauline.
PAULINE : Serge a pris mon argent de poche.
Toi : **Rends-le-lui**.
SERGE : Pauline a caché mes chaussures.
Toi : Pauline, **montre-les-lui**.
PAULINE : Serge ne me dit pas où il a caché mes lettres.
Toi : **Dis-le-lui**, Serge.
SERGE : Pauline ne me donne pas ma BD.
Toi : Pauline. **Donne-la-lui**.
PAULINE : Serge a caché ma poupée.
Toi : Serge, **rends-la-lui**.

ufgabe 16 LAURE : A côté de moi, c'est **Cédric, qui** est très bon en mathématiques.
LAURE : Devant moi, c'est **Morgane, qui** joue très bien du piano. Elle sait bien jouer la sonate pour piano N° 8 de Beethoven, **que** j'adore.
LAURE : A côté de Morgane, c'est **Claire, que** tout le monde aime bien.
LAURE : A côté de Cédric, c'est **Max, qui** est le meilleur footballeur de la classe. Chaque week-end, Max joue avec son équipe, **qui** a remporté une victoire de 4-1 contre le premier du classement.
LAURE : Derrière Claire, c'est **Yannick, que** je connais depuis l'école primaire.

ufgabe 17 a) J'aime les films que François Ozon a fait**s**.
b) J'ai aimé le DVD « Angel » que mes parents m'ont offert.
c) J'ai aimé la matinée que le cinéma a organisé**e**.
d) J'aime les actrices qu'Ozon a choisi**es** pour « Huit femmes ».
e) J'aime aussi les courts métrages qu'Ozon a réalisé**s**.

Aufgabe 18
a) Sur la photo, vous voyez ma petite valise **avec laquelle** j'ai déjà fait beaucoup de voyages.
b) Dans la valise, c'est mon ours en peluche **sans lequel** je ne pars jamais.
c) A gauche, vous voyez mon journal **dans lequel** j'ai noté tout ce qui s'est passé.
d) A droite, vous voyez ma casquette **à laquelle** j'ai pensé au dernier moment.
e) Derrière ma casquette, c'est mon portable **à l'aide duquel** j'ai retrouvé mon groupe que j'avais perdu à Londres.

Aufgabe 19
a) Voilà Chantal, **avec qui/avec laquelle** j'ai fait le cours de langue.
b) Ce sont Mr. et Mrs. Kitty, **chez qui/chez lesquels** j'ai habité.
c) C'est leur fils Martin, **à qui/auquel** j'écris régulièrement.
d) C'est Susan, sa petite sœur, **à qui/à laquelle** j'ai raconté une histoire tous les soirs.
e) J'aime bien Susan, **à qui/à laquelle** je pense souvent.
f) A droite, c'est Jeff, **chez qui/chez lequel** on a fêté le 14 juillet.
g) A gauche, c'est Steven, **à qui/auquel** Chantal a expliqué pourquoi on fête le 14 juillet en France.
h) Au milieu, c'est Vince, **avec qui/avec lequel** nous sommes allés à Battle visiter le champ de bataille où Guillaume le Conquérant a battu les Anglais en 1066.

Aufgabe 20
a) Nous avons un grand jardin **au milieu duquel** se trouve un vieil arbre.
b) Je regarde la vieille dame **en face de qui/de laquelle** est assis un grand chien.
c) Je remercie la jeune fille **à l'aide de qui/de laquelle** j'ai retrouvé mon chat.
d) L'avion traversait les nuages gris **au-dessus desquels** le soleil brillait.
e) C'est un auteur célèbre **en l'honneur de qui/duquel** on a organisé la fête.

Aufgabe 21
a) C'est Mme Pernaud, **dont** tu as rencontré la fille chez M. Pilatti.
b) C'est M. Rostand, **dont** tu vois la voiture sous l'arbre.
c) Ce sont les Dubois, **dont** je n'ai jamais vu le fils sourire.
d) A gauche, c'est M. Boulez, **dont** je connais la femme depuis mon enfance.
e) Au fond, c'est M. Duval, **dont** la femme travaille chez Dior.
f) A droite, c'est Anthony Delon, **dont** le père est aussi un acteur célèbre.

g) M. Delon parle avec Mme Delavigne, **dont** le chat s'est fait écraser par un camion.
h) A gauche, c'est M. Brunel, **dont** tu vois la femme derrière M. Danty.
i) M. Danty parle avec M. Blériot, **dont** la femme a bousculé M. Prune.
j) A droite, c'est un monsieur très riche **dont** j'ai oublié le nom.

fgabe 22
a) Ratatouille ? C'est le film **dont** je t'ai parlé hier.
b) Bien sûr. C'est le film avec le rat **dont** je me souviens si bien.
c) Explique-moi le problème **dont** il s'occupe en ce moment.
d) Voilà un livre **dont** il aura besoin.
e) Il va s'intéresser au problème **dont** il est question dans ce livre.
f) Les Duclos font un voyage **dont** ils rêvent depuis longtemps.
g) C'est une maladie **dont** Matthieu souffre depuis longtemps.

fgabe 23
a) La fille, c'est Marlène, **dont** Jean est amoureux depuis longtemps.
b) Il lui a fait un joli cadeau **dont** Marlène n'est pas très heureuse.
c) Marlène aime Pascal, **dont** Jean est très jaloux.
d) Pascal a eu un petit accident de vélo **dont** il n'est pas responsable.
e) Jean est un très bon élève **dont** ses parents sont très fiers.
f) Il écrit des textes bizarres **dont** je suis souvent très surpris.

fgabe 24
a) J'ai vu quatre films de Claude Chabrol, **dont** trois m'ont beaucoup plu.
b) Les Rodriguez ont quatre enfants, **dont** trois (sont des) filles.
c) Tu m'as donné des romans, **dont** trois m'ont vraiment intéressé.
d) Chaque jour, mon chef me donne dix journaux, **dont** je lis deux ou trois.
e) Les Batignolle ont plusieurs maisons, **dont** deux (se trouvent) en Bretagne.

Aufgabe 25

Edouard Manet

Le peintre dont nous allons parler s'appelle Edouard Manet. Edouard, dont le père est un haut fonctionnaire, est né le 23 janvier 1832. Le jeune Edouard est un mauvais élève qui passe plus de temps à dessiner qu'à travailler à l'école. Edouard veut devenir capitaine. C'est un métier fascinant auquel il s'intéresse beaucoup. A l'âge de 16 ans, il doit passer un concours à l'école navale. Edouard échoue au concours, qui est très difficile. Il voyage pendant six mois jusqu'à Rio de Janeiro, où il reste deux mois. Rentré, il entre dans l'atelier de Thomas Couture, un peintre très connu dont le succès attire beaucoup de jeunes artistes. Couture apprend à Manet de nouvelles techniques de peinture dont Manet sait très bien tirer profit. Couture et Manet, entre lesquels[1] il y a aussi des conflits, travaillent ensemble jusqu'en 1856. Couture est un représentant de la tradition que Manet ne trouve pas tellement importante. Bientôt on dit dans Paris : « Il y a chez Couture un peintre qui fait des tableaux étonnants. » Au Louvre, on fait régulièrement des expositions qu'on appelle « le Salon ». Un jury décide quel tableau est exposé au Salon, qui est très important pour la carrière d'un peintre. Le jury a refusé beaucoup de tableaux de Manet dont ils n'acceptent pas les sujets et le style. En 1863, on crée un Salon des Refusés, où Manet peut exposer ses tableaux. Manet a une grande influence sur les jeunes peintres qu'on appelle les « impressionnistes ». Depuis plusieurs années, ces jeunes peintres connaissent Manet, dont ils admirent le style. L'écrivain Emile Zola écrit un article avec lequel il fait de Manet le héros de la peinture moderne. En 1876, Manet remarque les premiers symptômes d'une grave maladie qui oblige les médecins à lui amputer la jambe gauche. Les médecins essaient en vain de lutter contre la maladie qui tue Edouard Manet en avril 1883. Manet a 51 ans.

Hinweis:

1 Präposition *entre* + Objekt wird immer durch Präposition + *lequel* vertreten, auch wenn sich der Relativsatz auf eine Person bezieht.

Aufgabe 26

a) **Ce qui** m'intéresse, c'est le football.
b) **Ce qu**'elle adore vraiment, c'est la natation.
c) **Ce qui** me plaît, c'est le ski de fond.
d) **Ce que** Lucien trouve apaisant, c'est de jouer au golf.
e) Muriel fait de l'escalade, **ce qui** est très intéressant.

f) **Ce qui** me paraît dangereux, c'est la course moto.
g) **Ce que** Sébastien n'aime pas, c'est le jogging.
h) Ma fille n'aime plus jouer au tennis, **ce qui** m'a rendu très triste.
i) Il n'aime pas le sport, c'est tout **ce que** j'ai compris.

ufgabe 27

Qui est Alain ?

C'est le garçon **qui** porte une casquette.
C'est celui **qu'**on voit toujours téléphoner avec son portable.
C'est le garçon **qui** est fier de son nouveau portable.
C'est celui **qui** téléphone à son copain au cinéma.
Ce qu'il trouve amusant, c'est d'appeler ses copains.

Qui est Fabienne ?

C'est la fille **qui** aime faire du sport.
Ce qui l'intéresse avant tout, c'est le tennis.
C'est la fille **qui** porte une minijupe.
Fabienne est la fille **qui** a attaché ses cheveux en queue de cheval.
Elle joue contre quelqu'un. Mais on ne sait pas **contre qui**[1] Fabienne joue aujourd'hui.

Hinweis:

1 Hier sollte das allgemeinere *qui* verwendet werden, da unbekannt ist, ob es sich um einen Mann *(lequel)* oder eine Frau *(laquelle)* handelt.

Qui est Chloé ?

C'est la fille **qui** aime faire du baby-sitting.
Chloé est la fille **qui** donne à manger à Jérémie.
Ce qu'elle donne à Jérémie, c'est une soupe à la tomate.
C'est la fille **qui**, normalement, aime Jérémie.
C'est la fille **que** Jérémie aime beaucoup.
Ce que Chloé n'aime pas en ce moment, c'est le comportement de Jérémie.
Chloé doit rester calme, **ce qui** l'énerve un peu.

Qui est Thomas ?

C'est le garçon **que** Mona trouve très sympa.
Thomas est celui **qui** est amoureux de Mona.
C'est celui **qui** veut poster une lettre à Mona et **qui** rêve.
Ce qu'il a écrit à Mona, c'est très gentil.
C'est celui **qui** a mal à la tête.

Qui est Loïc ?

Loïc est le garçon **qui** aime jouer avec des chiens.
C'est le garçon **à qui/auquel** Mme Bartoli a dit : « Ne joue pas avec ce chien. »
C'est celui **qui** a joué avec le chien de Mme Bartoli.
Loïc est celui **avec qui/avec lequel** le chien ne voulait pas jouer.
Ce qui a frappé Loïc, c'est l'agressivité du petit animal.

Qui est Jérémie ?

Jérémie est un petit garçon **pour qui/pour lequel** la baby-sitter a préparé une soupe.
C'est le garçon **à qui/auquel** la garde d'enfants veut donner à manger.
Jérémie, c'est celui **que** la baby-sitter ne trouve pas très sage.
C'est le petit garçon **qui** veut jouer après le repas.
C'est le garçon **à qui/auquel** la garde d'enfants dira : « Non, on ne va pas jouer aujourd'hui. Tu vas faire dodo. »
C'est le petit garçon **qui** va pleurer.

Qui est Tarzan ?

Tarzan, **qui** n'aime pas les enfants, n'est pas très grand.
C'est un petit animal **que** tout le monde aime bien, sauf Loïc.
Mais il faut se méfier de Tarzan, **qui** n'est pas toujours gentil.
Tarzan fait toujours **ce qui** lui plaît.

Qui est Adrien ?

C'est celui **qui** est au cinéma.
Son copain Alain, **avec qui/avec lequel** il va souvent au cinéma, ne voulait pas voir ce film.
Adrien, c'est le garçon **qui** n'a pas éteint son portable.
C'est le garçon **que** les gens regardent méchamment.
Adrien est le garçon **qui** n'est pas content que son copain l'appelle.
Ce qui plaît à Adrien, ce sont les films d'amour.

1 + **D** : Fabienne + la raquette de tennis, **2** + **C** : Loïc + Tarzan, **3** + **B** : Chloé + Jérémie, **4** + **E** : Alain et Adrien, **5** + **A** : Thomas et Thomas (qui a mal à la tête)

La solution : **La tour Eiffel**

fgabe 28

LE GORILLE

Cet animal, **qui** est le plus grand et le plus fort de tous les singes, est végétarien. L'animal, **dont** le regard fait un peu peur, est paisible et calme. Ce singe anthropoïde, **dont** le comportement et les mouvements ressemblent beaucoup à ceux de l'Homme, vit sur le sol, mais il est aussi capable de grimper sur les arbres dans **lesquels**, très souvent, il fait son nid pour passer la nuit. Les mâles, **dont** le poids peut dépasser 200 kg, sont beaucoup plus grands que les femelles. Ils vivent dans des groupes et c'est toujours le plus vieux et dominant des mâles **qui** dirige le groupe.

LE KANGOUROU

C'est un animal **qui** vit surtout en Australie. Ses membres postérieurs, grâce **auxquels** l'animal se déplace par bonds, sont plus longs et forts que les membres antérieurs. Sa queue, **qui** lui sert de balancier, est très longue et forte. C'est un animal **dont** les femelles portent les petits dans une poche ventrale.

L'ÉLÉPHANT

C'est un animal **dont** on admire la force et l'intelligence. Cet animal, **qui** peut vivre cent ans, est le plus gros animal terrestre. Cet animal, **dont** la peau est épaisse, vit en Afrique et en Asie. La trompe, **dont** l'animal se sert pour presque tout faire, est très souple et sensible.

L'HIPPOPOTAME

C'est un animal **qui** vit en Afrique. Cet animal, **qui** pèse plus de 3 tonnes, est capable de courir à plus de 40 km/h. C'est un animal **dont** on voit seulement les narines, les yeux et les oreilles quand il est dans l'eau. Cet animal, **que**, souvent, on ne voit pas sous l'eau, court sur le fond de la rivière. Cet animal, **qui** mange des plantes, n'attaque l'homme que pour défendre son territoire. Dans ces situations, cet animal, **qui** compte parmi les animaux les plus dangereux d'Afrique, devient très agressif.

LA GIRAFE

Cet animal a un cou très long **qui** lui permet d'atteindre des feuilles jusqu'à 6 mètres de hauteur. La langue, avec **laquelle** l'animal mange les feuilles d'acacia, est très longue et souple. Pour boire, il doit écarter les pattes antérieures, avec **lesquelles** il peut se défendre aussi contre ses ennemis, des lions par exemple.

LE RHINOCÉROS

Les cornes, **dont** cet animal est pourvu, sont typiques de cet animal. Les hommes tuent cet animal **dont** ils veulent la corne parce qu'ils croient que la corne leur donne une substance miraculeuse. L'écrivain français Eugène Ionesco a écrit une pièce de théâtre dans **laquelle** cet animal joue un rôle important.

LE COCHON D'INDE

Ce petit animal, **dont** l'origine est l'Amérique du Sud, est appelé aussi le *cobaye*. Les enfants aiment cet animal **qui** est élevé surtout comme animal de laboratoire. L'expression « servir de cobaye », **dont** la traduction est « als Versuchskaninchen dienen », vient du fait que c'est un animal avec **lequel** on fait des expériences scientifiques dans des laboratoires. C'est un animal domestique **qui** est, comme les souris, un rongeur.

La solution : **le guépard**

ufgabe 29 1) Beschreibung (des Großvaters)
2) wiederholte, gewohnheitsmäßige Handlung
3–4) parallel verlaufende Handlungen
5) wiederholte, gewohnheitsmäßige Handlung
6–7) parallel verlaufende Handlungen
8) Beschreibung der Situation
9) wiederholte, gewohnheitsmäßige Handlung
10) wiederholte, gewohnheitsmäßige Handlung
11) wiederholte, gewohnheitsmäßige Handlung
12) Beschreibung (des Gefühlszustands der Großmutter)
13) Beschreibung (eines Sachverhalts)

ufgabe 30 a) La Seconde Guerre mondiale <u>a duré</u> 6 ans.
→ einmalige, abgeschlossene Handlung (mit klarer zeitlicher Begrenzung)
b) Il <u>a fait</u> les courses, il <u>est rentré</u> à la maison et après, il <u>a fait</u> la cuisine.
→ Handlungskette
c) Ce matin, Jean <u>s'est levé</u> à sept heures.
→ einmalige, abgeschlossene Handlung
d) Tout à coup, j'<u>ai entendu</u> du bruit dans la cuisine.
→ neu einsetzende Handlung

ufgabe 31 a) – Tu as rencontré Sylvie et Vanessa ?
– Oui, je les ai **rencontrées** au jardin.
b) – Christine, est-ce que tu as écrit à Charlotte ?
– Oui, je lui ai **écrit**.
c) – Tu as vu les Bernheim samedi ?
– Non, ce sont les Cuvillier que j'ai **vus**.
d) – Est-ce que tu as montré l'hôtel à Mme et M. Figeac ?
– Oui, je leur ai **montré** l'hôtel.
e) – Est-ce que tu as acheté les ballons verts ?
– Oui, je les ai **achetés**.

Aufgabe 32

a) Je **les ai mis** dans mon porte-monnaie.
b) Je **l'ai faite** la semaine dernière.
c) Je **lui ai écrit** une carte postale samedi.
d) Je **l'ai postée** ce matin.
e) Je **l'ai mise** dans mon sac à dos.
f) Je **leur ai acheté** une bouteille de vin et du chocolat.
g) Je **les ai déjà mises** dans ma valise.
h) Il **ne m'a jamais invitée** dans son restaurant préféré.
i) La dernière fois, ils **nous ont attendu(e)s** à la gare.
j) La dernière fois, je ne **l'ai pas aidée**. Elle ne veut pas qu'on l'aide à faire le ménage.

Aufgabe 33

passé composé

Einmalige, abgeschlossene Handlung, deren Anfang und Ende klar festgelegt ist:
8, 14–16, 23, 25/26, 29, 30–32, 39, 41, 44/45, 48–51, 55/56, 63/64, 66–68

Handlungskette:
9, 17–21, 24, 33/34, 52–54, 69/70

neu einsetzende Handlung:
60

imparfait

Beschreibung von Rahmenbedingungen und Hintergrundinformation:
1, 11–13, 47, 57, 59, 61/62

Beschreibung eines Zustands:
2–7, 10, 22, 27/28, 35/36, 40, 46, 58, 65, 71

parallel verlaufende Handlungen:
37/38

Zeitenfolge der indirekten Rede:
42/43

Aufgabe 34

Jeudi, nous **sommes allés** à Saint-Malo. C'**était** une vraie aventure. A sept heures, la maman de Christelle **est entrée** dans ma chambre et **m'a réveillée**. J'**ai mangé** rapidement un peu de pain et j'**ai bu** un bol de chocolat chaud. Après, nous **avons couru**[1] prendre le bus. Au lycée, les autres **attendaient** déjà. En allant à Saint-Malo, on **a traversé** le barrage de la Rance. Christelle **m'a dit** : « Le barrage est la seule usine marémotrice dans le monde et pour produire de l'électricité, on se sert de la marée qui est exceptionnellement haute dans cette région. »

Nous **nous sommes promenés** dans Saint-Malo. Notre professeur **nous a expliqué** : « On peut visiter le tombeau d'un écrivain français très connu qui **est mort** en 1848 : François René de Chateaubriand. Il **a voulu être enterré** sur une petite île, le Grand Bé. »

C'**était** marée basse. On **pouvait aller** à pied sur cette île. Le professeur français **a dit** : « Il faut faire attention parce que l'eau monte vite. »
Christelle, son petit ami Tanguy, le charmant Lionel que j'**aimais/j'aime bien**, et moi, nous **avons profité** de la marée basse pour aller sur l'île. Il y **avait du vent**. J'**avais** froid. Lionel **m'a donné** sa veste. Nous **nous sommes arrêtés** pour regarder le tombeau de Chateaubriand.
C'**était** magnifique : Le vent, la mer et Lionel. Lionel **m'a parlé** d'un roman de Chateaubriand : il **m'a raconté** l'histoire d'un Amérindien qui tombe amoureux d'Atala. C'**était** une histoire très triste mais très belle. Lionel **savait** très bien raconter cette histoire. J'**ai même pleuré** un peu et Lionel **m'a pris** la main. C'**était** très romantique.
Tout à coup, j'**ai remarqué** que Christelle et Tanguy **n'étaient plus** là. Lionel **a dit** : « Il faut se dépêcher. » On **a dû** se dépêcher à cause de la marée haute qui **arrivait**. Nous **sommes descendus** et la mer **était** là.
J'**ai pris** mon portable et j'**ai appelé** notre professeur. Il **a râlé**. On **ne pouvait rien faire** d'autre qu'attendre. Pendant que nous **étions assis** sur l'herbe, Lionel **m'a raconté** l'histoire de Jacques Cartier, qui était parti de Saint-Malo pour découvrir le Québec. C'**était** une excursion extraordinaire.

Hinweis:

1 *Courir* wird mit dem Hilfsverb *avoir* gebildet, da es keine Bewegungsrichtung anzeigt (ebenso: *marcher*).

ufgabe 35

a) D'habitude, le réveil de M. Boussole **sonne** à huit heures. Ce jour-là, il **sonne** à six heures. Il **fait** déjà jour. A six heures dix, Mme et M. Boussole **se lèvent**.
b) M. Boussole **ouvre** la fenêtre et **regarde** le Mont Saint-Michel. Puis, il **fait** un peu de sport. Après, il **prend** une douche et **s'habille**.
c) Pendant que Mme Boussole **prépare** le petit-déjeuner, son mari **met** tout ce dont ils **ont** besoin dans son sac à dos.
Sur la table, il y **a** une cafetière, deux bols, une bouteille de lait, une baguette et deux croissants.
d) A sept heures, ils **prennent** le petit-déjeuner. M. Boussole **lit** le journal et Mme Boussole **trempe** son croissant dans le café.
e) Après le petit-déjeuner, les Boussole **mettent** leurs chaussures de randonnée. M. Boussole **prend** son sac à dos et ils **partent**.
f) Il y **a** du vent et quelques nuages. D'abord, ils **prennent** la route, puis ils **traversent** les prés salés et après, ils **arrivent** sur la côte.

g) La mer **est** calme. Tout à coup, il **commence** à pleuvoir. Les Boussole **décident** de rentrer.
h) Il **pleut** très fort. A ce moment-là, M. Boussole **a** l'idée de prendre un raccourci à travers les champs pour rentrer plus vite.
i) Ils **marchent** quand tout à coup, Mme Boussole **met** le pied dans un trou. Elle **tombe**. M. Boussole **entend** le cri de sa femme.
j) Elle **a** mal au pied et ne **peut** plus marcher. M. Boussole **se demande** ce qu'il **doit** faire.
k) Il **doit** la porter. Il la **met** sur son dos et **va** chez le médecin.

Aufgabe 36

a) D'habitude, le réveil de M. Boussole **sonnait** à huit heures. Ce jour-là, il **a sonné** à six heures. Il **faisait** déjà jour.
A six heures dix, Mme et M. Boussole **se sont levés**.
b) M. Boussole **a ouvert** la fenêtre et **a regardé** le Mont Saint-Michel. Puis, il **a fait** un peu de sport. Après, il **a pris** une douche et **s'est habillé**.
c) Pendant que Mme Boussole **préparait** le petit-déjeuner, son mari **mettait** tout ce dont ils **avaient** besoin dans son sac à dos.
Sur la table, il y **avait** une cafetière, deux bols, une bouteille de lait, une baguette et deux croissants.
d) A sept heures, ils **ont pris** le petit-déjeuner. M. Boussole **a lu** le journal et Mme Boussole **a trempé** son croissant dans le café.
e) Après le petit-déjeuner, les Boussole **ont mis** leurs chaussures de randonnée. M. Boussole **a pris** son sac à dos et ils **sont partis**.
f) Il y **avait** du vent et quelques nuages.
D'abord, ils **ont pris** la route, puis ils **ont traversé** les prés salés et après, ils **sont arrivés** sur la côte.
g) La mer **était** calme. Tout à coup, il **a commencé** à pleuvoir. Les Boussole **ont décidé** de rentrer.
h) Il **pleuvait** très fort. A ce moment-là, M. Boussole **a eu** l'idée de prendre un raccourci à travers les champs pour rentrer plus vite.
i) Ils **marchaient** quand tout à coup, Mme Boussole **a mis** le pied dans un trou. Elle **est tombée**. M. Boussole **a entendu** le cri de sa femme.
j) Elle **avait** mal au pied et ne **pouvait** plus marcher. M. Boussole **s'est demandé** ce qu'il **devait** faire.
k) Il **a dû** la porter. Il l'**a mise** sur son dos et **est allé** chez le médecin.

Aufgabe 37

Maurice ! Ce matin, il **m'est arrivé** quelque chose de bizarre/quelque chose de bizarre **m'est arrivé**. Je **me suis levé** à sept heures. Comme toujours, j'**étais** encore fatigué. Aujourd'hui, j'**avais** mal à la tête en plus. D'abord, j'**ai allumé** la lumière et j'**ai regardé** l'heure. Puis, j'**ai cherché** mes pantoufles et j'**ai mis** mon peignoir. Après, je **suis sorti** de la chambre et je **suis descendu** (j'**ai descendu** l'escalier). Dans l'escalier, mon chat **dormait** encore.
Avant de me mettre à table, j'**ai fait** du café. Je **n'ai pas remarqué** qu'il y **avait** déjà quelqu'un dans la cuisine. En buvant mon café, je **me suis rendu** compte que quelqu'un **se tenait** derrière la porte. Il **était** petit et **portait** des vêtements noirs et un masque horrible.
Il **me regardait** depuis quelque temps. Il **avait** un couteau à la main. J'**ai réussi** tout de suite à réagir : j'**ai pensé** à Christian, mon fils. Je **me suis retourné**, j'**ai monté** l'escalier en courant, j'**ai ouvert** la porte de sa chambre et – quelle horreur ! – son lit **était** vide. En me retournant, j'**ai vu** que l'homme masqué **était** derrière moi. Je me **suis jeté** sur lui, mais au même moment, j'**ai compris** qui c'**était** : c'**était** mon fils Christian. Il **a dit** : « Bonjour papa, tu aimes mon costume ? C'est le carnaval à l'école aujourd'hui. »

Aufgabe 38

	vrai	faux
Pendant son enfance, le jeune Henri Grouès ne rencontre pas de mendiants et clochards. **Son père appartient à un groupe qui s'occupe de clochards. Un jour, Henri accompagne son père.**	☐	☒
L'idée de devenir moine lui vient en Normandie. **L'idée de devenir moine lui vient à Assise en Italie.**	☐	☒
Il quitte le couvent parce qu'il ne supporte pas la vie dure.	☒	☐
Henri Grouès devient prêtre à Paris. **Grouès devient prêtre à Grenoble.**	☐	☒
Pendant la guerre, il quitte la France. **Henri Grouès reste en France. Il se cache à Lyon et à Paris.**	☐	☒

Aufgabe 39

a) La France est occupée et Henri Grouès crée un camp de maquisards. Il aide des juifs à traverser la frontière. C'est interdit et c'est pourquoi la Gestapo le cherche. Grouès doit se cacher et il change de nom pour ne pas être identifié.

b) Emmaüs est un village (près de Jérusalem) où deux disciples de Jésus l'ont rencontré après sa résurrection (saint Luc 24). Les disciples ont retrouvé l'espoir. Grouès veut que son refuge redonne aussi de l'espoir aux gens.
c) L'hiver est extrêmement dur. Il fait très froid et il y a des morts. L'abbé Pierre lance un appel à la radio et on commence à construire des logements pour les sans-abris.
d) Il veut que les gens réfléchissent à ce qu'ils peuvent faire. Il veut leur donner mauvaise conscience pour qu'ils aident les pauvres et s'occupent des gens qui ont besoin d'aide.

Aufgabe 40

LE MONDE D'AUJOURD'HUI, 27 JANVIER 2007

L'ABBÉ PIERRE

Le 22 janvier 2007 un homme très courageux est mort : l'abbé Pierre.

Henri Grouès, le futur « abbé Pierre », **est né** à Lyon le 5 août 1912.

Son père **appartenait** à un groupe qui **s'occupait** des gens pauvres à Lyon. Ils **se réunissaient** régulièrement dans une salle de la cité Rambaud. Ils **s'occupaient** des clochards et des mendiants de la ville.

Henri **était** élève au collège des jésuites. Un jour, il **a accompagné** son père dans la cité Rambaud et il **a découvert** quelque chose qui **l'a beaucoup impressionné** : « Mon père et ses amis **étaient** au milieu d'une cinquantaine de mendiants. Pendant que mon père **servait** le petit-déjeuner à un des sans-abris, un autre **lavait** un mendiant ou **coupait** des cheveux. »

A l'âge de 13 ans, il **est tombé** gravement malade. Pendant qu'il **restait** au lit, il **lisait** beaucoup.

En 1927, il **est allé** en Italie. A Assise, il **a visité** un couvent. Le guide lui **a raconté** la vie de Saint François d'Assise et, tout à coup, il **a compris** qu'il **voulait** devenir moine.

Il **ne supportait pas** la vie dure dans le couvent, si bien qu'il **est tombé** malade.

Après plus de six ans, il **a décidé** de quitter le couvent. Il **est devenu** prêtre à Grenoble.

En 1939, la guerre **a commencé** et, en 1940, les Allemands **sont entrés** en France. Les Allemands **ont occupé** le nord de la France et, plus tard, tout le pays. L'abbé Grouès **s'est spécialisé** dans le passage des frontières : il **a aidé** des juifs à passer la frontière. Il **a créé** avec des amis un camp de « maquisards ». Ce sont des gens qui **risquaient** leur vie en luttant clandestinement contre les Allemands. La Gestapo **l'a cherché** et il **s'est caché** à Lyon et à Paris. Il **a souvent changé** de nom : il **a pris** celui, entre autres, de « l'abbé Pierre ».

Après la guerre, il **est entré** dans la politique. En 1947, il **a acheté** une maison dans la banlieue parisienne. L'abbé en **a fait** une « Auberge internationale de jeunesse » qu'il **a appelée** Emmaüs. C'**était** le village où deux disciples de Jésus **ont rencontré** Jésus ressuscité. Ils **étaient** désespérés par la mort de Jésus, mais après la résurrection, ils **ont retrouvé** l'espoir.

Pendant les vacances, des jeunes **venaient** régulièrement à l'auberge de jeunesse. Plus tard, c'**étaient** de nouveaux visiteurs qui **arrivaient** chez l'abbé Pierre : le premier qui **a demandé** de l'aide, c'**était** Georges, un meurtrier qui **avait tué** son père vingt ans auparavant et qui **avait passé** vingt ans en prison. Avec l'aide de Georges, l'abbé Pierre **a commencé** à construire une maison plus grande pour les sans-logis parce qu' **ils arrivaient** de plus en plus nombreux chez lui.

En 1954, plus de 100 familles **habitaient** au refuge d'Emmaüs. L'hiver de cette année **était** extrêmement dur. Il **faisait** moins trente degrés. Un petit enfant **est mort** dans une pièce sans chauffage et une femme sur le trottoir d'un boulevard à Paris. L'abbé Pierre **a lancé** un appel sur Radio Luxembourg. Il **a dit** aux gens d'apporter des couvertures et des tentes.

Son appel **a eu** un grand succès. On **a construit** des logements pour les sans-abris. Pendant plus de 50 ans, l'abbé Pierre **a travaillé** pour aider ceux qui **n'ont/n'avaient** personne et pour lutter contre l'indifférence générale.

Il nous **disait** sans cesse: « Et toi, qu'as-tu fait ? »

L'abbé Pierre **voulait/a voulu** nous réveiller en nous disant : « Les pauvres ont autant que toi le droit de vivre. Réveille-toi ! Ton frère est en danger ! »

En 1992, il **a reçu** la Légion d'Honneur, une des plus grandes décorations françaises. D'abord, il **a refusé** parce qu'il **n'aimait pas** les médailles. Mais en 2001, il **a accepté** cet honneur.

L'association Emmaüs **est partie** d'une petite auberge de jeunesse près de Paris et **est devenue** une organisation internationale avec 526 groupes dans 52 pays

Aufgabe 41 Le 29 septembre, M. Faret **s'est levé** très tôt. Il **n'a pas fait** de bruit pour ne pas réveiller sa femme. Il **a pris** sa douche. Après, il **a vite bu** son café parce qu'il **savait** qu'il **fallait/devait** prendre de l'essence avant de partir vers Rouen. Il **avait** deux rendez-vous. Il **était** en retard et il y **avait** du brouillard sur l'autoroute. Il n'**était** pas très attentif et, près de Rouen, il **a** tout à coup **remarqué** qu'il **avait raté** la sortie. Il **s'est arrêté** sur l'autoroute et il **a reculé**. A cause du brouillard, il ne **voyait** rien/ il n'**a** rien **vu**.

Il **a quitté** l'autoroute et **est allé** au rendez-vous. Le soir, il **a allumé** la télé pour regarder le journal. Il y **avait** un reportage sur un carambolage qui **avait eu** lieu sur l'autoroute près de Rouen. On **voyait** des centaines de voitures écrasées, des poids lourds brûlés, les voitures du SAMU, les camions de pompiers. M. Faret **est allé** se coucher. Comme il n'**arrivait** pas à s'endormir/ il ne **pouvait** pas s'endormir, il **est descendu** dans la salle de séjour. A minuit, il **a allumé** la télé. Pendant **qu'on montrait** les images de la catastrophe, il **a fumé** une cigarette. Puis, un journaliste **a interviewé** un routier qui **disait/a dit**: « Il y **avait** du brouillard et je ne **voyais** presque rien, mais tout à coup **j'ai vu** une voiture qui **faisait** marche arrière. J'**ai freiné** et puis j'**ai entendu** des voitures s'écraser derrière moi. » A ce moment-là, Faret **a compris** qu'il **avait provoqué** l'accident horrible sur l'autoroute près de Rouen. Dans la nuit, il **s'est demandé** ce qu'il **devait** faire à présent/maintenant.

Aufgabe 42

dormir	je dormirais	rendre	il rendrait
payer	il payerait/paierait	avoir	tu aurais
savoir	elle saurait	être	vous seriez
attendre	j'attendrais	venir	nous viendrions
dire	nous dirions	faire	ils feraient

Aufgabe 43

aller	je serais allé(e)	avoir	tu aurais eu
voir	tu aurais vu	être	vous auriez été
monter	elle serait montée	croire	nous aurions cru
prendre	j'aurais pris	venir	elle serait venue
ouvrir	vous auriez ouvert	savoir	ils auraient su
mettre	elle aurait mis	devoir	j'aurais dû

Aufgabe 44

a) J'**aimerais** avoir ton numéro de téléphone.	WUNSCH
b) Je **serais** curieux de savoir ce qu'il en pense.	KONDITIONALSATZ[1]
c) Nous **voudrions** vous parler.	WUNSCH
d) On **pourrait** rendre visite à Martine.	VORSCHLAG
e) Trois wagons **auraient** déraillé.	MELDUNG
f) Il **aimerait** sûrement travailler avec moi.	KONDITIONALSATZ[2]
g) Si j'étais à ta place, je l'**appellerais**.	KONDITIONALSATZ
h) Il m'a dit qu'il **reviendrait** ce soir.	INDIREKTE REDE
i) **Voudriez**-vous me prêter ce roman ?	BITTE
j) Je m'**achèterais** une Ferrari, si j'avais l'argent.	KONDITIONALSATZ
k) **Pourriez**-vous m'expliquer cela ?	BITTE

Hinweise:

1 Hier handelt es sich um einen verkürzten Konditionalsatz (… *si j'étais à la place de Serge*).

2 Hier handelt es sich ebenfalls um einen verkürzten Konditionalsatz (… *si c'était possible*).

Aufgabe 45 Au restaurant

a) **Pourriez**-vous me donner la carte, s'il vous plaît ?
b) Qu'est-ce que vous me **recommanderiez** ?
c) Je **prendrais** volontiers un steak et un jus d'orange.

A l'agence de voyage

a) J'**aimerais** passer mes vacances en Espagne.
b) Mais cette année, il y **aurait** beaucoup de méduses sur la côte.
c) Donc, je **voudrais** aller à Madrid.
d) Qu'est-ce que vous **visiteriez** là-bas ?

Aufgabe 46 **Le professeur veut que…**

a) nous **fassions** nos devoirs.
b) nous **lisions** ce roman.
c) j'**apprenne** par cœur un poème.
d) nous **parlions** français avec lui.

Mes parents veulent que…

e) je ne **boive** pas d'alcool.
f) nous les **aidions**.
g) nous **mettions** le couvert.
h) nous **soyons** à l'heure.

Et moi, je veux que/qu'…

i) Marie **aille** au cinéma avec moi.
j) mes parents me **permettent** d'aller à la fête.
k) il **fasse** beau pendant les vacances.
l) le professeur ne **soit** pas si sévère.

Aufgabe 47

a) Je veux que Michel **sache** que je l'aime.
b) J'aimerais qu'il **me rende visite.**
c) Je ne veux pas que ma meilleure amie Annie **aille** aux Etats-Unis pour y passer une année scolaire.
d) Je souhaiterais qu'elle **reste** ici.

Aufgabe 48

a) Je ne tolère pas que vous **soyez** en retard.
b) Je veux que vous vous **leviez** quand j'entre dans la classe.
c) J'attends que vous m'**appeliez** « Monsieur le professeur ».
d) Je demande que vous me **respectiez**.
e) J'attends que vous m'**écoutiez** quand je parle.
f) Je ne tolère pas que vous **alliez** aux toilettes pendant les cours.
g) J'attends que vous **appreniez** par cœur dix poèmes de Baudelaire.
h) Je ne permets pas que vous **aidiez** vos camarades de classe.
i) J'attends que vous **écriviez** correctement.
j) J'exige que vous me **montriez** régulièrement vos devoirs.
k) J'attends que vous **réfléchissiez** bien avant de répondre à mes questions.
l) Je ne permets pas que vous **travailliez** ensemble.
m) Je ne tolère pas que vous **bavardiez** avec votre voisin.
n) J'attends que vous **soyez** toujours attentifs.
o) Je propose que vous **lisiez** un livre par semaine.
p) J'attends que vous **fassiez** un résumé du livre que vous avez lu.

Aufgabe 49

PASCAL : Nous sommes très contents que vous **soyez** prêt à parler avec nous.

LE PROFESSEUR : Je trouve bizarre que mes élèves **veuillent** parler avec moi après l'école.

JEAN-LUC : Je trouve important que les élèves **puissent** discuter avec leur prof.

LE PROFESSEUR : Je crains qu'il **n'y ait rien** à discuter.

MARC : Nous regrettons qu'on **ne puisse pas** travailler en groupes.

LE PROFESSEUR : Je crois que le travail en groupes **n'est pas** utile.

SYLVIE : Je trouve triste que vous **ne permettiez pas** que nous **utilisions** Internet.

LE PROFESSEUR : Je pense qu'Internet **ne vous sert pas** à grand chose.

SANDRA : Je trouve nécessaire qu'on **apprenne** à s'en servir.

LE PROFESSEUR : J'ai peur que tu **perdes** du temps quand tu surfes sur le Web toute la journée.

MARC : Nous trouvons normal qu'on **réfléchisse** avant de répondre, mais tout le monde fait des fautes. Nous avons peur que vous **vous mettiez** en colère quand nous faisons une faute.

PASCAL : Et nous avons l'impression que vous êtes fier que les élèves **aient** peur de vous.

LE PROFESSEUR : Mais non. Au contraire, je me réjouis que vous **ayez** le courage de me dire tout cela.

Aufgabe 50 Individuelle Lösung

Il est faux que le professeur **fasse** peur aux élèves.
Il est nécessaire que vous **preniez** votre temps pour parler avec les élèves.
Il est important que le professeur **sache** structurer ses cours.
Il est important que le professeur **connaisse** bien sa matière.
Il faut que le professeur **fasse** travailler les élèves selon leur niveau individuel.
Il vaut mieux que vous **rendiez** rapidement les interrogations écrites.
Il est normal que le professeur **aime**/que vous **aimiez** les élèves.
Cela nous plaît que le professeur **ait**/que vous **ayez** de l'humour.
Il faut que le professeur **sache** bien expliquer.
Il est important que nous **soyons** respectés / encouragés par le professeur.
Il faut que les élèves **choisissent** des sujets intéressants avec le professeur.
Il est dommage que les élèves **aient** peur de faire des fautes.
Il est important que nous **comprenions** les exercices.
Il est temps que les élèves **fassent** des projets intéressants.
Il est nécessaire que les élèves **sachent** exactement ce qu'il faut faire.
Il est important que les élèves **puissent** faire la présentation d'un sujet qui les intéresse.

Aufgabe 51

a) JEAN-LUC : Crois-tu que M. Maillol **lise** notre programme ?
b) SANDRA : Je crois qu'il **est** intéressé par notre programme.
c) STÉPHANIE : Je ne suis pas sûre qu'il le **lise**.
d) PASCAL : Je ne crois pas qu'il **comprenne** ce que nous voulons lui dire.
e) SYLVIE : Il est évident que M. Maillol ne **veut** pas changer ses méthodes.
f) MARC : Je ne pense pas que notre programme **soit** très utile.
g) JEAN-LUC : Moi, je trouve que c'**est** un programme super.
h) PASCAL : J'espère que M. Maillol **prend/prendra**[1] notre programme au sérieux.
i) STÉPHANIE : Je suis sûre qu'il **va y réfléchir**.
j) JEAN-LUC : Moi, je doute qu'il le **fasse**.

Hinweis:

1 Bei *espérer* wird meist das *futur simple* verwendet.

Aufgabe 52 Après les cours, les élèves donnent le programme à leur professeur et ils parlent longtemps avec lui jusqu'à ce qu'il **promette** de le lire attentivement. Avant que M. Maillol **sorte** du collège, les élèves lui disent : « Merci, monsieur. » Il prend le papier bien qu'il ne **veuille** pas changer la manière de faire ses cours. Il promet de lire le texte pour que les élèves **soient** contents. Le lendemain, le professeur entre dans la classe et il commence son cours sans que les élèves **sachent** ce qu'il pense de leur programme. Mais peu avant la fin du cours, le professeur dit : « J'ai lu votre programme. »

Aufgabe 53

a) Je trouve fantastique que vous **ayez fait** ce programme.
b) Je suis très content que vous **soyez venus** me proposer votre programme.
c) Je trouve bon que vous m'**ayez parlé**.
d) Cela me plaît que tous mes élèves **se soient donnés**[1] du mal.

Hinweis:

1 Das *passé composé* der reflexiven Verben wird mit *être* gebildet.

Aufgabe 54 Individuelle Lösung

J'ai lu votre programme. Je suis étonné que vous **ayez** peur de moi. Il est dommage que vous n'**aimiez** pas mes cours et je regrette que vous ne m'**ayez** pas parlé plus tôt. Il est évident qu'une bonne atmosphère **est** très importante. Mais il faut aussi que vous **ayez** de la discipline. Il est vrai que je **prends** mon métier au sérieux. Mais il est faux de croire que je n'**ai** pas d'humour. Je trouve important que les élèves **aient** confiance en leur professeur et je trouve bon que vous **ayez** eu le courage de me présenter votre programme. Vous dites qu'il est important qu'un professeur **prenne** son temps pour parler avec ses élèves. Je crois que vous **avez** raison. Je trouve intéressant que vous **vouliez** travailler sur un sujet qui vous intéresse personnellement, mais je crains que le travail en groupe ne **soit** pas utile. J'éspère que nous **travaillerons** bien ensemble. Je suis heureux que vous **soyez** venus me parler.

Aufgabe 55

DANIEL : Mais, c'est impossible que tes parents **soient** contre ce séjour à l'étranger.

SANDRA : Est-ce que tu leur as dit que **c'est/était** un honneur d'être choisi ? En plus, les profs attendent que tu **partes**. Surtout Mme Berthier.

GÉRARD : Bien sûr. Mais mes parents ne veulent pas que j'y **aille**. Ma mère a peur qu'il **puisse** m'arriver quelque chose.

SANDRA : Il est normal qu'elle **se fasse** du souci. Mais il est temps qu'elle **comprenne** que tu **n'as plus** 14 ans.

GÉRARD : Mais il y a aussi mon père. Il pense que l'Amérique, c'**est** plein de gangsters. Je regrette qu'il **ait** tant de préjugés.

DANIEL : Mais nous, les jeunes, il faut que nous **allions** à l'étranger. Il est important que nous **voyions** le monde et que nous **apprenions** des langues étrangères. J'espère que mes parents me **permettront**[1] de passer une année à l'étranger l'année prochaine.

GÉRARD : Mon père pense que j'**apprends** bien l'anglais au collège.

SANDRA : Je crois qu'il **a** tort.

GÉRARD : Mon père aimerait mieux que j'**aille** en Allemagne. Il craint que je **devienne** un vrai Américain. Et il a peur que je **fasse** des « bêtises ».

DANIEL : Il est dommage qu'il **réagisse** de cette façon. Il faudrait que vous vous **parliez**, toi et ton père.

GÉRARD : Je trouve super que vous **vouliez** m'aider. Mais je crois que la décision de mon père **est** prise et je ne pense pas qu'on **puisse** le convaincre.

SANDRA : Tu veux que nous **appelions** Mme Berthier ? Elle va regretter que ton père **ne veuille pas** te laisser partir.

DANIEL : Je vais demander à Mme Berthier de lui téléphoner pour que ton père **comprenne** l'importance de ce séjour.

SANDRA : Peut-être qu'il est nécessaire qu'elle **écrive** un petit mot à tes parents.

GÉRARD : Je crains que cela ne **serve** à rien.

DANIEL : Mais si, je suis sûr que tes parents **comprendront**.

Hinweis:

1 Bei *espérer* wird in der Regel das *futur simple* verwendet.

Aufgabe 56

Du möchtest deinem Gegenüber sagen, dass:	**Qu'est-ce que tu dis en français ?**
1. er/sie dir die Wahrheit sagen muss.	S. Il faut que tu me dises la vérité.
2. du fürchtest, dass sie nicht kommen wird.	U. Je crains qu'elle ne vienne pas.
3. du nicht glaubst, dass er krank ist.	B. Je ne crois pas qu'il soit malade.
4. er/sie jetzt losgehen muss.	J. Il faut que tu partes maintenant.
5. er/sie pünktlich dort sein muss (*être à l'heure*).	O. Il faut que tu sois là à l'heure.
6. er/sie unbedingt kommen muss.	N. Il faut absolument que tu viennes.
7. man aufbrechen muss.	C. Il faut qu'on y aille.
8. es an der Zeit ist, dass er/sie jmd. eine kurze Mitteilung schreibt (*écrire un mot*).	T. Il est temps que tu lui écrives un mot.
9. du nicht weißt, was er/sie von dir möchte oder erwartet.	I. Qu'est-ce que tu veux que je fasse ?
10. du aufbrechen musst.	F. Il faut que j'y aille.

Contrôle :	1	2	3	4	5	6	7	8	9	10
	S	**U**	**B**	**J**	**O**	**N**	**C**	**T**	**I**	**F**

Aufgabe 57 Après avoir examiné M. Gros, le médecin lui dit :

« Cela ne m'étonne pas que vous **ayez** mal partout. Il est évident que vous **êtes** trop gros. Il est grand temps que vous **changiez** votre mode de vie. Je crains que vous **ayez** des problèmes cardiaques. Il faut que vous **alliez** voir un spécialiste. Je suis sûr que vous ne **faites** pas de sport. Il est absolument nécessaire que vous **fassiez** régulièrement une promenade de vingt minutes ou de l'exercice physique. Je propose que vous vous **achetiez** un vélo. En plus, il faut que vous **arrêtiez** de fumer. J'espère que vous **prenez/prendrez** mes conseils au sérieux. Je suis sûr que ça **va** aller mieux/ça **ira** mieux dans quelques semaines. »

Aufgabe 58

Himmelpforten, le 12 octobre 2008

Chère Madame, cher Monsieur,

Je voudrais sans tarder vous remercier pour le séjour que j'ai passé chez vous et de votre accueil chaleureux. C'est pour moi une expérience inoubliable.
J'ai trouvé très gentil que vous m'ayez montré toute la région, qui est magnifique. J'ai beaucoup aimé que nous soyons allés à Dinan. Cette petite ville m'a énormément plu. Il est étonnant qu'il y ait tant de maisons à colombages non seulement en Allemagne, mais aussi en Bretagne. Je ne pense pas que mes copains le sachent.
Au début, j'ai craint qu'un séjour en France dans une famille française qui ne parle pas allemand soit trop difficile pour moi. J'avais peur que personne ne me comprenne et j'ai longtemps douté que ce soit une bonne idée de faire cet échange, mais maintenant je suis sûr que c'était la bonne décision. Je crois qu'il est nécessaire qu'on aille en France pour bien apprendre la langue. Il faut qu'on entende du français toute la journée et qu'on lise du français partout.
Mes parents aimeraient que mon frère aille en France l'année prochaine. Ils espèrent qu'il aura envie d'y aller. En ce moment, il est un peu comme moi : il e croit pas que l'échange lui plaise. Mais je vais lui dire qu'il faut absolument qu'il fasse l'expérience de vivre dans une famille française pendant quelque temps et de visiter la Bretagne.
Je n'oublierai jamais tous ces bons moments. Il est clair que j'ai fait beaucoup de fautes de français et je vous remercie de les corriger avec patience.

Passez le bonjour de ma part à Elodie et Adrien.

Je vous embrasse bien affectueusement.
Peter

Aufgabe 59

a) J'ai trouvé très gentil de votre part **de m'avoir montré** toute la région qui est magnifique.
b) J'ai beaucoup **aimé l'excursion** à Dinan/**être allé** à Dinan.
c) Je crois qu'il est nécessaire **d'aller** en France pour apprendre bien la langue.
d) Il faut **entendre** du français toute la journée et **lire** du français partout.
e) Mais je vais lui dire qu'il faut absolument **faire** l'expérience de vivre dans une famille française pendant quelque temps et de visiter la Bretagne.

Aufgabe 60

a) Non, je **ne** travaille **pas**.
b) Non, je **ne** lis **plus**.
c) Non, je **ne** vais **jamais** au cinéma.
d) Non, je **ne** connais **personne** ici.
e) Non, je **ne** reçois **aucun** coup de téléphone bizarre/Non, je **n**'en reçois **aucun**.
f) Non, je **ne** cherche **rien**/nous **ne** cherchons **rien**.
g) Non, ils **ne** jouent **pas encore**.
h) Non, il **n**'y a **plus personne**.
i) Non, elle **ne** mange **plus rien**.
j) Non, il **n**'en parlera **à personne**.
k) Non, l'exercice **ne** sert **à rien**.

Aufgabe 61

a) Arsène n'est pas **un** voleur, il est un gentleman-cambrioleur.
b) Arsène entre sans faire **de** bruit.
c) Son rival, ce n'est pas **un** inconnu, c'est Sherlock Holmes.
d) Arsène ne vole pas **des** bijoux qui appartiennent aux dames très jolies.
e) Arsène ne fait pas **de** fautes.
f) Arsène n'aime pas **la** violence.

Aufgabe 62

a) Elle ne veut pas lui rendre visite.
b) Je n'ai vu personne.
c) Ils n'ont rien entendu.
d) Elle ne veut rien voir.
e) Ils ne veulent plus le lire.

ufgabe 63
a) Je ne veux plus jouer.
b) Je n'ai rien fait.
c) Je ne veux voir personne.
d) Je n'ai jamais lu Harry Potter.
e) Je n'y ai pas pensé.
f) Je n'ai plus de timbres.
g) Je ne vais rien manger.
h) Je ne suis pas encore prêt(e).

ufgabe 64
a) Ta mère : Tu veux regarder la télé ?
Toi : Non, je **ne** veux **pas** regarder la télé.
b) Ta mère : Tu veux appeler quelqu'un ?/Tu veux téléphoner à quelqu'un ?
Toi : Non, je **ne** veux appeler **personne**./Non, je **ne** veux téléphoner **à personne**.
c) Ta mère : Tu veux manger quelque chose ?
Toi : Non, je **ne** veux **rien** manger.
d) Ta mère : Tu as pris ton médicament ?
Toi : Non, je **ne** l'ai **pas encore** pris.
e) Ta mère : Tu as aimé le jus d'orange ?
Toi : Non, je **ne** l'ai **pas** aimé.
f) Ta mère : Tu veux lire « Le Nouvel Observateur » ? Aujourd'hui, je **ne** lis **plus** ce magazine./Je **ne** vais **plus** lire ce magazine.
Toi : Non, je **ne** le lis **pas non plus**./Moi **non plus**.
g) Ta mère : Tu veux lire un livre ?
Toi : J'ai déjà lu un livre et je **ne** veux **plus rien** lire.
h) Ta mère : Tu as besoin de quelque chose ?
Toi : Non, je **n'**ai besoin **de rien**.

ufgabe 65
a) **Personne ne** m'a téléphoné/**ne** m'a appelé(e).
b) **Aucun** de mes copains **ne** m'a rendu visite.
c) **Rien ne** m'a plu.
d) **Personne ne** m'a écrit.
e) **Rien ne** m'a intéressé(e).
f) **Aucun** CD **ne** m'a plu.
g) **Personne ne** s'est occupé de moi.

Aufgabe 66

- Ni M. Schmitt ni Mme Schmitt ne parlent allemand.
- Les Schmitt ne sont ni riches ni pauvres.
- Ils ne voyagent ni ne sortent le soir.
- Ni leur jardin ni leur maison ne sont beaux.
- Ils n'ont ni enfants ni animaux.
- Ni la musique ni la peinture ne les intéressent.
- Les Schmitt n'aiment ni le théâtre ni le cinéma.
- Les Schmitt ne sont ni gentils ni heureux.

Aufgabe 67

MAX : Möchtest du in die Berge oder ans Meer fahren?

MAX : Il **n'**aime **ni** les montagnes **ni** la mer.

MAX : In der Provence gibt es zwei sehr berühmte Berge: den Mont Ventoux und den (Berg) Sainte-Victoire.

Max : Il **ne** connaît **ni** l'un **ni** l'autre.

MAX : Man könnte/wir könnten das römische Theater in Orange oder den/das Aquädukt in der Nähe von Nîmes, den Pont du Gard, besichtigen.

MAX : **Ni** le théâtre **ni** le pont romain **ne** l'intéressent.

MAX : Wir könnten Lourmarin besichtigen, wo der Schriftsteller Albert Camus gelebt und geschrieben hat. Er ist auf dem Friedhof des Dorfes begraben.

MAX : Ce **n'**est **ni** intéressant **ni** drôle.

MAX : Sie möchte dir gern zwei wunderschöne Canyons zeigen: die Schlucht des Verdon und die Schlucht der Ardèche.

MAX : Il **ne** veut visiter **ni** les gorges du Verdon **ni** les gorges de l'Ardèche.

MAX : Was hältst du davon, die Farben und Gerüche der Provence zu erkunden? Das Ocker von Roussillon oder das Violett des Lavendels, zum Beispiel.

MAX : Il **n'**aime **ni** l'ocre **ni** le violet.

MAX : J'ai dit : « Matthias, tu **n'**es **ni** gentil **ni** intelligent. **Ni** ma femme **ni** moi/moi-même **n'**avons envie de nous occuper de toi. Je **ne** peux **ni ne** veux dire à tes parents que ta visite nous plaît : **rien ne** t'intéresse, tu **ne** respectes **personne**, **aucune** de nos idées **ne** t'a plu, tu **ne** veux **rien** faire et tu **ne** vas **rien** voir en Provence. Maintenant, je **ne** veux **plus rien** entendre.

MAX : Il dit : « Mais mon cher oncle, tout m'intéresse. J'ai simplement essayé d'utiliser « ne… ni… ni ». Mon professeur de français me dit toujours que je **ne** connais **ni** la grammaire **ni** le vocabulaire. Mais en ce moment je **n'**ai **ni** envie **ni** le temps d'apprendre la grammaire. Je veux voir la Provence.

ufgabe 68

a) Valérie, tu rentres **quand** de l'Amérique ?
b) Luc, tu as **combien de** frères ?
c) Caroline, **que** fais-tu ?
d) Igor, d'**où** viens-tu ?
e) Mona, **pourquoi** est-ce que ton père ne travaille plus ?
f) **Quelle** fille est la sœur de Paul?
g) **Comment** s'appelle le garçon qui joue si bien du piano?
h) Avec **qui** est-ce que tu es allé à l'école primaire?
i) Claude, depuis **quand** est-ce que tu habites ici?
j) Marie, **où** habite ta mère?

ufgabe 69

a) Lesquels ?
b) Lesquelles ?
c) Lequel ?
d) Laquelle ?
e) Lesquels ?
f) Lesquelles ?

ufgabe 70

a) Tu t'appelles comment ?
b) Tu as quel âge ?
c) Tu habites où en France ?
d) Tu restes combien de temps ici ?
e) Tu es dans quelle classe ?
f) Tu es en vacances avec qui ?
g) Vous êtes combien (dans le groupe) ?
h) Vous allez faire quoi aujourd'hui ?
i) Vous allez où ?
j) Vous allez dîner quand ?
k) On se donne rendez-vous à quelle heure ?

Aufgabe 71

a) Qu'**est-ce qui** s'est passé ici ?
b) Qui **(est-ce qui)** a vu cet accident ?
c) Qu'**est-ce que** vous avez vu exactement ?
d) Qui **est-ce que** vous avez vu ?
e) Qui **(est-ce qui)** a aidé la cycliste ?
f) Qu'**est-ce que** le conducteur de la voiture a fait après l'accident ?

Aufgabe 72

a) **Qui** (**est-ce qui**) a fait cela ?
b) **Qu'est-ce qui** plaît aux enfants ?
c) **Qui** (**est-ce qui**) plaît aux enfants ?
d) **Qu'est-ce qui** t'inquiète ?
e) **Qu'est-ce qui** t'a motivé à lire ce livre ?
f) **Qui** (**est-ce qui**) t'a motivé à lire ce livre ?

Augabe 73

		juste	faux
a)	Qu'est-ce qui il a acheté ? **Qu'est-ce qu'**il a acheté ?	☐	☒
b)	Qu'est-ce que tu veux faire ?	☒	☐
c)	De que est-ce que tu as rêvé ? **De quoi est-ce que** tu as rêvé ?	☐	☒
d)	Qui est-ce que Margot a rencontré hier ?	☒	☐
e)	A qui est-ce qui il a parlé ? **A qui est-ce qu'**il a parlé ?	☐	☒
f)	Qu'est-ce qu'il raconte ?	☒	☐
g)	Quel film est-ce que vous avez vu ?	☒	☐
h)	Qu'est-ce qui tu attends ? **Qu'est-ce que** tu attends ? / **Qui est-ce que** tu attends ?	☐	☒

ufgabe 74

Maman, papa,
pourquoi **est-ce que** le bateau flotte sur l'eau ? Qui **est-ce qui** a construit ce bateau ? Où **est-ce que** le capitaine se trouve ? Moi aussi, je veux devenir capitaine. Regardez, un matelot ! Qu'**est-ce qu**'ils font, les matelots ? Peut-être que je veux devenir matelot. Regardez, un oiseau ! Comment **est-ce qu**'on appelle cet oiseau ? Qu'**est-ce qu**'il mange ? Combien de poissons **est-ce qu**'il y a dans l'océan ? Cette dame là-bas a l'air bizarre. Avec qui **est-ce qu'** elle parle ? Mais qui **est-ce que** vous regardez ? Regardez plutôt la dame ! Pourquoi **est-ce qu**'elle pose des questions à ce monsieur ? Qu'**est-ce qui** l'intéresse ? Derrière elle, qu'**est-ce que** c'est ? Une bouée de sauvetage ? Où **est-ce qu'** il y a des bateaux de sauvetage ? Je veux y aller. Et vous, qu'**est-ce qui** vous intéresse ? J'ai faim. Quand **est-ce qu**'on va déjeuner ?

ufgabe 75

a) **Qui est-ce qui** a résidé dans ce château ?
b) **Quand est-ce que** le château de Versailles a été construit ?
c) **Qu'est-ce qu**'il y avait avant ?
d) **Qu'est-ce qui** s'est passé pendant la révolution ?
e) **Est-ce que** vous pouvez nous montrer les appartements du Roi ?
f) **Où est-ce que** le traité de Versailles a été signé ?

ufgabe 76

a) **Fait-il** les courses ? Oui, il fait les courses.
b) **Vont-elles** au théâtre ? Oui, elles vont au théâtre.
c) Qui **est-ce** ? C'est Luc, un copain de mon frère.
d) Où **va-t-il** ? Il va au marché.
e) Et ta mère ? Quand **reviendra-t-elle** ? Elle reviendra demain.

Aufgabe 77

Unbenannt - Nachricht (Rich-Text)

An... Eliane16@ezi.fr

Cc...

Betreff: Beaucoup de questions…

Salut Eliane,

Comment vas-tu ? **Que fais-tu** en ce moment ? **Comment va** (ton frère) Sébastien ? **Joue-t-il** toujours au foot ? **Quel** temps **fait-il** chez vous ? **As-tu** reçu ma lettre avec les photos ?

Pourquoi ne **sors-tu** plus avec Adrien ? **Depuis quand** n'**as-tu** plus vu Adrien ?

Quand allez-vous revenir de chez tes grands-parents ? **Où habitent-ils** ? **Pourrais-je** avoir leur adresse ?

Que devient ton lapin ?

As-tu envie de me rendre visite pendant les vacances d'été ?

Je t'embrasse,
Julia

Aufgabe 78

- Comment **vous appelez-vous** ?
- Où **êtes-vous** né ?
- Quel âge **avez-vous** ?
- Où **avez-vous** grandi ?
- Comment **avez-vous** trouvé votre nom ?
- **Avez-vous** fait du sport ?
- **Avez-vous** aimé l'école ?
- **Aimez-vous** la littérature ?
- **Avez-vous** fait des études à l'université ?
- Pourquoi **aimez-vous** le rap ?
- **Pourriez-vous** m'envoyer un autographe ?

ufgabe 79 Individuelle Lösung

MC Solaar s'appelle Claude M'Barali. Il est né à Dakar en 1969. Il a 39 ans. Il a grandi à Villeneuve-Saint-Georges en banlieue parisienne. Il faisait des graffitis et son signe était *soar.* Un jour, il en a fait *solaar.* MC, ce qui signifie *maître de cérémonie,* c'est pour l'identifier comme rappeur. Etant jeune, il a joué au foot. Il était un excellent footballeur. En seconde, il voulait quitter l'école, mais il a continué et il a passé son bac. Au lycée, il a eu des profs qui lui ont fait aimer la littérature. En 1989, il s'est inscrit à la faculté de Jussieu pour étudier les langues. Il adore la langue et la poésie et aime jouer avec les mots. Pour lui, le rap est un moyen de s'exprimer et de parler des problèmes de la société. Il ne veut pas être un rappeur violent et agressif, mais pacifiste.

ufgabe 80

a) A qui **M. Pigou a-t-il téléphoné** ?
b) Dans quel film **M. Kassovitz fait-il** la collection de photos d'identité ?[1]
c) Où **votre femme a-t-elle** travaillé ?
d) Comment **l'auteur du roman arrive-t-il** à créer du suspense ?
e) Pourquoi **le ministre** ne **va-t-il** pas **démissionner** ?
f) **L'acteur Vincent Cassel a-t-il tourné** d'autres films ?
g) Combien **le collier de diamants coûte-t-il** ?
h) Quand **les soldats allemands sont-ils entrés** dans Paris ?
i) Quand **le docteur viendra-t-il** ?
j) Où **les passagers vont-ils sortir** ?

Hinweis:

1 Im Film „Le fabuleux destin d'Amélie Poulain" (dt.: „Die fabelhafte Welt der Amélie").

ufgabe 81

a) **L**'as-tu fait ?
b) A qui **le** dites-vous ?
c) Comment **s**'appelle-t-il ?
d) **Vous** souvenez-vous ?
e) Pour qui **me** prends-tu ?

ufgabe 82

a) Toi : **M**'as-tu vu(e)[1] sauter ?
b) Toi : **Le** connaissez-vous ?
c) Toi : **L**'as-tu vue[1] tomber ?

d) Toi : **Vous** a-t-il plu ?
e) Toi : **L**'avez-vous pris en photo ?

Hinweis:

1 Ist das direkte Objekt weiblich, so wird das *participe passé* angeglichen.

Aufgabe 83

- Pourquoi votre premier roman s'appelle-t-il « Le carnet d'or » ?
- Pourquoi les ouvriers font-ils la grève ?
- Quand avez-vous créé cet opéra ?
- Qu'avez-vous fait ?
- D'où venez-vous ?
- Pourquoi les gens ne font-ils pas de dons ?
- Votre parti se souvient-il de ses promesses ?
- Les joueurs ont-ils toujours cru à la victoire ?

Aufgabe 84

a) A quelle heure est-ce que le prochain train pour Rouen part d'ici ?/Le prochain train à Rouen part d'ici à quelle heure ?/A quelle heure le prochain train pour Rouen partira-t-il d'ici ?
b) Quand est-ce qu'il arrive à Rouen ?/Quand arrive-t-il à Rouen ?
c) Est-ce qu'il y a un TGV ?/Y a-t-il un TGV ?
d) De quel quai est-ce qu'il part ?/De quel quai part-il ?/Il part de quel quai ?
e) Est-ce qu'il faut changer de train ?/Il faut changer de train ?/Faut-il changer de train ?
f) Combien de stations/d'arrêts y a-t-il ?/Il y a combien de stations/d'arrêts ?
g) Est-il nécessaire de faire une réservation ?/Il est nécessaire de faire une réservation ?
h) Ça coûte combien ?/Combien ça coûte ?/Combien coûte une réservation ?
i) Je peux (Il peut) payer avec ma (sa) carte de crédit ?/Est-ce que je peux (il peut) payer avec ma (sa) carte de crédit ?
j) Le train de 13h 42 part où ?/Où part le train de 13h42 ?/Le train de 13h 42, il part où ?
k) Quand est-ce qu'on peut monter ?/On peut monter quand ?

ufgabe 85 Individuelle Lösung

Lucie **dit** à son père qu'elle va rentrer tard ce soir et elle **ajoute/explique** qu'elle est invitée chez sa copine Cléo. Le père de Lucie **répond/remarque** qu'il ne veut pas qu'elle rentre trop tard.

Lucie **pense** qu'elle a toujours des ennuis avec papa. Elle **annonce/prétend** qu'elle ne va pas rentrer trop tard et elle **ajoute/souligne** que toutes ses copines restent jusqu'à minuit. Le père **trouve/croit** que c'est beaucoup trop tard. Il **dit/explique/remarque** qu'il ne veut pas qu'elle rentre seule la nuit. Il **explique/ajoute** qu'il ne le veut pas parce que c'est dangereux. Lucie **constate/trouve** que son père a plus peur que jamais. Elle **dit/explique** que Jean-Christophe et Philippe vont rentrer aussi. Le père **trouve/est d'avis/croit** que Philippe est malhonnête et il **est d'avis** que Philippe ne devrait pas rentrer avec sa fille. Le père **dit/explique** qu'il a confiance en Jean-Christophe et il **ajoute/ déclare** qu'elle peut rentrer avec lui.

Hinweis:

Es gibt auch noch andere Möglichkeiten, diese Aufgabe zu lösen. Du musst allerdings immer darauf achten, dass die Verben in den Kontext passen.

ufgabe 86

a) Maurice dit qu'**il** lui **fait son** gâteau préféré.
b) Chantal dit qu'**elle va** lui acheter un cadeau.
c) Robert dit qu'**ils vont** organiser une fête surprise.
d) Maxime dit que **son** idée (l'idée de Robert) est super et qu'**il va** demander à **ses** parents s'ils **leur** permettent de faire la fête dans **leur** jardin.
e) Olivier dit qu'**il va** apporter **son** lecteur laser.
f) Fabienne et Françoise disent qu'**elles vont** chanter « Joyeux anniversaire ».
g) Fatima et Nicole disent qu'elles **vont apporter leurs** CD.
h) Sonia dit qu'**elle va** lui faire **sa** meilleure mousse au chocolat.

ufgabe 87

Sélima a dit que les filles musulmanes **devraient** décider librement. Elle a ajouté qu'elle **comprenait** les filles qui **voulaient/veulent**[1] porter le voile ou le foulard islamique.

Patrice a dit qu'il **était** pour cette loi. Il a expliqué **qu'il fallait** penser aux filles qui **étaient** forcées par leurs parents de porter le voile. La loi **soutenait** les filles qui ne **voulaient** pas porter le foulard. »

Leila a expliqué que la loi **lui permettait** de **s**'habiller comme **ses** copines françaises et que **son** père **devait** accepter cela. Elle a ajouté qu'**elle menait** une double vie : au collège, **elle était** Française, mais chez **elle**, **elle était** musulmane. Ella a dit que c'**était** très difficile. »

Tahar a dit que le port du voile (c')**était** la tradition et que le voile et le foulard **protégeaient** les filles parce que les garçons les **draguaient** moins souvent. »

Tiphaine a dit qu'**elle croyait** que la loi **aidait** les filles musulmanes à s'intégrer dans la société française.

Martine a dit qu'**elle avait** l'impression que les musulmans se **sentaient** discriminés par cette loi.

Nathalie a expliqué que le voile **était** un symbole de l'oppression de la femme et qu'il **était** donc contraire aux principes de la France, surtout au principe de l'égalité.

Benoît a dit qu'**il était** de **son** avis/de l'avis de Nathalie. **La veille, il avait** lu une phrase intéressante. L'auteur **avait** dit qu'à l'école, il y **avait** des *élèves* et non des juifs, des musulmans, des chrétiens. »

Tahar a dit qu'**il avait** le sentiment qu'on **avait** interdit le port du voile parce qu'on **considérait** l'islam comme la « mauvaise religion ».

Patrick a dit qu'en France, il **fallait** accepter les traditions occidentales et que chacun **devait** s'adapter aux coutumes de notre société.

Odile a dit que certaines personnes **considéraient** le voile comme un symbole politique. Elle a ajouté qu'elle **avait** peur de la rivalité entre les deux cultures. Elle a dit que grâce à cette loi, les gens **vivraient** ensemble sans rivalité.

Hinweis:

1 Das Präsens ist hier möglich, weil die Aussage zeitlos und allgemein gültig ist.

Aufgabe 88

a) Une des têtes exposées au Musée de l'Homme est celle de René Descartes.
Descartes était ☐ peintre ☒ philosophe ☐ romancier ☐ acteur

b) Selon Thuram, l'exposition montre que tous les hommes ont la même origine.

c) Il trouve l'exposition importante parce qu'elle fait partie de l'éducation contre le racisme.

ufgabe 89 Tiens, à propos Thuram. Il y a quinze jours, j'ai lu un article sur Thuram. Le journaliste écrivait que la tête de Lilian Thuram **allait** être moulée pour être exposée au Musée de l'Homme à Paris. Il écrivait qu'on **allait** montrer les crânes d'un homme ancien, d'un homme moderne et d'un homme vivant. Il écrivait qu' on **avait choisi** les têtes de l'homme de Cro-Magnon, qui **datait/date** de 30 000 ans environ, de René Descartes (1596–1650), un des plus grands philosophes français, et le crâne en plastique de Lilian Thuram.
(Il écrivait que) Thuram **avait expliqué** que le but de l'exposition **était** de montrer l'évolution de l'homme et que tous les hommes **avaient** la même origine. Pour **lui**, l'exposition **faisait/fait** partie de l'éducation contre le racisme. Le journaliste écrivait qu'en 2006, Thuram, né en Guadeloupe, **avait fait** un voyage au Sénégal et au Bénin. Thuram **avait expliqué** qu' il **s'était promis** de retrouver **ses** origines familiales. Depuis qu'il **était** petit, il **avait** le sentiment que les Thuram **venaient** du Bénin. Le journaliste disait qu'entre les XVIe et XIXe siècles, beaucoup de Noirs **avaient été** déportés vers le Brésil et les Antilles. Thuram **avait dit** qu'**il était** à la fois Français, né en Guadeloupe et **qu'il était** un Européen noir qui **avait vécu** à Monaco, en Italie et en Espagne. Le journaliste écrivait qu'on **avait demandé** à Thuram de passer le diplôme d'entraîneur. Thuram **avait** répondu que **lui, il se verrait** plutôt travailler pour éduquer les enfants et combattre le racisme.

ufgabe 90
a) Elle te demande si tu peux lui passer le sel.
b) Il (te) demande si tu veux du poivre.
c) Elle veut savoir si tu as aimé sa salade.
d) Il (te) demande si tu as encore faim.
e) Elle (te) demande si tu pourrais lui donner le jus d'orange.
f) Il veut savoir si tu veux goûter à leur dessert.
g) Elle veut savoir si tu vas leur raconter une histoire après le repas.
h) Il (te) demande si tu les emmèneras au cirque demain.

ufgabe 91
PAPA : Manon, écoute, Chantal demande si **elle peut** avoir la mobylette ce soir.
PAPA : Elle dit que Marc **les** a invités, Serge, Elodie et **elle**.
PAPA : Elle dit que **nous** le connaissons.
PAPA : Chantal dit qu'il **l'**a aidé**e** à préparer **sa** fête samedi dernier.
PAPA : Elle dit que Marc a un nouveau lecteur DVD et qu'**ils vont** voir un film ensemble.

PAPA : Chantal dit que **leur** prof a remis l'interrogation à la semaine prochaine.
PAPA : Elle demande si je (ne) peux (pas) **l'**emmener.
PAPA : Elle dit qu'**elle** a seize ans.
PAPA : Chantal dit que Marc **lui** a envoyé un SMS. Il écrit qu'il n'a pas le temps ce soir et qu'il **leur** propose de voir le film samedi.

Aufgabe 92 Thierry dit :

Sandrine demande à Amandine **si** ça **va** avec Daniel. Amandine répond **qu'ils se sont** séparés. Sandrine dit **que** la semaine dernière, **elle l'a** vue au cinéma avec lui. Amandine explique **qu'elle l'a** quitté hier. Sandrine demande **si elle** n'**est** pas trop malheureuse. Amandine répond **qu**'hier, **elle a** pleuré toute la journée. Elle ajoute **que ça** n'**allait** plus avec Daniel. Sandrine demande **s'**il **l'a** trompée avec une autre fille. Amandine répond **qu'elle** ne **sait** pas et que Daniel **pensait** seulement à son hobby. Sandrine dit **qu'ils voulaient** partir en Espagne ensemble. Amandine explique **que** Daniel **lui a** envoyé un SMS. Il **lui a** dit qu'il préférait faire du canoë avec ses copains. Hier, **ils ont** longuement discuté sur **leur** avenir. Sandrine remarque **qu**'Amandine **lui fait** pitié. Amandine dit **qu'elle a son** chat Hercule et qu'**elle est** contente d'être seule. Sandrine dit **qu'elle pourrait lui** donner le numéro de téléphone de Lucien et **qu'ils pourraient** sortir ce soir, tous les quatre. (Elle ajoute **que**) Lucien **est** un peu macho mais (qu')il **l'adore**. Amandine répond **qu'elle** n'**aime** pas ce dragueur et **que** Sandrine **peut l'**inviter / inviter Amandine au cinéma, si **elle veut**.

Aufgabe 93 Gérard raconte :

Sandrine a demandé à Amandine si ça **allait** avec Daniel. Amandine a répondu qu'ils s'**étaient** séparés. Sandrine a dit que **la semaine précédente**, elle l'**avait** vue au cinéma avec lui. Amandine a expliqué qu'elle l'**avait** quitté **la veille**. Sandrine a demandé si elle n'**était** pas trop malheureuse. Amandine a répondu que **la veille**, elle **avait** pleuré toute la journée. Ella a ajouté que ça n'**allait** plus avec Daniel. Sandrine a demandé s'il l'**avait** trompée avec une autre fille. Amandine a répondu qu'elle ne **savait** pas et que Daniel **pensait** seulement à son hobby. Sandrine a dit qu'ils **voulaient** partir en Espagne ensemble. Amandine a expliqué que Daniel lui **avait** envoyé un SMS. Il lui **avait** dit qu'il préférait faire du canoë avec ses copains. **La veille**, ils **avaient** longuement discuté sur leur avenir. Sandrine a remarqué qu'Amandine lui **faisait** pitié. Amandine a dit qu'elle **avait** son chat Hercule et qu'elle **était** contente d'être seule. Sandrine a dit qu'elle **pourrait** lui donner le numéro de téléphone de Lucien et qu'ils **pourraient** sortir **ce soir-là**, tous les quatre. Elle a ajouté que

Lucien **était** un peu macho, mais qu'il l'**adorait**. Amandine a répondu qu'elle n'**aimait** pas ce dragueur et que Sandrine **pouvait** l'inviter au cinéma, si elle **voulait**.

ufgabe 94 **Qu'est-ce qui** s'est passé exactement ?
Qu'est-ce que vous avez fait au moment du crime ?
Qu'est-ce que vous aimez bien ?
Qu'est-ce qui vous intéresse ?
Qu'est-ce que vous détestez ?
Vous êtes le voisin de Monsieur le suspect. **Qu'est-ce que** vous pensez de lui ?

ufgabe 95 Je lui ai demandé **si elle s'appelait** Mme Loisel. J'ai demandé **quelle était son** adresse. J'ai demandé **ce qui** s'**était** passé. Puis, je lui ai demandé **à quelle heure elle était** rentrée. J'ai demandé **ce qui lui avait** fait peur. Je voulais savoir **si elle avait** vu quelqu'un ou entendu quelque chose. Après, j'ai demandé **ce qu'elle avait** fait après avoir entendu le bruit. J'ai constaté qu'elle **avait pris** le club de golf et j'ai demandé **où elle l'avait** trouvé. J'ai demandé **comment**, à **son** avis, le cambrioleur **était** entré dans la maison. Puis, je lui ai demandé **quand elle avait** remarqué que **ses** bijoux n'étaient plus là. Après, je voulais savoir **à qui elle avait** parlé de **ses** bijoux. J'ai demandé **quand elle allait** informer l'assurance. Je lui ai demandé **pourquoi son** mari n'**avait** rien remarqué. J'ai constaté qu'il **était parti** en Angleterre. Après, j'ai voulu savoir **s'il partait** souvent seul jouer au golf en Angleterre. Je lui ai demandé **ce qu'elle** en **pensait**. J'ai demandé **pourquoi elle** ne **jouait** pas au golf. J'ai demandé **si son** mari **louait** l'équipement de golf en Angleterre. A la fin, j'ai demandé **pourquoi son** mari **prenait** toujours ses propres clubs avec lui.

ıfgabe 96

J'ai répondu au commissaire que j'**étais rentrée** vers 21 heures. J'ai dit que j'**avais** tout de suite **remarqué** que quelqu'un **avait cambriolé** notre appartement. Je lui ai raconté qu'une fenêtre **était cassée**.

Je lui ai dit que j'**avais entendu** du bruit et que j'**avais pris** ton club de golf. J'ai expliqué que les clubs de golf se **trouvaient / trouvent** toujours à côté de l'entrée. Je lui ai dit que j'**informerais** l'assurance aussitôt que possible.

> J'ai répondu que tu **étais parti** en Angleterre pour jouer au golf. J'ai ajouté que je **trouvais** normal que tu sois parti seul parce que je ne **jouais / joue**[1] pas au golf.

> J'ai dit que les joueurs de golf **prenaient** toujours leurs propres[2] clubs parce qu'ils **préféraient** leur équipement.

Hinweise:

1 In diesem Fall ist auch das Präsens richtig, weil die Aussage allgemein gültig ist: Mme Loisel spielt auch jetzt noch nicht Golf.

2 Beachte, dass *propre* verschiedene Bedeutungen hat: Steht es vor dem Substantiv, bedeutet es „eigener/-e/-es"; steht es hinter dem Substantiv, bedeutet es „sauber".

Aufgabe 97 Individuelle Lösung

Mme Loisel dit que son mari est parti en Angleterre et que les joueurs de golf jouent toujours avec leur propre équipement. Elle ne joue pas au golf. Le club qu'elle a trouvé à côté de l'entrée appartient donc à M. Loisel. Le fait que son équipement est toujours là prouve qu'il n'est pas parti en Angleterre. Donc, les Loisel mentent.

Aufgabe 98 Sergent, Mme Loisel a dit que son mari était allé en Angleterre pour jouer au golf. Elle a déclaré que les joueurs de golf prenaient toujours leur équipement avec eux. Elle m'a raconté qu'elle était entrée dans son appartement et qu'elle avait entendu un bruit. Elle a dit qu'elle avait pris un club de golf pour se défendre. Si M. Loisel était vraiment parti en Angleterre pour jouer au golf, Mme Loisel n'aurait pas trouvé de club de golf à côté de la porte. Son mari n'est donc pas en Angleterre. Les Loisel ont fait semblant d'être cambriolés pour se faire rembourser par l'assurance.

ufgabe 99

Magdalena Schröder
Theodor-Heuss-Straße 2
21337 Lüneburg
Allemagne

M. et Mme Lelièvre
13, rue Lepic
75012 Paris

Lüneburg, le 30 avril 2008

Madame, Monsieur,

J'ai 18 ans et je viens de passer le bac au lycée Johanneum à Lüneburg. Je suis à la recherche d'un emploi de jeune fille au pair pour une durée d'un an pour perfectionner mon français avant de commencer mes études de français.
J'ai trouvé votre adresse sur une liste publiée par l'Office Franco-Allemand pour la Jeunesse. Votre offre m'intéresse beaucoup.
J'aime beaucoup m'occuper d'enfants et je l'ai déjà fait en d'autres occasions (babysitting chez des amis).
Pourriez-vous me donner quelques précisions concernant le travail ? J'aimerais savoir en quoi consisteront mes tâches familiales. Aurai-je la possibilité de suivre des cours de français dans votre ville ?
Mes parents aimeraient savoir si je serai couverte par une assurance en cas de maladie ou d'accident.
Je serai libre à partir du 15 juillet et je suis prête à commencer après cette date.

Dans l'attente de votre réponse, je vous prie d'agréer, Madame, Monsieur, mes salutations respectueuses.

Magdalena Schröder

gabe 100

Le pharmacien dit :

a) Depuis quand est-ce que tu te sens mal ?
b) Est-ce que vous avez passé toute la journée à la plage ?
c) Je crois que tu es resté trop longtemps au soleil.
d) Est-ce que je peux voir ta poitrine, ton ventre, tes bras et ton dos, s'il te plaît ?
e) Ta peau est toute rouge.
f) Tu as attrapé un coup de soleil.
g) A mon avis, tu devrais voir un médecin/aller chez un médecin au cas où ce serait[1] une insolation. Le docteur va te prescrire des médicaments.

h) Je vais te donner une crème solaire. Mais il faut absolument éviter le soleil.
i) Quand tu m'apporteras l'ordonnance, je te donnerai les médicaments.
j) Je te souhaite un bon rétablissement.

Hinweis:

1 Die Wendung *au cas où* erfordert das *conditionnel*.

Aufgabe 101 Le pharmacien a demandé depuis quand **je me sentais** mal. Puis il a demandé si **nous avions** passé toute la journée à la plage. Il a dit qu'il **croyait** que **j'étais resté** trop longtemps au soleil. Il voulait savoir s'il **pouvait voir** montrer **ma** poitrine, **mon** ventre, **mes** bras et **mon** dos. Il a constaté que **ma** peau **était** toute rouge. Il a dit que **j'avais** attrapé un coup de soleil. Puis il a dit qu'à **son** avis, **je devrais** voir un médecin/aller chez un médecin au cas où **ce serait** une insolation. Il a dit que le docteur **allait me** prescrire des médicaments. Il a dit qu'**il allait me** donner une crème solaire mais qu'il **fallait** absolument éviter le soleil. Il a dit que quand **je lui apporterais** l'ordonnance, **il me donnerait** les médicaments. Et puis **il m'a** souhaité un bon rétablissement.

Aufgabe 102 **Au discours direct**

LE JOURNALISTE : Est-ce que tu peux me donner quelques détails concernant ta personne ?

JULIE : Je m'appelle Julie, j'ai 16 ans et je viens de Châteauroux.

LE JOURNALISTE : Quels pays est-ce que tu as déjà visités ?

JULIE : Je suis allée en Italie, en Angleterre et en Espagne / J'ai visité l'Italie, l'Angleterre et l'Espagne.

LE JOURNALISTE : Est-ce que tu aimes l'Allemagne ?

JULIE : Je l'aime beaucoup. Sinon, je ne serais pas ici.

LE JOURNALISTE : Est-ce que tu avais des préjugés ?

JULIE : On dit que les Allemands aiment la discipline et l'ordre et qu'ils prennent tout au sérieux. J'aime les Allemands. Ça me plaît ici.

LE JOURNALISTE : Est-ce que tu comptes revenir en Allemagne plus tard ? Par exemple, est-ce que tu accepterais, si on te proposait un travail ?

JULIE : J'aimerais revenir et j'accepterais peut-être.

LE JOURNALISTE : Qu'est-ce que tu n'aimes pas en Allemagne ?

JULIE : Je n'aime pas les saucisses et la choucroute.

LE JOURNALISTE : Qu'est-ce qui te plaît dans la musique allemande ?

JULIE : Je connais Herbert Grönemeyer et Tokio Hotel. C'est ce groupe qui m'a intéressée à la langue allemande.
LE JOURNALISTE : Merci.
JULIE : Je vous en prie.

Au discours indirect
Le journaliste a demandé si Julie **pouvait lui** donner quelques détails concernant sa personne. Julie a dit qu'**elle s'appelait** Julie, qu'**elle avait** 16 ans et qu'**elle venait** de Châteauroux. Le journaliste a demandé quels pays **elle avait** déjà visités. Julie a dit qu'**elle était** allée en Italie, en Angleterre et en Espagne/qu'**elle avait** visité l'Italie, l'Angleterre et l'Espagne. Le journaliste a demandé si Julie **aimait** l'Allemagne. Julie a répondu qu'**elle** l'**aimait** beaucoup. Elle a ajouté que sinon, **elle** ne **serait** pas ici. Le journaliste voulait savoir si **elle avait** des préjugés. Julie a répondu qu'on **disait/dit**[1] que les Allemands **aimaient/aiment**[1] la discipline et l'ordre et qu'ils **prenaient/prennent**[1] tout au sérieux. Elle a dit qu'**elle aimait** les Allemands et elle a ajouté que ça **lui plaisait** ici. Le journaliste a demandé si Julie **comptait** revenir en Allemagne. Il voulait savoir si, par exemple, **elle accepterait** si on **lui proposait** un travail. Julie a dit qu'**elle aimerait** revenir et qu'**elle accepterait** peut-être. Le journaliste a demandé ce que Julie n'**aimait** pas en Allemagne. Julie a répondu qu'**elle** n'**aimait** pas les saucisses et la choucroute. Le journaliste a demandé ce qui **lui plaisait** dans la musique allemande. Julie a dit qu'**elle connaissait** Herbert Grönemeyer et Tokio Hotel. Elle a dit que **c'était** ce groupe qui **l'avait** intéressée à la langue allemande. Le journaliste a remercié Julie.

Hinweis:
1 Da es sich hier um Aussagen handelt, die allgemein und immer noch gültig sind, kann auch das Präsens verwendet werden.

fgabe 103
a) Lucie fait un beau rêve, **quand** le réveil sonne.
b) **Après que** sa mère est entrée dans la chambre, Lucie se lève.
c) **Pendant qu**'elle prend sa douche, sa sœur Sophie entre dans la salle de bains et commence à faire sa toilette.
d) Sophie demande à Lucie si elle peut prendre son eau de toilette. **Avant que** Lucie **puisse**[2] répondre, Sophie prend le petit flacon.
e) **Depuis que** Lucie a sa nouvelle eau de toilette, Sophie, elle aussi, sent le parfum. Maintenant, Lucie comprend pourquoi.
f) **Au moment où** Lucie sort de la douche, Sophie laisse tomber le flacon.

g) **Quand** le flacon tombe sur le carrelage, une forte odeur d'eau de toilette se répand dans la salle de bains.
h) **Pendant que** Sophie ramasse le flacon brisé, Lucie crie de colère.
i) Lucie crie **jusqu'à ce que** leur mère **arrive.**[1]

Hinweise:

1 Beachte, dass *avant que* den *subjonctif* auslöst.
2 Beachte, dass *jusqu'à ce que* den *subjonctif* auslöst.

Aufgabe 104

a) **Quand** Lucie rentre de l'école, sa mère lui dit de faire vite ses devoirs parce qu'elle veut aller en ville avec elle.
b) **Pendant que** Lucie essaie de faire ses devoirs, Sophie écoute de la musique dans la chambre d'à côté./Lucie essaie de faire ses devoirs **pendant que** Sophie écoute de la musique dans la chambre d'à côté.
c) Lucie continue à travailler **jusqu'à ce qu'**elle n'**arrive** *(subj.)* plus à se concentrer.
d) **Après que** sa sœur a mis un CD de Metallica, Lucie se lève.
e) Elle entre furieusement dans la chambre de sa sœur et dit : « Sophie, je travaille. Et **depuis que** tu écoutes de la musique, je ne peux plus me concentrer. »
f) Je ne veux plus rien entendre **jusqu'à ce que** mon travail **soit** terminé.

Aufgabe 105

a) **Comme** Lucie n'a pas beaucoup de temps, elle va tout de suite dans sa chambre.
b) Lucie va tout de suite dans sa chambre **parce qu'**elle n'a pas beaucoup de temps.
c) Lucie va tout de suite dans sa chambre **puisqu'**elle n'a pas beaucoup de temps.
d) Lucie va tout de suite dans sa chambre, **car** elle n'a pas beaucoup de temps.

Aufgabe 106

1/F: Tes parents t'offrent un livre sur Paris **pour que/afin que tu puisses** préparer ton voyage.
2/E: Ton correspondant français te donne des informations sur lui **pour que/afin que tu saches** qui il est.
3/I: Le professeur parle d'un ton sévère **pour que/afin que vous fassiez** correctement les devoirs.

4/H: Les Tibéry passent leurs vacances d'hiver à la montagne **pour que/ afin que leur fils apprenne** le ski.

5/A: Tu es très gentil avec la belle Christine **pour qu'/afin qu'elle aille** au cinéma avec toi.

6/C: Ta mère te réveille dès 6 heures **pour que/afin que tu sois** à l'heure.

7/J: Tu lis une histoire à ta petite sœur **pour qu'/afin qu'elle s'endorme** tranquillement.

8/B: Mme Bruel achète un dictionnaire à son fils Kevin **pour qu'/afin qu'il comprenne** le livre en allemand.

9/G: Le médecin te donne un médicament **pour que/afin que tu te sentes** mieux.

10/D: Tu aides Charlotte à faire ses devoirs **pour qu'/afin qu'elle ait** une meilleure note.

fgabe 107

a) Il fait beaucoup de sport, **de sorte qu'/si bien qu'**on ne lui donne pas son âge.
b) Papa roule toujours **si vite que** maman a très peur./Papa roule toujours vite, **de sorte que/si bien que** maman a très peur.
c) Le camion ne pouvait plus freiner, **de sorte qu'/si bien qu'**il a renversé la moto.
d) Maurice a lu son roman policier jusqu'à trois heures du matin, **de sorte qu'/si bien qu'**il n'a pas entendu le réveil à 7 heures.
e) Il a neigé toute la nuit, **de sorte que/si bien que**, le lendemain, M. Cabesos a fait de la luge avec ses enfants.

fgabe 108

Claude n'est pas venu à la fête, **bien que/quoique** nous l'**ayons** invité.
Quoiqu'/Bien qu'il **ait** beaucoup de travail, Claude passe beaucoup de temps avec ses jeux vidéo.
Bien qu'/Quoiqu'il **fasse** beau, Claude n'aime pas sortir.
Il ne fait pas de sport **bien qu'/quoiqu'**il **sache** que c'est bon pour la santé.
Quoique/Bien que son frère **soit** plus grand que lui, il fait plus jeune.
Quoique/Bien que Claude **soit** bizarre, je le trouve sympa.

Aufgabe 109

1/K: Ils discutent tout le temps **alors qu'/tandis qu'**il faut agir.
2/G: Il n'arrête pas de se plaindre, **alors que/tandis que** les autres sont très contents.
3/F: Marion est très heureuse à Bruxelles, **alors que/tandis que** son mari a beaucoup de problèmes dans cette ville.
4/L: Je me repose **alors que/tandis que** mes copains travaillent.
5/D: J'aime la musique classique **alors que/tandis que** ma sœur préfère le rock.
6/B: **Alors que/tandis que** sa femme préfère passer les vacances à la maison, Gérard aime les voyages.
7/I: Pour moi, c'est très important **alors que/tandis que** pour lui, c'est sans importance.
8/A: Nicolas a bien joué **alors que/tandis que** les autres joueurs de l'équipe n'étaient pas en forme.
9/H: Ma copine aime les peintres impressionnistes, **alors que/tandis que** moi, j'aime la peinture romantique.
10/J: Vingt-trois élèves veulent visiter l'aquarium de Saint-Malo, **alors que/tandis que** les autres veulent visiter la ville.
11/C: Il fait beau chez toi **alors que/tandis que** chez nous, il pleut tout le temps.
12/E: Elle est blonde **alors que/tandis que** sa sœur est brune.

Aufgabe 110

a) Il y aura une grande fête à Paris et vous serez des héros nationaux **à condition que** vous **gagniez** la finale !
b) Nicolas, je te donnerai le poste d'attaquant **à condition que** tu **coures** encore plus vite.
c) Et Willy, tu es un super défenseur **si** tu **fais** attention aux corners.
d) Ce soir, je vais vous montrer les matchs de l'autre équipe **pourvu que** nous **ayons** le temps.
e) Nous avons répété le penalty mille fois. C'est facile **pourvu que** vous vous **concentriez**.
f) Grégory, **si** tu **viens** me voir ce soir, nous allons parler de la stratégie pour le gardien.
g) Notre équipe peut gagner. Vous n'aurez pas de problèmes **à condition de suivre** mes conseils !

ufgabe 111

a) Sophie n'écoute plus de musique **pour que/afin que** Lucie **puisse** travailler.
b) Elle commence à chanter **quoiqu'/bien qu'**elle **sache** que Lucie l'entend.
c) Lucie pense : « Pourquoi faut-il que je travaille, **alors que/pendant que** Sophie ne fait rien ? »
d) Elle devrait faire quelque chose **afin qu'/pour qu'**elle ne **chante** *(subj.)* pas.
e) **Quoiqu'/Bien qu'**elle **doive** encore faire quatre exercices, elle va dans la chambre de sa sœur.
f) « Tu chantes **tellement** fort **que** je ne peux pas travailler. »
g) Sophie dit : « Je ne peux ni écouter de musique ni chanter.[1] D'accord, je travaille **à condition** que tu me **laisses** *(subj.)*/**si** tu me laisses tranquille. »
h) **Quoique/Bien que** Lucie **sache** que Sophie ne veut pas travailler, elle retourne dans sa chambre.
i) Maintenant, Sophie joue du violon, mais elle joue **tellement** mal **que** Lucie court dans la chambre de sa sœur.
j) Lucie crie : « Je ne peux pas faire mes devoirs **si** tu ne fermes pas la porte. »
k) Sophie ferme la porte, **si bien que/de sorte que** Lucie n'entend plus rien.

Hinweis:

1 Zur Verneinung siehe auch Kapitel 5.

ufgabe 112

a) SÉGOLÈNE : **Bien que/Quoique** j'**aime** *(subj.)* mes vêtements de marque, je suis pour l'uniforme **parce que/car** je trouve que les vêtements jouent un rôle trop important à l'école.
b) PHILIPPE : **Depuis que** Marc porte des vêtements de marque, il est devenu arrogant.
c) HÉLÈNE : Avec l'uniforme, Marc serait comme les autres **parce que** l'uniforme efface les différences.
d) LISA : Non. Il est important que les élèves choisissent librement leurs vêtements **pour que/afin que** chacun **puisse** montrer son individualité.
e) GÉRARD : Beaucoup de jeunes sont contre l'uniforme **parce qu'**ils ont peur de perdre leur personnalité.
f) STÉPHANE : **Comme** mon père est au chômage, je ne peux pas me payer des vêtements de marque.
g) CLAUDIA : Ceux qui ne portent pas les mêmes vêtements se sentent mal habillés, **alors qu'/tandis qu'**on peut bien s'habiller sans marques.
h) KAREN : Moi, j'accepterais un uniforme **pourvu qu'**il **soit/s'**il est chic.

i) NICOLAS : Je porte des vêtements de marque **afin que/pour que** mes copains me **respectent** *(subj.)*.
j) PAUL : Toi, tu achètes les vêtements qui plaisent à tes copains, **alors que/tandis que** moi, je n'achète que[1] ce qui me plaît.
k) RENÉ : **Depuis que** mon cousin est dans une école privée au Québec, il est pour l'uniforme **parce que** l'uniforme lui donne le sentiment d'être intégré.

Hinweis:

1 *Ne... que* bedeutet auf Französisch „nur".

Aufgabe 113 **Quand** Elise et Alceste, les enfants des Jeannot, rentrent à la maison, leur mère travaille dans le jardin. Le père n'est pas à la maison **parce qu**'il rentre toujours très tard. **Comme** il occupe un poste important dans une entreprise, il a toujours beaucoup de travail. Alceste dit à sa mère : « Maman, donne-moi la pelle **pour que/afin que** je **puisse** t'aider. » **Depuis que** la famille Jeannot habite dans cette maison avec le grand jardin, Alceste aime aider sa mère. **Quoique/ Bien que** Mme Jeannot **trouve** *(subj.)* l'idée de son fils très sympa, elle lui dit de jouer avec Elise. Elise aimerait jouer au badminton, **tandis qu'/alors qu**'Alceste veut jouer au foot. Ils jouent au badminton, **bien qu'/quoiqu**'Alceste n'en **ait** pas tellement envie. **Pendant qu**'ils jouent, Alceste entend un miaulement. Il arrête de jouer, **bien qu'/quoiqu**'il **soit** en train de gagner. **Après qu**'Alceste a dit à Elise qu'il avait entendu quelque chose, elle entend le miaulement. Ils se mettent tout de suite à chercher, **car** ils ont l'impression que c'est un chat qui a besoin d'aide. **Quoiqu'/Bien qu**'ils **cherchent** *(subj.)* partout, ils ne voient rien. **Pendant qu**'Alceste cherche dans les buissons, Elise voit un petit chat sur un arbre. **Comme** ils ne savent pas quoi faire, ils appellent leur mère. Elle propose d'attendre **alors que/tandis que** les enfants veulent faire quelque chose. Mme Jeannot dit : « Attendez papa. Il va vous aider **pourvu que** le chat **soit** toujours là. » Ils attendent **jusqu'à ce que** leur père **rentre** *(subj.)* à la maison. **Quand** le père arrive, Elise dit : « Papa, sur notre arbre, il y a un chat qu'il faut sauver. » M. Jeannot cherche une échelle **pour qu'/afin qu**'on **puisse** monter sur l'arbre. L'échelle est très longue **si bien que/de sorte que** M. Jeannot peut monter prendre le chat. **Après qu**'il est descendu avec le petit chat, Elise et Alceste sont très contents.

ufgabe 114

Paris, le 13 mai 2008

Cher Simon,

je suis très content de te voir samedi. Tout est préparé pour toi. Mais il y a un petit problème : samedi après-midi, j'ai un match de foot. Si nous gagnons le match, il y aura une petite fête après. Alors, si je ne suis pas à la gare à 18 heures, mes parents viendront te chercher.

Si la fête ne dure pas trop longtemps, nous prendrons un pot chez Dino après le dîner. Si je vais directement chez Dino, je t'appellerai. Si tu veux, mon père t'accompagnera.

Nous nous sommes demandé ce que tu veux voir à Paris. Est-ce que tu connais la Cité des sciences à La Villette ? C'est super intéressant. Si mon père a le temps, il ira à La Villette avec nous. Et si tu ne connais pas encore le musée d'Orsay, nous devrons absolument y aller. Tu sais, moi et les musées… Mais le musée d'Orsay, c'est autre chose. Si tu fais bien attention à l'architecture, tu verras que c'est une ancienne gare qu'on a transformée en musée. Si tu aimes les peintres impressionnistes comme Monet, Renoir ou Pissarro, tu seras impressionné par ce musée.

Ma sœur Martine veut passer quelques jours chez sa copine Muriel. Si elle lui rend visite à Rouen, sa chambre sera libre. Si elle est d'accord, tu pourras avoir sa chambre.

A samedi, amicalement,

Jérôme

ufgabe 115

a) Si j'**avais** plus d'argent, j'**achèterais** ce chien.
b) Si Thérèse **venait**, Benoît lui **parlerait**.
c) S'il **faisait** beau, nous **ferions** une belle promenade.
d) Si les Lenain me **donnaient** leur adresse, je leur **enverrais** les photos.
e) Si Gérard m'**appelait**, je **pourrais** lui demander son avis.
f) Si j'**avais** le temps, j'**irais** la voir.
g) Si Maxime **réussissait**, nous **serions** très contents.
h) Si Amandine **était** plus motivée, elle **apprendrait** l'allemand.
i) Si tu **avais** envie de visiter ce musée, nous **pourrions** y aller ensemble.

Aufgabe 116 Individuelle Lösung

Si je **parlais** chinois, je **pourrais** voyager en Chine pour voir la Grande Muraille.
Si l'école **commençait** plus tard, je **dormirais** jusqu'à midi.
Si le professeur ne nous **donnait** pas de devoirs, nous **aurions** le temps de jouer.
Si le professeur **dormait** pendant les cours, je ne **devrais** pas rester dans la salle.
Si mes parents me **permettaient** de sortir le soir, je **ferais** la fête tous les jours.
Si les récréations **étaient** plus longues, on **resterait** plus longtemps dans la cour.
Si j'**avais** beaucoup d'argent, j'**achèterais** une villa au bord de la mer.
Si je **tombais** amoureux/amoureuse d'une star[1] de cinéma, je **verrais** ma photo dans tous les magazines.
Si je **comprenais** les animaux, je **parlerais** avec les chiens.
Si je **savais** parler l'italien, j'**appellerais** Eros Ramazotti.
Si je **parlais** mieux le français, j'**écrirais** un roman en français.
Si j'**étais** musicien, je **ferais** de la musique fantastique.

Hinweis:

1 *Star* ist im Französischen immer weiblich.

Aufgabe 117

a) S'il **lisait** le journal, il le **saurait.**
b) Si tu **invitais** Mélanie, elle **serait** heureuse.
c) Si tu **étais** plus patient(e), il **comprendrait** l'exercice.
d) Si j'**avais** 50 euros, je te **rendrais** l'argent.
e) Si je ne **devais** pas travailler, nous **irions** au cinéma.

Aufgabe 118 Si j'**avais pu** aller à Paris samedi dernier, je **serais parti** samedi matin. Si j'**avais pris** le train de 10 heures, je **serais arrivé** vers 18 heures. Si je **n'étais pas tombé** malade, Jérôme et moi, nous **serions partis** à la découverte de la ville et j'**aurais visité** tous les quartiers intéressants. Samedi après-midi, Jérôme a eu un match de foot. S'ils **avaient gagné** ce match, il y **aurait eu** une petite fête après. Et si Jérôme **n'avait pas été** à la gare à 18 heures, ses parents **seraient venus** me chercher. Si son père **avait eu** le temps, il **serait allé** à La Villette avec nous. Si on **avait eu** le temps, nous **aurions visité** le musée d'Orsay. Si j'**avais** bien **fait** attention à l'architecture, j'**aurais vu** que c'est une ancienne gare qu'on a transformée en musée. Si sa sœur **avait rendu visite** à sa copine Muriel, sa chambre **aurait été** libre. Si elle **avait été** d'accord, j'**aurais pu** avoir sa chambre.

ufgabe 119

Si …		…
Si Charles n'**avait** pas **volé** le tableau connu… Si Charles n'**avait** pas tant **aimé** ce tableau… Si Charles **avait été** plus prudent… Si son copain lui **avait parlé** plus tôt des risques du vol…	⇨	… il **pourrait** visiter le musée du Louvre aujourd'hui.[1] … il ne **serait** pas en prison maintenant. … il **vivrait** une vie agréable. … il n'**attendrait** pas la visite de ses copains chaque dimanche. … il n'**aurait** pas **fait** la connaissance d'un gentil gardien de prison il y a trois semaines.[2] … la police ne l'**aurait** pas **arrêté**.
Si Jean-Loup n'**avait** pas **fait** de ski… Si Jean Loup n'**était** pas **tombé** lundi soir… Si Jean-Loup **avait** mieux[3] **appris** à faire du ski… Si Jean-Loup **avait été** plus prudent…	⇨	… il n'**aurait** pas la jambe cassée maintenant. … il ne **serait** pas **rentré** avant les autres. … il **serait** plus heureux maintenant. … il ne **devrait** pas regarder la télé toute la journée. … il **irait** au cinéma aujourd'hui. … il **serait sorti** avec Chantal samedi dernier.
Si Max n'**avait** pas **mangé** trop d'huîtres mardi soir… Si Max n'**était** pas **allé** au restaurant ce soir-là… Si Max **avait choisi** un meilleur restaurant mardi…	⇨	… il n'**aurait** pas **eu** mal au ventre ce soir-là. … il **aimerait** toujours[1] les huîtres. … il se **serait senti** mieux ce soir-là. … il n'**aurait** pas **demandé** l'adresse d'un médecin ce soir-là. … son ami ne se **serait** pas **fait** de soucis mardi soir. … le médecin n'**aurait** pas **dû** l'examiner.

Hinweise:

Du kannst die Sätze so miteinander verbinden, wie du willst.

1 Signalwörter wie *aujourd'hui* (oder *maintenant*) weisen darauf hin, dass hier das *conditionnel présent* verwendet werden muss (Folge wirkt bis in die Gegenwart).

2 Signalwörter wie *il y a trois semaines* weisen darauf hin, dass hier das *conditionnel passé* verwendet werden muss (Folge ist bereits vorbei).

3 Achte auf die richtige Stellung der Adverbien.

Aufgabe 120 ELODIE : Céline, tu connais Frédéric ? Il est super sympa. Mais il ne me regarde pas. Si tu **étais** à ma place, qu'est-ce que tu ferais ?

CÉLINE : Tu es amoureuse de Frédéric, toi ? Alors, si tu mettais ton bikini rouge, il te **regarderait** certainement.

ELODIE : Céline, tu es bête. Si tu me **posais** des questions sérieuses, je te répondrais sincèrement.

CÉLINE : Pardon, je suis sérieuse maintenant. Si tu l'**appelais**, il comprendrait peut-être que tu l'aimes bien.

ELODIE : Je ne peux pas lui dire que je l'appelle parce que je l'aime bien, quand même. Et qu'est-ce que tu **dirais**, si ses parents étaient à l'appareil ? De toute façon, moi, je ne peux pas l'appeler.

CÉLINE : D'accord. Et si tu lui **écrivais** une lettre, il **saurait** que tu t'intéresses à lui.

ELODIE : Mais s'il montre la lettre à son copain Pascal, les deux **riront** de moi. C'est sûr.

CÉLINE : Si tu lui demandais de t'aider à faire les devoirs de maths, ce **serait** très facile de lui montrer que tu le trouves sympa.

ELODIE : Et si nous **étions** tous les deux chez lui, je **deviendrais** rouge comme une tomate. Non, non ! Ça ne va pas.

CÉLINE : Ecoute. Samedi, Xavier fête son anniversaire. Toi, tu es invitée. C'est une belle occasion d'inviter Frédéric.

ELODIE : Si j'**avais eu** le courage, je l'aurais invité quand je l'ai vu à la cantine hier.

CÉLINE : Si je **demandais/demande** à Xavier, il le **ferait/fera** pour toi. Et si Frédéric **venait**, tu **pourrais** parler et danser avec lui.

ELODIE : Si seulement je n'**étais** pas si timide !

Aufgabe 121 Individuelle Lösung

Si nous **invitons/invitions** Simone, Alexandre ne **viendra/viendrait** pas.
Si je **choisis/choisissais** mal la musique, l'ambiance **sera/serait** mauvaise.
Si mes copines/copains **n'apportent/n'apportaient rien** à manger, nous **n'aurons/n'aurions rien** à manger.
Si je **n'invite pas/n'invitais pas** Vanessa, Michel **sera/serait** triste.
Si la fête **commence/commençait** trop tard, les parents de Sandra **ne lui permettront/permettraient pas** de venir.
Si j'**appelle/appelais** Vincent, il **apportera/apporterait** des CD.

Si nous **faisons/faisions** trop de bruit, les voisins **viendront/viendraient** se plaindre.
Si nous **finissons/finissions** la fête trop tard, nous **aurons/aurions** des ennuis avec les voisins.
Si un invité **renverse/renversait** un verre, ce ne **sera/serait** pas grave.
Si je ne **fais/faisais** pas la vaisselle après la fête, ma mère **se mettra/se mettrait** en colère.
Si je **ne demande/demandais pas** à mes **copines/copains** de m'aider, je **devrai/devrais** ranger la maison tout(e) seul(e).
Si nous **écoutons/écoutions** de la techno, le bruit **ne plaira/plairait pas** à mes parents.

ufgabe 122

		juste	faux
a)	– Est-ce que tu vas rendre visite à ta grand-mère ? – Oui, je vais **lui** rendre visite.	☐	☒
b)	– Est-ce que tu as vu le garçon faire ses devoirs ? – Non, je ne l'ai pas vu faire ses devoirs.[1]	☒	☐
c)	– Monsieur, est-ce que vous voulez me parler ? – Non, je **ne** veux **pas** vous parler.[1]	☐	☒
d)	– Est-ce que tu vas parler de ta situation ? – Non, je **ne** vais pas **en** parler.[1]	☐	☒
e)	– Est-ce que tu vas essayer de parler au directeur ? – Non, je ne vais pas essayer de lui parler.[1]	☒	☐

Hinweis:

1 Es wird das konjugierte Verb verneint, nicht der Infinitiv.

ufgabe 123

a) Elle va **lui** parler.
b) Il va **les** chercher.
c) Elle essaie de **le** faire.
d) Il continue à **leur** expliquer le devoir.
e) Il **nous** regarde travailler.
f) Je **les** ai entendues bavarder.
g) Il **les** laisse jouer dans le jardin.
h) Elle va **y** penser.

Aufgabe 124

- Je dois lire un texte difficile en français.
- Il semble être trop difficile pour moi.
- Catherine, la fille de notre prof, sait très bien parler français.
- Elle semble (être) très douée.
- Elle peut certainement m'aider.
- Mais je n'ose pas lui demander.

Aufgabe 125

a) L'amie de Magalie **vient passer** l'après-midi avec elle.
b) Les filles **vont** en ville **faire** des achats.
c) Papa **descend se faire** un café.
d) Les filles **viennent essayer** leurs nouveaux vêtements.
e) Elles **montent écouter** de la musique.
f) Papa dit : « Magalie, **va faire** tes devoirs. »

Aufgabe 126

JACQUES : « J'**adore jouer** au foot. »
NICOLAS : « J'**aime** mieux/je préfère **faire** du cheval. »
LISA : « Je **déteste nager**. Pour être en forme, il **faut faire** du footing. »
LAURE : « Je **veux plonger**. »
KEVIN : « Le sport est dangereux. Il **vaut** mieux **lire** un livre. »
JULIE : « J'**aime faire** du vélo. »
JEAN-LUC : « Moi, je **préfère faire** de la planche à voile. »

Aufgabe 127

a) VICTOR : Je **pense avoir** réussi.
b) PIERRE : Qu'est-ce que tu **penses/comptes faire** après le bac ?
c) VICTOR : J'**espère entrer** en apprentissage chez Airbus.
d) PIERRE : J'**ai entendu parler** d'un métier très intéressant chez Airbus : pilote d'essai.
e) VICTOR : Moi, j'ai fait un stage et j'**ai vu** les mécaniciens **travailler**. J'**espère pouvoir faire** ce travail plus tard.

ıfgabe 128 Pour réussir à un examen, on **a** beaucoup **à faire**.
Je **commence** tôt **à préparer** l'examen.
Après l'école, je **me mets à faire** un programme pour l'après-midi.
Je **n'hésite pas à demander/poser des questions** au professeur.
Je **me force à travailler** régulièrement.
Je **suis prêt à réviser** tout ce qu'on a appris.
Je t'**invite à travailler** avec moi.
Tu **vas me forcer à répondre** précisément à tes questions.
Cela **m'aide aussi à préparer** l'examen.

ıfgabe 129 CLAIRE : Mince alors. Mes parents **refusent de me donner** l'argent pour la place. J'**ai** vraiment **envie d'aller** au concert.
ANNE : Claire, **arrête de rouspéter**.
CLAIRE : J'**ai essayé de parler** avec papa. Il **me reproche d'être** trop paresseuse. J'**évite de parler** avec maman. Elle déteste Tokio Hotel et je **risque de la mettre** en colère.
ANNE : Alors, tu **es forcée de gagner** de l'argent. Tu **as le temps de** travailler ?
CLAIRE : J'**ai essayé de faire** du baby-sitting. J'**ai proposé à** Mme Lequellec **de promener** son chien. M. Grosjean **m'a permis de laver** sa voiture.
ANNE : **Demande à** tes grands-parents **de te donner** l'argent.
CLAIRE : C'est vrai. J'**ai oublié de leur demander**. Anne, je **te remercie de m'avoir écoutée** et **de m'avoir aidée**.

ıfgabe 130
a) Je **regrette d'être** en retard.
b) **Essaie de** lui donner à manger.
c) Je **dois partir** maintenant.
d) **Arrête de** pleurer.
e) Tu **ne peux pas regarder** la télé.
f) Je **te remercie d'avoir gardé** Titi.

ıfgabe 131 Le père : « Vanessa, qu'est-ce que tu **aimes/aimerais faire** ? On peut te proposer une excursion en bateau sur l'Elbe ou une excursion en avion. »
Sophie dit : « Papa a un brevet de pilote. Il **adore voler**. Moi, je **préfère prendre** l'avion. »
Vanessa **aime/aimerait mieux** aller en bateau, mais elle **n'ose pas le dire**. Elle a un peu peur.

Ils vont à l'aérodrome. Il fait beau, mais il y a du vent. Arrivée à l'aérodrome, Vanessa **regarde** un avion **décoller**. Le père dit : « Je **vais préparer** l'avion. » Vanessa **regarde le père contrôler** l'avion. Puis, il dit : « On a encore **le temps de boire** quelque chose. Je vous **invite à boire** un coca. »
Pendant que les filles boivent leur coca, il prend la carte et se **met à l'étudier**. Il **essaie d'expliquer** à Vanessa ce qu'il **est en train de faire**, mais Vanessa est trop nerveuse. Elle **n'arrive pas à comprendre**. Sophie **s'amuse à regarder** les avions qui décollent et atterrissent. Enfin, son père **est prêt à partir**. Il demande : « On y va ? »
Le père dit à Vanessa : « Il **faut monter** sur l'aile. Vanessa **hésite à monter**. Sophie **essaie d'encourager** Vanessa **à monter** dans l'avion. Le père dit : « Tu as peur, Vanessa ? On **n'est pas obligés de partir**. Si tu **préfères rentrer**, on rentre. » Enfin, Vanessa **décide de monter**. Le père lui **permet de prendre place** à côté de lui. Sophie se met derrière. Le père met le moteur en marche. Puis, il **continue à contrôler** le bon fonctionnement des instruments de bord. Vanessa **n'arrive pas à attacher** sa ceinture de sécurité. Le père **l'aide à boucler** la ceinture. Après avoir mis le casque, il parle avec quelqu'un. Puis, l'avion roule sur la piste, accélère et décolle. Le père met le cap sur Hambourg.

Aufgabe 132

a) Le soleil brille et le père **demande à Sophie de lui donner** ses lunettes de soleil.
b) Il dit : « Vanessa, je **propose de survoler** notre ville. Tu **veux voir** notre maison ? »
c) Vanessa **a envie de voir** la ville.
d) Le père **décide de prendre** la direction du nord.
e) Ils voient l'Elbe et Vanessa **n'arrête pas de dire** : « C'est super ! »
f) Le père **propose à Vanessa de prendre** des photos.
g) Mais Vanessa **a oublié d'emporter** son appareil photo.
h) Vanessa **espère voir** la mer du Nord.
i) Le père regarde les nuages et dit qu'on **risque d'avoir** de la pluie/**il risque de pleuvoir**.
j) Il **vaut mieux rentrer/retourner**.
k) Vanessa **regrette de ne pas voir** la mer du Nord.

ufgabe 133 Sophie dit : « Vanessa, regarde, tu **peux voir** Hambourg. » Vanessa demande : « Ce n'est pas **interdit de survoler** Hambourg ? » Papa dit : « Non, mais il **faut demander** la permission à la tour de contrôle. » Il **commence à pleuvoir**.
Papa **décide de mettre** le cap sur l'aérodrome. Peu après, le père commence la descente et ils **peuvent voir** la piste.
Le vent est très fort maintenant. Il pleut toujours. Le père **a beaucoup à faire**. Il **est en train de préparer** l'atterrissage. Il **faut se concentrer**. Mais le père **semble être** très calme. L'avion atterrit/se pose doucement. Vanessa est heureuse et **remercie le père de l'avoir emmenée** : « Merci beaucoup, Monsieur. Ce vol m'a beaucoup plu. J'**ai** vraiment **adoré voir** le monde d'en haut. Quand est-ce que vous **avez appris à piloter** un avion ? » – « L'année dernière. »

ufgabe 134 Individuelle Lösung

a) **Après avoir bien dormi**, M. Blois entend son réveil.
b) **Après avoir entendu** le réveil, M. Blois fait du sport./**Avant de faire** sa toilette, il fait du sport.
c) **Après avoir fait** du sport, il fait sa toilette.
d) **Après avoir fait** sa toilette, il quitte l'appartement.
e) **Après avoir quitté** son appartement, il entre dans un café./**Après être entré** dans le café, il commande un café et un croissant. **Après avoir commandé** un café et un croissant, il bavarde avec Jacques, le patron du café./**Avant de bavarder** avec le patron, il commande un café et un croissant. **Avant d'aller** à la station Trocadéro, il bavarde avec Jacques, il boit son café et il mange son croissant.
f) **Après avoir bavardé** avec le patron/**Après avoir bu** le café/**Après avoir mangé le croissant**, il va à la station Trocadéro./**Après être arrivé** à la station Trocadéro, il attend le métro. **Après avoir regardé** la publicité, il monte dans le métro/**Avant de monter** dans le métro, il regarde une affiche/une publicité.
g) **Après être monté** dans le métro, il téléphone/donne un coup de téléphone à quelqu'un./**Avant de rentrer** chez lui, M. Blois téléphone à quelqu'un.
h) **Après avoir téléphoné**, M. Blois rentre chez lui.
i) **Après être rentré**, il fait sa valise./**Avant d'aller** à l'aéroport, il fait sa valise.
j) **Après avoir fait** sa valise, il va à l'aéroport. **Après être arrivé** à l'aéroport, il monte dans l'avion et s'envole pour la Martinique/la Réunion etc.
k) **Après être arrivé** à la Martinique/la Réunion etc., il va à la plage.

Aufgabe 135 Individuelle Lösung

Le réveil a sonné à six heures et demie. Quelle horreur ! Je me suis réveillé en sursaut *(hochschreckend)*. Avant de faire ma toilette, je fais toujours du sport. Après, je me suis rasé et habillé.

Je suis sorti, j'ai fermé la porte et je suis allé au café pour prendre mon petit-déjeuner. J'ai commandé un café et un croissant. Après avoir bavardé avec Jacques, le patron du café, je suis allé à la station de métro *Trocadéro* pour aller au bureau. En attendant le métro, j'ai regardé une affiche. C'était une publicité : La Martinique pour 899 euros. Tout à coup, j'ai eu envie de faire quelque chose d'extraordinaire, quelque chose de fou. J'ai pris une décision : au lieu d'aller au bureau, je vais partir à la Martinique.

Je vais faire une fugue. J'ai téléphoné à ma secrétaire et je lui ai dit que j'allais partir pour quelques jours. Je ne lui ai rien expliqué et elle n'a pas posé de questions. Après lui avoir téléphoné, j'ai appelé une agence de voyages et j'ai réservé une place pour la Martinique.

Je suis rentré chez moi. Après avoir fait ma valise, je suis allé à l'aéroport. Je suis parti à 14 heures. Arrivé à la Martinique, j'ai cherché un hôtel. Avant d'aller à la plage, j'ai mangé quelque chose. Puis, je suis allé à la plage. Je me suis reposé en buvant un cocktail.

Aufgabe 136
a) Il rentre **pour travailler**.
b) Elle lui parle **sans le regarder**.
c) Il fait des économies **pour acheter** une voiture.
d) Hélène va à Paris **pour visiter** le musée d'Orsay.
e) Thierry a quitté Paris **sans avoir visité** le musée d'Orsay.
f) Il ment **sans rougir**.
g) J'ai acheté le livre **pour le lire** en voyage.
h) Il parle le français **sans faire** des fautes.
i) Il a rendu le livre **sans l'avoir lu**.

Aufgabe 137
a) Il s'endort **en réfléchissant**.
b **En voulant** attraper le ballon, il s'est cassé la jambe.
c) **En choisissant** le meilleur joueur, on pourrait gagner le match.
d) **En attendant**, elle écoute de la musique.
e) Il m'écoute **en lisant**.
f) Tu auras plus de chances **en apprenant** le français.

g) **En voyant** le danger, il freine.
h) Tu peux demander pardon **en lui écrivant**.
i) Il lit le journal **en mangeant**.
j) **En l'appelant**, il m'a fait signe de venir.
k) Il a attrapé le train **en courant**.

fgabe 138 a) **En essayant** de trouver le réveil, je fais tomber mes lunettes par terre.
b) **En sautant** du lit, je casse mes lunettes.
c) **En cherchant** mes lunettes cassées, je réalise que je vois très mal.
d) **En entrant** dans la salle de bains, je glisse sur un gant de toilette.
e) **En tombant**, j'essaie de me rattraper au lavabo.
f) **En ramassant** le gant de toilette, je remarque que ma main me fait très mal.
g) **En prenant** la brosse à dents, je me demande quel tube est le dentifrice.
h) **En réfléchissant**, je laisse couler de l'eau froide sur ma main.
i) **En m'approchant** des tubes qui se trouvent devant mes yeux, je crois reconnaître le dentifrice.
j) **En me lavant** les dents, je remarque que ce n'est pas le dentifrice.
k) Je crache le gel cosmétique de maman **en prenant** l'autre tube.
l) **En me peignant**, je cherche un bandage pour ma main.
m) **En descendant**, je réfléchis à ce qu'il faut faire maintenant.
n) Maman va se mettre en colère **en voyant** mes lunettes cassées.
o) **En entrant** dans la cuisine, je décide de ne rien dire à maman.

fgabe 139 **En disant** gaiement « bonjour maman », je fais comme si rien ne s'était passé. J'évite toute discussion avec ma mère **en me mettant** tout de suite à table. **En essayant** de lire le journal, je me rends compte que je suis vraiment myope comme une taupe. Je finis vite mon petit-déjeuner **en buvant** rapidement mon chocolat chaud. Je cache ma main bandée **en la tenant** sous la table. **En s'approchant** de moi, ma mère découvre la main bandée. **En lui racontant** enfin ce qui m'est arrivé, je me sens beaucoup mieux. Ma mère me console **en me disant** que ce n'est pas grave. Elle m'aide **en me donnant** mes horribles vieilles lunettes.

Aufgabe 140

a) **En me voyant** dans le miroir, je décide de ne pas mettre mes vieilles lunettes.
b) **En traversant** la cour, je rencontre une fille que je crois reconnaître.
c) **Quand**[1] je dis : « Salut. C'est toi, Lisa ? », elle me regarde bizarrement.
d) Elle me dit **en souriant** : « Bien, sûr, c'est moi. Tu ne me reconnais plus ? »
e) **Pendant que**[1] je lui raconte mon petit malheur, elle m'écoute attentivement.
f) **Bien que**[1] Lisa sache que je déteste mes vieilles lunettes, je dois les lui montrer.
g) Je les mets **en m'attendant** à ce qu'elle me trouve ridicule./**En mettant** les vieilles lunettes, je m'attends à ce qu'elle me trouve ridicule.
h) Elle m'encourage à porter ces lunettes **en me disant** : « Ça fait très intellectuel. »

Hinweis:

1 Hier ist es nicht möglich, den *gérondif* zu verwenden, da das Subjekt in Haupt- und Nebensatz nicht identisch ist.

Aufgabe 141

a) CLAIRE : **Tout en sachant** qu'elle devrait faire attention, elle rêve de Xavier. **En dessinant**, Claire pense à Xavier. Elle dessine un cœur **en souriant.**/**En dessinant** un cœur, elle sourit. **En pensant** à Xavier, Claire n'écoute pas le professeur.

MURIELLE : **En prenant** des notes, Murielle suit attentivement le cours. Elle prend des notes **en écoutant le professeur. En écrivant** ce que le professeur dit, Murielle suit le cours.

b) CLAIRE : Elle écrit « Xavier » sur une feuille de papier **en regardant** ses cheveux./**En écrivant** « Xavier » sur une feuille de papier, elle regarde ses cheveux. **En regardant** ses cheveux, elle se trouve moche. Elle veut impressionner Xavier **en changeant** de coiffure.

c) CLAIRE : **En choisissant** un coiffeur branché, elle espère avoir une coiffure plus chic. **En allant** chez le coiffeur, elle veut se faire belle. **En se faisant** belle, Claire espère que Xavier va tomber amoureux d'elle. Elle pense : **En me voyant**, Xavier va certainement tomber amoureux de moi.

LE COIFFEUR : Le coiffeur coupe les cheveux **en parlant** avec Claire./**En coupant** les cheveux, le coiffeur parle avec Claire. **En regardant** les cheveux de Claire, le coiffeur explique le nouveau look./Le coiffeur regarde les cheveux de Claire **en expliquant** le nouveau look.

CLAIRE : **En se regardant** dans le miroir, Claire ne se trouve pas belle. Elle se regarde dans le miroir **en espérant** que sa nouvelle coiffure va plaire à Xavier.

d) XAVIER : **En passant** devant le salon de coiffure, Xavier remarque Claire. **En voyant** Claire, Xavier est très surpris.

CLAIRE ET XAVIER : Claire est désespérée **en voyant** Xavier dans le miroir. **En regardant** sa chevelure catastrophique, Claire rougit. **En voyant** Xavier devant le salon de coiffure, Claire est sûre qu'il la trouve moche.

fgabe 142 **10 conseils pour apprendre le vocabulaire.**

a) Apprends le vocabulaire **en oubliant** pendant 10 minutes tout autour de toi.
b) Tu apprends le vocabulaire **en le répétant** régulièrement.
c) Apprends les mots difficiles **en les écrivant**.
d) **En lisant** un mot à voix haute, tu l'apprends mieux.
e) Tu peux retenir un nouveau mot plus facilement **en l'employant dans des phrases**.
f) **En classant** le vocabulaire par thèmes, tu t'en souviendras mieux.
g) Tu apprends plus facilement un mot **en associant** une idée personnelle avec ce mot.
h) **En cherchant** une expression anglaise ou allemande qui ressemble au mot français, tu peux éventuellement mieux apprendre le nouveau mot.
i) Même **en allant** en bus ou à vélo, tu peux répéter le vocabulaire.
j) **En te rendant compte** qu'il faut faire des efforts pour apprendre le vocabulaire, tu l'apprendras bien.

Aufgabe 143

a) **1066** *(Mille-soixante-six)*	RICHARD 1ER CŒUR DE LION ☐ **GUILLAUME LE CONQUÉRANT** ☒ CHARLES III LE SIMPLE ☐
b) **1163** *(Onze-cent-soixante-trois)*	**LA CATHÉDRALE NOTRE-DAME** ☒ L'ARC DE TRIOMPHE ☐ LA BASILIQUE DU SACRÉ-CŒUR ☐
c) **1431** *(Mille-quatre-cent-trente-et-un)*	MAXIMILIEN DE ROBESPIERRE ☐ **JEANNE D'ARC** ☒ LOUIS XVI ☐
d) **1598** *(Mille-cinq-cent-quatre-vingt-dix-huit)*	LOUIS XIV ☐ LE CARDINAL DE RICHELIEU ☐ **HENRY IV** ☒
e) **1715** *(mille-sept-cent-quinze)*	**LOUIS XIV** ☒ LOUIS XVIII ☐ FRANÇOIS 1ER ☐
f) **1789** *(Dix-sept-cent-quatre-vingt-neuf)*	L'ASSEMBLÉE NATIONALE ☐ **LA BASTILLE** ☒ LA CONCIERGERIE ☐
g) **1799** *(Mille-sept-cent-quatre-vingt-dix-neuf)*	ÉMILE ZOLA ☐ **HONORÉ DE BALZAC** ☒ HENRY BEYLE, DIT STENDHAL ☐
h) **1804** *(Mille-huit-cent-quatre)*	NAPOLÉON III ☐ LOUIS-PHILIPPE 1ER ☐ **NAPOLÉON BONAPARTE** ☒
i) **1840** *(Mille-huit-cent-quarante)*	AUGUSTE RENOIR ☐ **CLAUDE MONET** ☒ VINCENT VAN GOGH ☐
j) **1875** *(Mille-huit-cent-soixante-quinze)*	**GEORGES BIZET** ☒ HECTOR BERLIOZ ☐ CLAUDE DEBUSSY ☐
k) **1895** *(Dix-huit-cent-quatre-vingt-quinze)*	ANDRÉ MARIE AMPÈRE ☐ **LOUIS PASTEUR** ☒ PIERRE CURIE ☐

l) **1943** *(Mille-neuf-cent-quarante-trois)*	**JEAN MOULIN** ☒ CHARLES DE GAULLE ☐ PHILIPPE PÉTAIN ☐
m) **1959** *(Mille-neuf-cent-cinquante-neuf)*	GEORGES POMPIDOU ☐ FRANÇOIS MITTERRAND ☐ **CHARLES DE GAULLE** ☒
n) **1961** *(Mille-neuf-cent-soixante-et-un)*	**RENÉ GOSCINNY** ☒ HERGÉ (GEORGES REMI) ☐ JEAN-JACQUES SEMPÉ ☐
o) **2000** *(Deux-mille)*	**LE CONCORDE** ☒ UN AIRBUS A 300 ☐ UN MIRAGE III ☐
p) **2001** *(Deux-mille-un)*	JULIETTE BINOCHE ☐ EMMANUELLE BÉART ☐ **AUDREY TAUTOU** ☒

[Auf]gabe 144

a) Il y a un vol à **trois-cent-soixante-quatre** euros – départ : à **douze heures dix** – arrivée : à **seize heures cinquante**.
b) Il y a un vol à **trois-cent-quatre-vingt-dix-huit** euros – départ : à **dix-huit heures quinze** – arrivée : à **vingt-trois heures vingt-cinq**.
c) Il y a un vol à **quatre-cent-quatorze** euros – départ : à **quinze heures quinze** – arrivée : à **vingt-et-une heures vingt**.
d) Il y a un vol à **quatre-cent-trente-et-un** euros – départ : à **huit heures cinquante-cinq** – arrivée : à **dix heures quarante-cinq**.
e) Il y a un vol à **quatre-cent-soixante-sept** euros – départ : à **dix-neuf heures cinquante** – arrivée : à **vingt-trois heures vingt**.
f) Il y a un vol à **quatre-cent-quatre-vingt-dix-sept** euros – départ : à **neuf heures dix** – arrivée : à **quatorze heures trente**.
g) Il y a un vol à **cinq-cent-dix-sept** euros – départ : à **seize heures cinquante-cinq** – arrivée : à **dix-neuf heures cinq**.
h) Il y a un vol à **cinq-cent-trente-trois** euros – départ : à **onze heures vingt** – arrivée : à **treize heures vingt**.
i) Il y a un vol à **six-cents** euros – départ : à **dix-sept heures cinquante** – arrivée : à **vingt-et-une heures cinq**.

Aufgabe 145 Il est **trois heures et quart**. M. Chabrol est au café. Il commande **trois quarts de** litre d'eau minérale. Il attend sa femme. Il attend **une demi**-heure. Il est **quatre heures moins le quart**. M. Chabrol commande un sandwich. Après avoir attendu **un quart d'**heure, il voit sa femme qui arrive. Il a bu **les deux tiers de** son eau minérale et mangé **la moitié de** son sandwich/**un demi**[1]-sandwich. Mme Chabrol dit : « Excuse mon retard, j'ai mis **un quart d'**heure à trouver un parking. » « Tu veux boire quelque chose ? » « Oui, je prends un orangina. »

Hinweis:

1 Das *-e* bei *demi* entfällt übrigens in zusammengesetzten Wendungen mit Bindestrich, vgl.: *une demi-heure,* aber *une heure et demie.*

Aufgabe 146

a) **Les deux tiers** des élèves sont d'avis que les cours de M. Chauffard étaient toujours très bien organisés et structurés. **Un tiers** des élèves n'est pas de cet avis.

b) **La moitié** des élèves avait (avaient)[1]/**50 %** avaient peur de poser des questions en classe.

c) **Un sixième** de la classe trouve que le professeur n'était pas toujours bien préparé, alors que **la grande majorité** trouve/**les cinq sixièmes** trouvent que M. Chauffard était toujours bien préparé.

d) **Les trois quarts** de la classe trouvent que le professeur a bien expliqué la grammaire. **Un quart** de la classe trouve que le professeur n'a pas bien expliqué la grammaire.

e) **La plupart** des élèves ont l'impression que les méthodes de M. Chauffard pour apprendre le vocabulaire ne les ont pas aidés./**Les trois quarts** des élèves trouvent que les méthodes ne les ont pas aidés.

f) **Les deux tiers** des élèves ont souvent parlé français en classe. **Un élève sur trois**[2] n'a pas souvent parlé le français en classe.

g) **La moitié** des élèves a (ont)[1] appris à comprendre la langue parlée./**Un élève sur deux**[2] n'a pas bien appris à comprendre la langue parlée.

h) **Un douzième** des élèves seulement ne se sentait pas bien préparé à écrire les contrôles, alors que **la grande majorité** trouve que M. Chauffard les a bien préparés à écrire les contrôles.

i) (A peu près) **80 %** des élèves trouvent/**La grande majorité** des élèves trouve que le prof leur a donné envie d'apprendre le français.

Résultat : M. Chauffard est un bon professeur, mais il doit se demander pourquoi ses méthodes pour apprendre le vocabulaire n'ont pas aidé **75 %** des élèves et pourquoi **un élève sur deux**[2] a peur de poser des questions. M. Chauffard devrait essayer de faire parler aussi les 8 élèves qui ont l'impression de ne pas parler souvent. En plus, les élèves devraient plus souvent écouter et comprendre des textes ou des dialogues, car **la moitié** des élèves n'a pas bien appris à comprendre la langue parlée. L'année prochaine, les cours de M. Chauffard seront parfaits.

Hinweis:

1 Bei Bruchzahlen im Singular *(un tiers/la moitié)* und bei einer konkreten (bekannten) Anzahl steht das Verb in der Regel im Singular (Beispiel: *La moitié de la classe a dit que...*). Ist die Anzahl nicht genau bekannt, so steht das Verb oft in der Pluralform (Beispiel: *La moitié de mes amis ont dit que...*), die Singularform ist jedoch ebenfalls möglich.

2 Die Wendung „einer von x Schülern" kann man im Französischen übersetzen mit „un élève **sur** x".

'gabe 147 Individuelle Lösung

Plus de la moitié des garçons aime/aiment sortir, alors que **les deux tiers des filles** y consacrent le plus de temps.
Les deux tiers des filles écoutent souvent de la musique. **Un bon tiers des garçons** consacre/consacrent le plus de temps à la musique.
Plus de la moitié des garçons consacre/consacrent le plus de temps au sport, alors que seul **un bon tiers des filles** consacre/consacrent le plus de temps au sport.
Presque **la moitié des filles** passe/passent la plupart du temps devant la télé, alors qu'**un bon tiers des garçons** consacre/consacrent la plupart du temps à regarder la télévision.
Presque la moitié des garçons joue aux jeux vidéo, tandis que **7 % des filles** seulement consacrent le plus de leur temps aux jeux vidéo.
Un quart des filles passe/passent la plupart de son/leur temps en faisant du shopping, alors que **3 % des garçons** seulement aiment faire du shopping.
Un sixième des garçons lit/lisent souvent, alors qu'**un quart des filles** aime/aiment lire.
Un cinquième des filles surfe/surfent régulièrement sur internet, **le pourcentage des garçons est légèrement inférieur.**

Aufgabe 148

a) **Quatre-vingt-sept** pour cent des jeunes Français trouvent la famille très importante, alors que **douze** pour cent la trouvent assez importante. **Un** pour cent seulement trouve qu'elle n'est pas importante.

b) **Cinquante-huit** pour cent des jeunes Français considèrent l'amour comme très important, **trente-quatre** pour cent le considèrent comme assez important et **huit** pour cent le considèrent pas important.

c) **Douze** pour cent des jeunes Français trouvent que la politique est très importante et **trente-trois** pour cent trouvent qu'elle est assez importante, alors que **cinquante-cinq** pour cent sont d'avis que la politique n'est pas importante.

d) **Soixante-douze** pour cent des jeunes Français trouvent que le travail est très important, alors que **vingt-cinq** pour cent le considèrent comme assez important. **Trois** pour cent trouvent que le travail n'est pas important.

Aufgabe 149

Individuelle Lösung

Moi, je trouve que la famille est très importante. En ce moment, l'amour n'est pas le plus important pour moi. Mais quand on est amoureux, c'est très important. A ce moment-là, l'amour est plus important que le travail. Je trouve que le travail est assez important. Je veux gagner de l'argent, mais il faut aussi que le travail me plaise.

Aufgabe 150

4 Français sur 10 n'envisagent pas de partir en vacances cet été. 52 % des plus de 65 ans ne veulent pas partir, alors que seul un tiers des moins de 35 ans ne part/partent pas. Un quart des Français veut/veulent rendre visite à des amis. 36 % des moins de 25 ans préfèrent ce type de vacances. 12 % des Français envisagent le camping-caravaning.

Bildnachweis

S. 1:	Schuhe: © Npfsphoto/Dreamstime.com
	Notizzettel: © Redaktion Stark Verlag
S. 2:	Notizzettel (alle): © Redaktion Stark Verlag
	Junge mit Zeugnis: © Felix Casio/Dreamstime.com
	Frau: © Michel van Loon /Dreamstime.com
	Affe: © Alan Pinkall/Dreamstime.com
	Einkaufstüte: © James Steidl/Dreamstime.com
S. 3	Blütenpapier: © Redaktion
S. 4	Geschenk: © Karen Roach/Dreamstime.com
S. 6	Luftballons: Image provided by www.sxc.hu
S. 7	Rahmen: © Dmitry Fetisov/Dreamstime.com
	Junge: © Jaimie Duplass/Dreamstime.com
S. 9	Tapisserie: Wikimedia Commons
	http://commons.wikimedia.org/wiki/Image:Tapestry_of_bayeux10.jpg
	This image is in the public domain because it was created by NASA.
S. 10	Johanna von Orléans: Wikimedia Commons
	http://de.wikipedia.org/wiki/Bild:Joan_of_arc_miniature_graded.jpg
	This picture is in the public domain because its copyright has expired.
S. 11	Flaubert: Wikimedia Commons
	http://commons.wikimedia.org/wiki/Image:Gustave_flaubert.jpg
	This picture is in the public domain because its copyright has expired.
S. 12	Junge: © Jaimie Duplass/Dreamstime.com
S. 13:	Herz: © Dreamzdesigner/Dreamstime.com
S. 14	Teddy: Image provided by Dreamstime.com
	Zeichnung: © oblong1 – Fotolia.com
S. 15	Buntstifte: © Yuri Bershadsky/Dreamstime.com
	Ohr: © Bernd Wiedemann
	Rohlinge: Image provided by Dreamstime.com
	Zwillinge: © Jiri Vaclavek/Dreamstime.com
S. 18	Filmklappe: © Svetlin Rusev/Dreamstime.com
S. 21	Filmstreifen: © Suljo/Dreamstime.com
	Chantal: © Lukajani/Dreamstime.com
	Kittys: © Steve Luker/Dreamstime.com
	Martin: © Jana Lumley/Dreamstime.com
	Susan: © Anke van Wyk/Dreamstime.com
	Boys: © Godfer/Dreamstime.com
S. 24	Memos: © Christoph Weihs/Dreamstime.com
S. 25	Jean: © Yuri Arcurs/Dreamstime.com
	Marlène: © Dannyphoto80/Dreamstime.com
	Pascal: © Jason Stitt/Dreamstime.com
S. 26	Filmrolle: © Helder Monteiro/Dreamstime.com
	Strichzeichnung: © Maigi/Dreamstime.com
	Buch: © Marion Augenstein
	Zeitung: © Marion Augenstein
	Haus: © Bernd Wiedemann
S. 32	Fragezeichen: © Hernantraval/Dreamstime.com
S. 33	Fragezeichen: © Hernantraval/Dreamstime.com
S. 35	Polaroid: © David Franklin/Dreamstime.com
	Nilpferd: © Hendrik Heizmann
	Giraffe: © Hendrik Heizmann
	Gorilla: © Hendrik Heizmann
	Elefant: © Hendrik Heizmann
	Meerschweinchen: © Hendrik Heizmann
	Nashorn: © Hendrik Heizmann
	Känguru: © Hendrik Heizmann
S. 37	Papier: © Natalia Barsukova/Dreamstime.com
S. 40	Etretat: © Coquilleau Claude/Dreamstime.com
S. 41	Papier: © Redaktion Stark Verlag
S. 42	Papier: © Redaktion Stark Verlag
S. 43	Saint-Malo Ansicht: Wikimedia Commons
	http://commons.wikimedia.org/wiki/Image:Saintmalo.jpg
	Permission is granted to copy, distribute and/or modify this document under the terms of the GNU Free Documentation License.

Saint-Malo Stadt: Wikimedia Commons
http://commons.wikimedia.org/wiki/Image:Saint_Malo_Maison_du_Quebec.jpg
Permission is granted to copy, distribute and/or modify this document under the terms of the GNU Free Documentation License.

S. 44 Grand Bé: Wikimedia Commons
http://commons.wikimedia.org/wiki/Image:%C3%8Ele_du_Grand_B%C3%A9_%C3%A0_Saint-Malo.jpg
Permission is granted to copy, distribute and/or modify this document under the terms of the GNU Free Documentation License.
Grab: © Hendrik Heizmann

S. 45 Gedenktafel: © Hendrik Heizmann
S. 49 Masken: © Stuart Miles/Dreamstime.com
S. 50 Abbé Pierre: © Getty Images/Hulton Archive
S. 56 Memos: © Christoph Weihs/Dreamstime.com
S. 57 Café: © Antonina Lyapunova/Dreamstime.com
Flugzeug: © Jelica Grkic/Dreamstime.com
S. 60 Baudelaire: Wikimedia Commons
http://commons.wikimedia.org/wiki/Image:Charles_Baudelaire_1855_Nadar.jpg
This picture is in the public domain because its copyright has expired.
S. 62 Buch: © Zoom-zoom/Dreamstime.com
S. 65 Schultafel: © Vladislav Susoy/Dreamstime.com
S. 69 Naturpapier: Papier: © Redaktion Stark Verlag
S. 70 Notizblock: © Luminis/Dreamstime.com
S. 72 Papier: © Redaktion Stark Verlag
S. 73 Arsène: © Georgios Kollidas/Dreamstime.com
S. 74 Flugzeuge: © Goran Stojanovic/Dreamstime.com
S. 75 Notizzettel: © Redaktion Stark Verlag
Thermometer: © Marek Mnich/Dreamstime.com
Taschentücher: © Daruda/Dreamstime.com
Medizinflasche: © Scott Rothstein/Dreamstime.com
S. 77 Strichmännchen: © Dawn Hudson/Dreamstime.com
S. 78 Notizzettel: © Redaktion Stark Verlag
S. 80 Theater: Wikimedia Commons
http://commons.wikimedia.org/wiki/Image:Theater_Orange.jpg
Permission is granted to copy, distribute and/or modify this document under the terms of the GNU Free Documentation license.
Pont du Gard: © Stephen Finn/Dreamstime.com
S. 81 Lavendel: Image provided by Dreamstime.com
Verdonschlucht: © Kushnirov Avraham/Dreamstime.com
S. 83 Großmutter: © Andres Rodriguez/Dreamstime.com
S. 84 Einkaufstüten: © Suprijono Suharjoto/Dreamstime.com
S. 85 Strand: © Elena Elisseeva/Dreamstime.com
S. 87 Notizblock: © Luminis/Dreamstime.com
S. 89 Junge: © George Velasco/Dreamstime.com
S. 90 Versailles: © Paul Prescott/Dreamstime.com
S. 92 E-Mail: © Redaktion Stark Verlag
S. 93 Clipboard: © Bora Ucak/Dreamstime.com
Mikro: © Tdoes1/Dreamstime.com
S. 96 Skifahrer: © Wolfgang Amri/Dreamstime.com
S. 97 Berge: © Palaine/Dreamstime.com
S. 99 Bahnhof: © Jan Kranendonk/Dreamstime.com
S. 100 Mädchen: © Kaarsten/Dreamstime.com
Vater: © Steve Luker/Dreamstime.com
S. 105 Fußballfeld: © Thomas Klimmeck/Dreamstime.com
S. 107 Mobylette: Wikimedia Commons
http://commons.wikimedia.org/wiki/Image:Moby_AV-45.jpg
Released into the public domain by the copyright holder.
S. 110 Pinnadel: © Melanie Kintz/Dreamstime.com
S. 112 Telefonhörer: © Marion Augenstein
S. 113 Glühbirne: © Lyllyflow/Dreamstime.com
Notizzettel: © Redaktion Stark Verlag
S. 114 Naturpapier: © Redaktion Stark Verlag
S. 115 Strand: © Ivan Cholakov/Dreamstime.com
S. 119 Mädchen: © Vatikati /Dreamstime.com
Parfümflakon: © Jakub Jirsák/Dreamstime.com
S. 123 Teenager: © David Davis/Dreamstime.com
S. 124 Schultafel: © Vladislav Susoy/Dreamstime.com
S. 125 Fußballer: © Jakub Jirsák/Dreamstime.com
S. 126 Mädchen: © Vatikati/Dreamstime.com

S. 128 Schülerin: © Anke van Wyk/Dreamstime.com
Schüler: © Andres Rodriguez/Dreamstime.com
S. 131 Japanpapier: © Redaktion Stark Verlag
S. 132 Marmorpapier: © Redaktion Stark Verlag
S. 133 Marmorpapier: © Redaktion Stark Verlag
S. 134 Sonnenblumenfeld: © le-parfait – Fotolia.com
S. 135 Memos: © Nikolai Sorokin/Dreamstime.com
S. 142 Marmorpapier: © Redaktion Stark Verlag
S. 143 Freundinnen: © Andrey Kiselev/Dreamstime.com
S. 144 Fußball: © Winzworks/Dreamstime.com
Reiter: © Simon Krzic/Dreamstime.com
Joggerin: © Kristian Sekulic/Dreamstime.com
Taucher: © Bucca Pino/Dreamstime.com
Bücher: © Catherine Jones/Dreamstime.com
S. 145 Radfahrerin © Alina Isakovich/Dreamstime.com
Windsurfer: © Bernardo Varela/Dreamstime.com
Victor: © Jason Stitt/Dreamstime.com
S. 146 Victor: © Jason Stitt/Dreamstime.com
Pierre: © Jason Stitt/Dreamstime.com
S. 147 Pinnadel: © Melanie Kintz/Dreamstime.com
S. 149 Kind: © Reno12/Dreamstime.com
S. 150 Cockpit: © Hendrik Heizmann
S. 152 Cockpit: © Hendrik Heizmann
S. 163 Rahmen: © Darrenw/Dreamstime.com
S. 165 Carmen-Plakat: Wikimedia Commons
http://commons.wikimedia.org/wiki/Image:1875_Carmen_poster.jpg
This image is in the public domain because its copyright has expired.
Notre-Dame: © Mohamed Badawi/Dreamstime.com
Louis XIV: Wikimedia Commons
http://commons.wikimedia.org/wiki/Image:Louis-xiv-lebrunl.jpg
This image is in the public domain because its copyright has expired.
Album: © Alexmax/Dreamstime.com
S. 168 Notizzettel: © Redaktion Stark Verlag
S. 169 Notizzettel: © Redaktion Stark Verlag
S. 170 Straßencafé: © Elena Elisseeva/Dreamstime.com
S. 171 Notizzettel: © Iurii Lupol/Dreamstime.com
S. 174 Mädchen: © Agnieszka Pastuszak-Maxim/Dreamstime.com

Ihre Meinung ist uns wichtig!

Ihre Anregungen sind uns immer willkommen. Bitte informieren Sie uns mit diesem Schein über Ihre Verbesserungsvorschläge!

Titel-Nr.	Seite	Vorschlag

Bitte hier abtrennen

Zutreffendes bitte ankreuzen!

Die Absenderin/der Absender ist:

- ☐ Lehrer/in in den Klassenstufen: ______
- ☐ Fachbetreuer/in
  Fächer: ______
- ☐ Seminarlehrer/in
  Fächer: ______
- ☐ Regierungsfachberater/in
  Fächer: ______
- ☐ Oberstufenbetreuer/in
- ☐ Schulleiter/in
- ☐ Referendar/in, Termin 2. Staatsexamen: ______
- ☐ Leiter/in Lehrerbibliothek
- ☐ Leiter/in Schülerbibliothek
- ☐ Sekretariat
- ☐ Eltern
- ☐ Schüler/in, Klasse: ______
- ☐ Sonstiges: ______

Unterrichtsfächer: (Bei Lehrkräften!)

______

19-V1M

Bitte ausfüllen und im frankierten Umschlag an uns einsenden. Für Fensterkuverts geeignet.

STARK Verlag
Postfach 1852
85318 Freising

Kennen Sie Ihre Kundennummer?
Bitte hier eintragen.

Absender (Bitte in Druckbuchstaben!)

Name/Vorname

Straße/Nr.

PLZ/Ort/Ortsteil

Telefon privat

Geburtsjahr

E-Mail

Schule/Schulstempel (Bitte immer angeben!)

Bitte hier abtrennen

(Bitte blättern Sie um)